U0139188

文史哲學集成

金周生著

宋詞音系入聲韻部考

文史哲出版社印行

文史哲學集成 ⑫②

宋詞音系入聲韻部考

著者：金周生
出版者：文史哲出版社
登記證字號：行政院新聞局局版臺業字〇七五五號
發行所：文史哲出版社
臺北市羅斯福路一段七十二巷四號
郵撥〇五一二八八一二彭正雄帳戶
電話：三五一一〇二八
印刷者：文史哲出版社

實價新台幣六〇〇元

中華民國七十四年四月初版

宋詞音系入聲韻部考　目次

第一章 緒論

第一節 研究宋詞入聲韻部之目的

探討漢語各時代語音系統與瞭解古今音演變，爲漢語歷史語音學之二大課題。就近古音言，兩宋三百餘年未曾編著足以代表當時音系之韻書，後世學者亦鮮做全面性之深入研究；因此，由中古隋唐音演進至元代北方官話，甚至對現代音來源之脈絡，始終缺少一可信之溝通橋樑，故考訂兩宋音韻系統，誠爲當今之重要工作。

北宋編修之大宋重修廣韻、集韻、禮部韻略，其音系大多承襲隋唐韻書之舊，兩宋刋刻之早期韻圖七音略、韻鏡，更完全保存切韻系韻書之系統，宋末元初黃公紹、熊忠之古今韻會與「舉要」，雖然音系已脫離前述韻書、韻圖，頗能與宋以後之北音系統相銜接，但終因成書時間較晚，作者里籍又偏西北，可否代表三百年來暨定都偏南之兩宋音系，實有疑問；宋詩用韻，向有官修禮部韻做標準，亦無從看出唐宋音韻之演變情形；唯獨曲詞之押韻，當時並無韻書限制，故學者咸信詞韻合於自然口音，且南宋初年，朱敦儒嘗擬製詞韻，其入聲僅止四部，與詩韻大異其趣，故今存宋人依樂譜塡詞之韻脚，當爲研究兩宋韻部與聲調之最佳資料。

元代北方唱曲「入派三聲」（註一），爲漢語音韻一大變化，隋唐韻書中之入聲調何以遽爾消失？其確實原因，至今並無定論，而兩宋三百餘年正介此轉變之期；宋詞之用韻，能否對此問題有所解釋？本人鑑於前賢尙無全盤整理詞韻以探討兩宋音系之作品，故擬先分析大量押入聲韻之韻脚字，希望一窺南、北宋詞韻之入聲音系，或可對日後欲研究相關問題之學者，提供些許宋代音系之資料。

第二節　幾種著名詞韻韻書入聲韻部述要

詞韻之有專論，始於宋人朱敦儒，戈載詞林正韻發凡云：

詞始于唐，唐時別無詞韻之書，宋朱希眞嘗擬應制詞韻十六條，而外列入聲韻四部。其後張輯釋之，馮取洽增之；至元陶宗儀曾譏其淆混，欲爲改定，而其書久佚，目亦無自考矣。

明、淸以降編著詞韻韻書者甚多，今將其中較重要之入聲分部內容簡介於後：

明代有胡文煥之會文堂詞韻（註二），因其平上去三聲用曲韻，入聲用詩韻，分合標準不一；且多與宋人押韻相違，深爲後世詬病，今不詳列其目。

明末沈謙作詞韻略，分部以平水韻韻目標示，其入聲五部之內容如下：

一、屋沃韻入聲——仄：一屋二沃通用。

二、覺藥韻入聲——仄：三覺十藥通用。

三、質陌韻入聲——仄：四質十一陌十二錫十三職十四緝通用。

四、物月韻入聲——仄：五物六月七曷八黠九屑十六葉通用。

五、合洽韻入聲——仄：十五合十七洽通用。

清初李漁有笠翁詞韻，分入聲爲八部，不專用詩韻韻目，其八部部名爲：

一、屋沃　二、覺藥　三、質陌　四、屑葉（與下厥月可通）　五、厥月（與上屑葉可通）　六、物北　七、撻伐　八、合洽

吳烺、程名世等人編有學宋齋詞韻，分入聲爲四部，並以廣韻韻目概括之：

第十二部——入聲：屋沃燭

第十三部——入聲：覺藥鐸

第十四部——入聲：質術櫛物迄陌麥昔錫職德緝

第十五部——入聲：月沒曷末黠轄屑薛合盍葉帖洽狎業乏（註三）

仲恆編有詞韻行世（註四），以沈謙詞韻略爲藍本，所分入聲五部亦同於沈書。

許昂霄詞韻考略則分入聲爲九部（註五），並立通、轉、借叶之說，其內容如下：

一、一屋二沃——借叶陌職，又借叶覺。

二、三覺十藥——借叶合洽，又借叶陌，又借叶月曷。
三、四質五物——古通月屑，又通曷黠；今通陌錫職，又通緝。
四、六月九屑——古通質物，又通曷黠；今通葉，轉陌錫職，又轉合洽。
五、七曷八黠——古通月屑，又通質物；今通合洽，轉葉。
六、十一陌十二錫十三職——今通質物，又通緝，轉月屑，借叶曷黠，又借叶葉。
七、十四緝——古轉葉，又轉合洽；今通陌錫職，又通質物。
八、十五合十七洽——古通葉，轉緝；今通曷黠，轉月屑。
九、十六葉——古通合洽，轉緝；今通月屑，轉曷黠。

戈載詞林正韻分入聲為五部（註六），內容略同於沈謙、仲恆二家，唯所用乃廣韻韻目，且因宋人有「借音」者，戈氏亦補其字於每韻之後，今錄其部目暨補音於下：

一、第十五部——入聲：一屋（補「國」字）二沃（補「北」字）三燭通用。
二、第十六部——入聲：四覺十八藥十九鐸（補「陌」字）通用。
三、第十七部——入聲：五質六術七櫛二十陌二十一麥二十二昔二十三錫二十四職二十五德二十六緝通用。
四、第十八部——入聲：八物九迄十月十一沒十二曷十三末十四黠十五鎋十六屑十七薛二十九葉三十帖通用。
五、第十九部——入聲：二十七合二十八盍三十一業三十二洽三十三狎三十四乏通用。

民國吳梅著詞學通論，其「論韻」一章分詞韻爲二十二部，包括入聲八部，內容如下：

一、第十五部——一屋二沃三燭。

二、第十六部——四覺十八藥十九鐸。

三、第十七部——五質七櫛九迄二十二昔二十三錫二十四職二十五德二十六緝。

四、第十八部——六術八物。

五、第十九部——二十陌二十一麥。

六、第二十部——十一沒十二曷十三末。

七、第二十一部——十月十四黠十五鎋十六屑十七薛二十九葉三十帖。

八、第二十二部——二十七合二十八盍三十一洽三十二狎三十三業三十四乏。

以上所列九家對詞韻入聲字之分析，少則四部，多則十七部（註七），分合相差甚大，戈載曾於詞林正韻發凡中對前輩詞韻作家提出批評，而吳梅亦謂戈氏入聲分韻過寬，詞學通論云：

入聲則分八部，蓋術物二韻，與平上去之魚模語麌等，未便與質櫛等同列；陌麥又隸屬於皆來，沒曷末亦屬於歌羅，故陌麥不能與昔櫛同叶，沒曷末不能與黠屑同叶。戈氏合之，未免過寬，余故重爲訂覈焉。

宋人塡詞用韻之寬嚴固足以影響後人詞韻之分部，而詞韻作者囿於一己之方言時音（註八），及過分仰賴中古平上去入韻目之相承，而依平上去聲音變趨勢定入聲之分合，亦足以混亂宋詞入聲字分部之系統。本人有鑑於此，故以歸納宋人作品押韻所得之現象爲分部依據，則宋代詞韻入聲音系庶幾可得其實矣！

第三節　今人所作詞韻考對入聲字分部之探討

近年研究宋代詞人詞韻之專著約有五種：林冷之玉田詞用韻考、吳淑美之姜白石詞韻考、余光暉之夢窗詞韻考、林振瑩之周邦彥詞韻考及葉詠琍先生之淸眞詞韻考。各書作法大致皆以戈載詞林正韻所分之十九部爲依據，將每闋詞之韻脚字納入其中，求得異同而詳加研究說明。以下僅就各家對入聲字分部及特殊韻例之解釋作一介紹：

玉田詞用韻考採戈載之分部，凡韻脚字屬同一部者，即視爲正規押韻，超越此範圍者則稱爲「變例」，凡正例皆不加說明，而於變例則多以音理解釋之。如「壺中天」「奚囊謝屐」一闋，「歷客拂色隔得藉識」八字爲韻，其中「拂」爲廣韻「物」韵字，屬詞林正韻第十八部，餘皆入第十七部。作者以爲：

玉田口中讀以上十七部中，諸字之韻母爲 -ək 與 -iək，而物韻之「拂」字之韻母爲 -iuət，兩者之主要元音，皆爲央元音 -ə，而韻尾雖有 -k 與 -t 之異，然在其口中或已相混，遂得通押耳。

又如「踏莎行」「淸氣崖深」一闋，以「末答壓髮沒發」六字爲韻，其中「髮發」見月韻，

「沒」見沒韻，「末」見末韻，同屬詞林正韻第十八部；「答」見合韻，「壓」見狎韻，屬詞林正韻第十九部。作者以爲：

玉田口中讀末韻之韻母爲-uat，月韻脣音字之韻母爲-iuæt，而沒韻之韻母亦爲-iæt與-iuæt，至於合韻之韻母爲-ap，狎韻之韻母爲-æp。由於-a爲舌面前低元音，-æ爲舌面前半低與低之間元音，兩者舌位高低相差甚小，自可通押也，至於月韻脣音字與沒、末兩韻所收韻尾爲-t，而「合、狎」兩韻，所收之韻尾爲-p，雖屬不同者，然在玉田口中，或已相混，遂得以押韻耳。

作者對入聲五部之例外押韻，大致皆以作家口語中已不能分辨隋唐入聲-p -t -k三種韻尾解之，唯認爲同一韻例內可含有不同之主要元音乃其最大特點。

姜白石詞韻考作法大致同於前者，然對異部押韻之解說稍有不同。如「疏影」「苔枝綴玉」一闋，「玉宿竹北獨綠屋曲幅」九字相押，詞林正韻中皆屬十五部，唯「北」字亦兼收於十七部，作者以爲：

「北」字廣韻屬德韻，詞韻把德韻字歸入十七部而不入十五部，可見當時德韻的主要元音和屋、燭韻的主要元音一定不同，可是戈氏序曾說「北叶逋沃切」，而姜氏以德韻「北」字與屋、燭韻一起押韻，懷疑姜氏口中讀「北」字的韻母爲-uək，於是-uk -juk與uək，有-u -k的相同，而偶然叶韻了。

又如「慶宮春」「雙槳蓴波」一闋，以「潤末發壓答遏襪霎」八字相押，作者分析云：

「壓」廣韻狎韻，韻母爲-ap；「答」廣韻合韻，韻母爲-Ap；「霎」廣韻洽韻，韻母爲-ɐp。以上屬十七部字，收-p韻尾。

「濶、末」廣韻末韻，韻母爲-uɑt；「發、襪」廣韻月韻，韻母爲-juɐt；「遏」廣韻曷韻，韻母爲-ɑt。屬第十八部，收-t韻尾之字。

這些韻的字，主要元音可能都混爲-a，韻尾雖有-p-t的區別，但它們之間的相差，只有發音部位雙唇與舌尖之間的差別。

從以上二例之解說，作者認爲音近爲異部互押之原因，主要元音相同而韻尾有異，固可通押，却不可視爲同部；同部之主要元音當一致，乃作者對入聲字分部之特別看法。因書中僅使用戈載之詞韻分部，故當採信其入聲分五部之說。

夢窗詞韻考所用之詞韻，除戈氏詞林正韻亦兼及王力改用廣韻說明仲恆詞韻之十九部。二者於入聲韻分部之區別甚微，相異者僅仲氏少一乏韻，及業韻字戈氏歸入第十九部，而仲氏歸入第十八部。作者對入聲字分部之看法略同於林冷之玉田詞用韻考，以爲同部之字可存有不同却相近之主要元音，異部之字亦可於音近或「不以韻害文」之原則下通押。如「大酺」「峭石帆收」一闋，「碧宅席璧識客織液著極窄色」相押，「丹鳳吟」「麗景長安人海」一闋，以「寂璧索碧色識隔籍客」爲韻，作者分析云：

綜合以上用韻：

屬陌韻的「宅、客、窄」三字，其韻母爲-ɐk。

屬麥韻的「隔」字，其韵母爲-æk。
屬昔韻的「碧、席、璧、液、籍」五字，其韻母爲-jɛk或-juɛk。
屬錫韻的「寂、壁」兩字，其韻母爲-iek和-iuek。
屬職韻的「識、織、極、色」四字，其韻母爲-jək。
屬藥韻的「著」字，其韻母爲-jak。
屬鐸韻的「索」字，其韻母爲-ak。

鐸韻的「索」字、藥韻的「著」字，與陌、麥、昔、錫、職等韻字相叶韻；合理的解釋是：鐸、藥兩韻的主要元音，夢窗口中仍讀-a，而陌、麥、昔、錫等韻的主要元音，夢窗口中可能均已讀爲-ɐ，職韻的主要元音仍讀-ə，-ɐ、-ə舌位相差不遠，韻尾又都爲舌根塞音-k，自然可以一起押韻；可是-a、-ə舌位前後高低相差稍大；夢窗既將這些韻的字一起押韻，合理的推測，是夢窗詞中用藥、鐸韻處，非用「著」字、「索」字不可，而陌、麥等韻中又找不到相同意思的字，不得已而例外通押。

再如「霜天曉角」「煙林褪葉」一闋韻字中，「葉涉篋」「屧疊浹」分屬廣韻葉、帖二韻，同歸詞林正韻第十八部；「立」則屬緝韻，歸詞林正韻第十七部。作者對此種現象除認爲乃異部通押外，並云：

　　這些韻字一起押韻，我以爲葉、帖韻的字，其主要元音在夢窗口中，可能均讀爲-ɛ；緝韻字的主要元音，可能夢窗口中已由-e讀爲-ɐ；-ɛ、-ɐ舌位前後高低相差不遠，而這些字又都收雙唇塞音韻尾 -p，故得以叶韻。

周邦彥詞韻考亦以戈載所分入聲五部爲準，不合詞林正韻之例外押韻僅有二處屬入聲韻，作者並未從主要元音異同著眼，只論及韻尾收音問題。其說如下：

看花廻其一以「絕、帖、睫、燮、愜、合、說、頰、裛」爲韻。「絕、說」屬屑韻，「帖、睫、燮、愜、頰、裛」屬葉韻，「合」屬合韻。

華胥引以「葉、唼、軋、怯、鑷、闋、篋、疊」爲韻。「闋」屬屑韻，「軋」屬黠韻，「葉、鑷、篋、疊」屬葉韻，「唼、怯」屬洽韻。

周詞用韻中收 -p 尾之入聲字均與收 -t 尾之字一起叶韻，未有單獨以 -p 尾之字用韻者，而收 -t 尾之字，其單獨用韻之例極多，由此情形觀之，周邦彥口中讀 -p 尾之字或已混爲 -t 尾，至少與 -t 尾一起叶韻之字如：「接」、「帖」、「睫」、「燮」、「愜」、「頰」、「裛」、「堞」、「疊」、「鑷」、「篋」、「合」、「葉」、「怯」、「唼」等字已有此現象。

至於收 -k 尾之字，周邦彥尚保留而未起變化，周詞用韻中如「屋沃」合用，「覺藥」合用，「陌錫職」合用均是。

依作者文意，同部入聲字之韻尾當全同，此說爲前述諸位所未言及者。

清眞詞韻考雖參酌戈氏詞韻，然不受其入聲五部所囿，從多種角度探求周氏詞韻之系統，並擬測每部之音值，結構較諸家詞韻考爲縝密。今將作者所分清眞詞入聲韻部與詞林正韻之異同作一比較，並附分部之理由及擬音於下：

詞林正韻第十五部，作者案云：

清眞詞韻入聲第一部與本部同，惟沃韻字未見入韻耳。

其韻値爲 -uk -iuk。

詞林正韻第十六部，作者案云：

清眞詞韻入聲第二部與本部全同。

其韻値爲 -ak -iak -uak -iuak。

詞林正韻第十七部，作者案云：

清眞詞韻入聲第四部以陌麥昔錫職德六韻通用，緝不與焉。質術櫛三韻清眞詞未見入韻，然以理推之，此三韻皆收音於t，在清眞詞絕不與收音於k者相混。至於緝韻原收音於p，在清眞詞雖混於收音於t之入聲，但絕不與收音於k之入聲相殽。今戈氏以此諸韻通爲一部，雖徵諸兩宋詞人所用不爲無據，然驗之音理則有未愜也。戈氏所分實又揉合古今南北之音於一部，固未若清眞詞用韻之界畫鮮明也。

此部作者衡諸音理由分爲三，質術櫛三韻韻値爲 -ət -iət -iuət，陌麥昔錫職德六韻韻値爲 -ək -iək -uək -iuək，緝韻韻値爲 -iət。

詞林正韻第十八部，作者案云：

勿迄沒三韻清眞詞未見入韻，以平仄聲各部推之，此三韻當與質術櫛諸韻合爲一部，其他各韻則大致與清眞詞入聲第三部相同。惟清眞詞入聲第三部尚兼括緝韻字，略爲殊異耳。以音理言之，質術櫛勿迄沒諸韻皆含有主要元音 ə，合爲一部音韻自然和諧。月曷末黠鎋屑薛葉帖含有主要元音 a，合爲一部亦和諧自然。今戈氏詞林正韻以 ə 元音各韻分隸不同韻部，雖云求合于古，恐未必然也。就其當時語音言之，實未若清眞詞韻分析之切適也。

依作者意，清眞此部當別而爲二，勿迄沒三韻韻值爲 -iət -uət -iuət，月曷末黠鎋屑薛葉帖九韻韻值爲 -at -iat -uat -iuat。

詞林正韻第十九部，作者案云：

> 本部清眞詞韻併於入聲第三部，與月曷末黠鎋屑薛葉帖諸韻通用。廣韻本部字與葉帖二韻俱收音於 -p，戈氏旣以葉帖與月曷通用，而又令此諸韻獨立成部，實與宋詞叶韻事實未合也。清眞華胥引秋思以「葉唼軋怯鑷閱篋疊」爲韻，唼本部字，餘十八部字，看花廻雜賦以絕帖睫燮愜合說頰裛爲韻，合本部字，裛十七部字，餘爲十八部字。可見清眞之叶韻非如戈氏之所分明矣。

作者此部所擬韻值爲 -at -iat。

綜上所論，今人所作詞韻考對分部有兩種不同之看法，其一乃逕以詞林正韻之分部爲準，凡異部通押者，即視爲例外押韻而給予適當之解釋；其二乃以宋人實際用韻爲準，參諸音理，重新爲詞韻分部。二者雖同分入聲韻爲五部，內容却頗分歧，前者認爲異部相押由於音近，而同一部中主要元音是否一致則論點各異；後者認爲同部之韻尾必同，而主要元音相近亦得通押。詞林正韻入聲韻部前節已有引述，今錄葉詠琍先生清眞詞韻考中入聲五部之內容於後，以備一說。

入聲：第一部——屋沃燭。

第二部——覺藥鐸。

第三部——月曷末黠鎋屑薛緝合盍葉怗洽狎業乏。

第四部——陌麥昔錫職德。

第五部——質術櫛物迄沒。

【註釋】

註一 元曲入派三聲，然當時口語中實仍有入調，其理由略見拙著「元曲選音釋處理賓白韻語入聲押韻字方法之探討」一文之附註。文載輔仁國文學報第一期。

註二 見格致叢書。

註三 以上四書內容徵引自趙誠著中國古代韻書。

註四 見查培繼所輯詞學全書。

註五 見張宗橚所輯詞林紀事附錄。

註六 見世界書局影印之清刻本。

註　七　如胡文煥會文堂詞韻入聲用詩韻即分十七部。

註　八　見趙著中國古代韻書第八章第一節。

第二章　宋詞入聲韻例彙錄

第一節　韻例取材及彙錄體例説明

本章宋詞入聲韻例，取材於唐圭璋所編之全宋詞，凡作者姓名可考者皆甄別選錄，已失名姓之作品、宋人話本小說中人物詞、宋人依託神仙鬼怪詞、元明小說話本中依託宋人詞則刪略不取。

詞律有一韻到底者，詞雖分段，韻例不因上下半闋而別爲二，只於其間以「。」號示之。有換韻者，若其中一處爲入聲韻，則韻例僅收錄入聲字；若其中有二處用入聲韻字而又當換韻者，則視爲不同之二韻例。

彙錄內作者及韻例之次序一依全宋詞，皆按出現先後予以編號，其下並注明該書之頁數（註一）；另於每一韻字下之右方以小字書其所屬廣韻之韻目（註二）。各闋之詞牌名，或同一詞牌之多首作品，因已錄其於全宋詞中之頁碼，尋檢甚便，故亦省略之。

本文末章定詞韻入聲音系爲九部，今於每韻例所屬頁碼之下書其部數，而以代號「1」

至「9」分表「屋」「覺」「質」「月」「曷」「陌」「緝」「合」「葉」九部之部名。

第二節　韻例彙錄

1.寇準

1 3 咽屑歇月發月折薛節屑。闋屑別薛徹薛月月 4

2.錢惟演

2 4 曲燭綠燭宿屋。玉燭束燭竹屋 1

3.潘閬

3 6 閣鐸鐸鐸 2

4.林逋

4 6 立緝澀緝 7

5 7 潔屑發月月月。絕薛爇薛滅薛雪薛 4

5.陳亞

6 8 足燭讀屋熟屋曲燭 1

6.聶冠卿

7 10 惜昔得德碧陌色職客陌席昔。格陌隔麥力職覓錫擲昔 6

7.李遵勗

8 10 歇月月月徹薛。說薛節屑發月 4

9 13 索鐸貌覺落鐸却藥。諾鐸約藥酌藥博鐸 2

8.柳永

10 19 國德陌陌客陌。摑陌惜昔碧陌憶職 6

11 20 夕昔陌陌色職。宅陌客陌迹昔 6

12 20 闕月竊屑泄薛。雪薛月月歇月 4

13 20 飾職席昔得德。格陌敵錫識職 6

14 21 切屑歇月發月噎屑闊末。別薛節屑月月設薛說薛 4 5

15 22 擲昔迹昔夕昔覓錫的錫憶職。得德識職色職息職拆陌 6

16 22 隻昔淅錫白陌色職役昔客陌。隔麥翼職逼職息職益昔憶職 6

17 24 摘麥客陌 6

18 24 翼職拆陌擲昔。惜昔力職寂錫息職憶職 6

19 25 得德刻德的錫。迹昔憶職隔麥息職 6

20 26 息職滴錫客陌戚錫。極職力職惜昔隔麥憶職 6

21 32 絕薛脫末節屑結屑折薛哲薛。說薛設薛咽屑歇月悅薛闋屑輟薛 4 5

22 34 冪錫碧陌坼陌磧昔色職。逼職百陌益昔力職策麥得德 6

23 34 簇屋伏屋簌屋。續燭逐屋曲燭 1

24 38 碧陌月月笛錫色職客陌隔麥息職。織職得德側職益昔陌陌魄陌役昔擲昔 46

25 38 月月缺薛別薛。節屑絕薛 4

26 41 落鐸索鐸落鐸泊鐸。漠鐸削藥躍藥約藥樂鐸 2

27 41 色職格陌惜昔積昔。息職覓錫得德憶職擲昔 6

28 43 八黠黠黠絕薛滑黠。缺薛雪薛節屑悅薛月月 45

29 44 碧陌色職磧昔笛錫得德。役昔隔麥拆陌夕昔憶職 6

30 45 薄鐸落鐸幄覺廓鐸躍藥閣鐸。幕鐸諾鐸朔覺樂鐸 2

31 49 歇月發月別薛滑黠月月冽薛。闕月徹薛切屑節屑雪薛設薛 45

32 51 色職歇月驛昔笛錫織職。憶職翼職客陌迹昔國德碧陌 46

33 52 碧陌色職息職北德。擲昔碧陌積昔客陌極職隔麥 6

34 55 薄鐸卻藥削藥約藥。落鐸角覺託鐸惡鐸 2

9.張先

35 58 曲燭綠燭 1

36 58 絕薛別薛 4

37 62 力職得德。憶職息職 6

38 62 夕昔摘麥。席昔色職 6

39 63 節屑節屑設薛闕月月月。歇月雪薛說薛別薛 4

40 64 月月潔屑 4

41 66 集緝溼緝 7

42 68 絕薛別薛月月。髮月發月歇月 4

43 68 額陌拍陌 6

44 69 弱藥掠藥學覺幕鐸。萼鐸角覺薄鐸落鐸 2

45 72 鴂屑歇月折薛節屑雪薛。撥末說薛絕薛結屑月月 45

46 74 撥末月月發月。別薛徹薛絕薛 45

47 75 國德摘麥飾職。覓錫惜昔白陌 6

48 76 竹屋曲燭足燭目屋。玉燭速屋綠燭宿屋 1

49 77 俗燭足燭 1

50 77 曲燭竹屋 1

51 77 落鐸薄鐸 2

52 77 窄陌白陌 6

53 77 別薛物物 34

54　77　月月髮月　4

55　79　月月歇月闕月滑黠發月節屑。徹薛窟沒骨沒闊末雪薛　345

56　81　發月月月　4

57　82　白陌碧陌席昔色職夕昔。窄陌得德極職憶職　6

58　83　覺覺幕鐸弱藥約藥。昨鐸卻藥著藥薄鐸惡鐸　2

59　86　歇月月月　4

60　86　索鐸箔鐸　2

61　86　月月說薛　4

10.晏殊

62　92　束燭綠燭宿屋。目屋足燭續燭　1

63　93　幕鐸樂鐸樂鐸　2

64　98　格陌拆陌息職。惜昔得德擲昔　6

65　100　得德敵錫摘麥淅錫鶒職。碧陌色職惜昔逼職菂錫　6

66　101　格陌息職摘麥織職役昔。滴錫色職脈麥隔麥憶職　6

67　104　歇月切屑咽屑別薛。結屑節屑說薛月月　4

68　106　息職碧陌白陌惜昔。客陌色職隔麥憶職　6

69　106　色職拆陌息職。脈麥滴錫逼職　6

70 108 結屑月月雪薛。折薛節屑別薛 4

11.李冠

71 115 綠燭足燭曲燭蹙屋。屋屋宿屋熟屋竹屋 1

12.宋祁

72 116 綠燭斛屋簇屋浴燭。熟屋服屋玉燭撲屋 1

73 117 落鐸箔鐸。角覺索鐸 2

13.吳感

74 119 節屑發月格陌雪薛。闋薛別薛月月說薛咽屑折薛 4 6

14.歐陽修

75 124 側職索陌 6

76 127 歇月切屑徹薛別薛。結屑節屑說薛月月 4

77 128 目屋逐屋轆屋綠燭。促燭足燭續燭曲燭 1

78 130 得德敵錫摘麥淅錫鶒職。碧陌色職惜昔逼職的錫 6

79 130 格陌息職摘麥織職役昔。滴錫色職脈麥隔麥憶職 6

80 132 闋屑發月別薛。闊末結屑月月 4 5

81 132 說薛咽屑月月。闋屑結屑別薛 4

82 132 節屑發月別薛。缺薛歇月月月 4

83 133 節屑雪薛髮月。筈末別薛月月 4 5

84 133 闊末咽屑抹末。滑黠八黠月月 4 5

85 134 撥末月月發月。別薛徹薛絕薛 4 5

86 134 簇屋目屋綠燭。續燭足燭蹙屋 1

87 136 密質出術一質拂物匹質。失質乙質日質溢質疾質 3

88 142 惜昔得德 6

89 142 惡鐸寞鐸 2

90 142 樂鐸覺覺 2

91 144 夕昔碧陌擲昔宅陌。客陌陌陌寂錫得德 6

92 144 白陌額陌 6

93 147 綠燭縠屋目屋宿屋足燭逐屋。促燭菊屋束燭曲燭祝屋 1

94 148 月月設薛歇月切屑。血屑絕薛說薛別薛 4

95 149 覺覺託鐸樂鐸約藥。落鐸著藥薄鐸卻藥惡鐸 2

96 153 拆陌憶職的錫。翼職色職 6

97 155 格陌色職。的錫惜昔得德 6

98 155 蹙屋熟屋。燭燭綠燭足燭促燭 1

99 157 臘盍插洽 8

100 157 匝合靸合箚洽蠟盍。洽洽插洽霎合 8

101 161 笛錫脈麥隔麥。息職白陌憶職 6

102 162 碧陌笛錫客陌白陌色職隔麥 6

103 163 幕鐸閣鐸 2

104 164 息職跡昔折薛惜昔覓錫笛錫 4 6

15. 沈唐

105 171 色職脈麥摘麥陌陌。拆陌息職的錫積昔 6

16. 杜安世

106 175 薄鐸蕚鐸閣鐸。漠鐸約藥削藥 2

107 177 薄鐸掠藥 2

108 177 足燭速屋 1

109 178 織職碧陌陌陌擲昔。寂錫力職息職拆陌尺昔 6

110 184 月月別薛 4

111 185 白陌額陌 6

17. 劉几

112 188 坼陌質質國德特德白陌。壁錫蝶帖夕昔客陌溺錫 3 6 9

18. 蔡襄

113　196　闕月節屑。絕薛雪薛　4

19.李師中

114　196　月月發月　4

115　197　泣緝溼緝　7

20.阮逸女

116　203　折薛節屑舌薛結屑。說薛切屑設薛滅薛月月　4

21.王安石

117　204　目屋肅屋簇屋矗屋足燭。逐屋續燭辱燭綠燭曲燭　1

118　205　矻沒窟沒猝沒出術渤沒。佛物沒沒物物屈物突沒　3

22.鄭獬

119　208　角覺廓鐸落鐸昨鐸。縛藥閣鐸卻藥約藥著藥　2

120　210　節屑徹薛。雪薛月月　4

121　210　力職得德。憶職息職　6

23.沈注

122　211　闃錫寂錫笛錫　6

24.王安國

123　216　幕鐸索鐸鵲藥。落鐸託鐸掠藥薄鐸　2

25.李清臣

124 218 落鐸閣鐸薄鐸著藥 2

26.韋驤

125 219 絕薛雪薛結屑。切屑月月折薛 4

27.圓禪師

126 220 客陌北德宅陌窄陌測職。革麥册麥白陌格陌得德 6

28.晏幾道

127 229 綠燭曲燭。足燭宿屋 1

128 229 足燭綠燭。曲燭促燭 1

129 235 雪薛月月 4

130 235 雪薛月月 4

131 235 曲燭綠燭 1

132 236 白陌客陌 6

133 241 閣鐸學覺覺覺帀合掐洽。答合押狎霎狎蠟盍角覺 28

134 241 息職碧陌的錫席昔客陌。白陌摘麥笛錫寂錫憶職 6

135 242 束燭足燭逐屋綠燭曲燭。燭燭促燭玉燭續燭宿屋 1

136 242 客陌折薛 46

137 246 折薛別薛絕薛。月月缺薛節屑說薛 4

138 249 樂鐸學覺 2

139 254 客陌得德。滴錫墨德色職 6

140 255 月月徹薛切屑別薛。雪薛歇月折薛說薛 4

141 255 缺薛絕薛節屑結屑。歇月徹薛別薛說薛 4

142 255 薄鐸惡鐸著藥約藥。錯鐸落鐸酌藥卻藥 2

143 255 莫鐸惡鐸著藥約藥。昨鐸錯鐸薄鐸卻藥 2

144 255 坼陌息職得德。色職隔麥憶職 6

145 258 急緝出術蜜質日質。失質必質一質筆質 37

29.王觀

146 261 續燭竹屋玉燭。軸屋綠燭曲燭 1

147 262 月月雪薛 4

30.魏夫人

148 268 歇月咽屑。結屑節屑 4

149 268 月月雪薛 4

150 269 曲燭玉燭 1

31.王詵

151 272 絕薛蠛盍缺薛月月。說薛別薛節屑闋屑折薛 4 8

152 272 惜昔格陌積昔客陌。笛錫驛昔跡昔擲昔息職 6

153 273 節屑發月雪薛別薛。切屑髮月折薛疊帖月月 4 9

154 275 色職惜昔力職客陌席昔。摘麥息職得德碧陌 6

32.蘇軾

155 280 綠燭簇屋足燭玉燭。曲燭續燭辱燭木屋宿屋 1

156 280 碧陌色職客陌說薛。讀屋惜昔瑟櫛忽沒鶴鐸 1 2 3 4 6

157 281 溢質碧陌覓錫一質。畢質日質出術逸質迹昔 3 6

158 281 滅薛疊帖瑟櫛髮月。側職說薛月月色職雪薛 3 4 6 9

159 281 客陌雪薛石昔隔麥。必質白陌覓錫睫葉絕薛 3 4 6 9

160 281 澤陌白陌壁錫淅錫客陌擲昔。席昔臆職色職得德極職隔麥 6

161 282 物物壁錫雪薛傑薛。發月滅薛髮月月月 3 4 6

162 282 客陌識職卻藥得德月月節屑。雪薛插洽咽屑別薛闕月髮月 2 4 6 8

163 283 闊末咽屑抹末。滑黠八黠月月 4 5

164 294 別薛切屑。楫葉咽屑 4 9

165 294 沒沒髮月。月月兀沒 3 4

166 297 屋屋浴燭玉燭熟屋曲燭竹屋。蹙屋獨屋束燭綠燭觸燭簌屋 1

167　298　月月絕薛缺薛咽屑葉葉。雪薛疾質答合切屑折薛發月　3489

168　301　綠燭沐屋幅屋菊屋馥屋。玉燭肉屋逐屋復屋燭燭　1

169　303　出術溢質　3

170　303　玉燭竹屋　1

171　303　伯陌瑟櫛　36

172　304　落鐸索鐸　2

173　304　月月缺薛　4

174　304　薄鐸落鐸　2

175　305　頰帖雪薛。結屑別薛　49

176　310　昨鐸泊鐸索鐸錯鐸卻藥落鐸約藥鶴鐸　2

177　310　髮月決屑絕薛別薛咽屑頰帖裛葉說薛　49

178　310　月月發月合合節屑。滑黠說薛歇月別薛　48

179　311　閣鐸幕鐸落鐸鵲藥。薄鐸略藥脚藥著藥　2

180　312　客陌幘麥　6

181　312　白陌擘麥　6

182　313　白陌織職　6

183　319　月月葉葉葉葉結屑。滑黠折薛折薛缺薛　459

184 319 得德客陌結屑合合。拍陌滑黠覓錫 468

185 319 碧陌格陌白陌力職色職 6

186 321 飾職碧陌 6

187 324 月月缺薛 4

188 325 索陌撥末 56

189 326 滅薛月月。雪薛吷薛 4

190 328 歇月節屑別薛鴂屑。越月絕薛折薛月月 4

191 330 迹昔碧陌國德歷錫。客陌夕昔翼職笛錫 6

192 332 絕薛月月 4

193 336 幕鐸閣鐸 2

194 337 促燭燭燭 1

195 337 客陌息職 6

33.李之儀

196 340 折薛血屑別薛咽屑滅薛月月。缺薛潔屑歇月結屑絕薛雪薛 4

197 341 同前 4

198 342 葉葉接葉怯業楫葉 9

199 343 咽屑月月月月別薛。節屑絕薛絕薛闕月 4

200 349 疊帖睫葉。頰帖葉葉 9

201 350 節屑折薛。滅薛月月 4

202 350 同前 4

203 350 節屑折薛 4

34.王齊愈

204 357 縠屋玉燭 1

35.舒亶

205 362 陌陌客陌 6

206 362 得德北德 6

207 362 燭燭玉燭 1

208 362 客陌陌陌 6

209 362 月月雪薛 4

210 363 碧陌鶒職 6

211 363 落鐸角覺 2

212 363 客陌色職 6

213 363 曲燭宿屋 1

214 363 玉燭綠燭 1

215 364 客陌隔麥 6

216 364 腋昔客陌 6

217 364 結屑雪薛 4

218 364 鷁錫色職 6

219 365 額陌拍陌 6

220 365 綠燭束燭 1

221 365 箔鐸酌藥落鐸。邈覺薄鐸腳藥 2

222 366 力職笛錫 6

36.了元

223 366 節屑月月。結屑發月 4

224 369 腳藥削藥托鐸。霍鐸惡鐸 2

225 370 節屑徹薛折薛說薛說薛月月 4

37.劉涇

226 371 筆質尺昔 3 6

227 371 絕薛月月 4

38.黃裳

228 372 簇屋麓屋綠燭速屋足燭。目屋熟屋鷲屋逐屋曲燭 1

229 372 壁錫色職客陌骨沒跡昔。息職擊錫日質碧陌北德 3 6
230 377 碧陌色職宅陌得德。白陌跡昔客陌日質 3 6
231 377 客陌國德織職惜昔色職。域職澤陌粒緝憶職日質 3 6 7
232 378 熟屋菊屋簇屋逐屋緒語。足燭辱燭綠燭瀑屋玉燭 1
233 378 歇月節屑列薛結屑發月。絕薛雪薛徹薛揭月月月 4

39.黃庭堅

234 385 綠燭足燭玉燭蔌燭。木屋屬燭曲燭竹屋 1
235 387 息職色職戟陌席昔。敵錫滴錫得德碧陌 6
236 389 歇月絕薛 4
237 395 兀沒國德莫鐸得德。樂鐸適昔竹屋石昔 1 2 3 6
238 395 兀沒得德日質魄鐸。玉燭足燭熟屋綠燭 1 2 3 6
239 395 同前二 1 2 3 6
240 395 同前二 1 2 3 6
241 404 玉燭續燭瀑屋。觸燭粟燭掬屋竹屋綠燭 1
242 404 閣鐸合合榻盍峽洽。蠟盍鴨狎插洽洽洽霎合 2 8
243 404 髮月得德絕薛別薛。咽屑頰帖裛葉說薛 4 6 9
244 405 麥麥墨德白陌。碧陌客,陌石昔 6

245 405 謫麥席昔白陌。碧陌客陌石昔 6

246 405 同前 6

247 405 樂鐸著藥卻藥昨鐸莫鐸酌藥 2

248 405 同前 2

249 406 搯屋伏屋束燭曲燭足燭。哭屋目屋蹙屋宿屋足燭 1

250 407 日質律術八黠佛物。哷 月月核麥 3456

251 410 莫鐸索鐸 2

252 410 色職北德。拆陌客陌 6

253 411 疊帖睫葉。頰帖葉葉 9

254 411 霎合著藥約藥。惡鐸落鐸 28

255 415 集緝得德。惜昔色職 67

40. 盼盼

256 418 綠燭逐屋足燭。玉燭曲燭簌屋 1

41. 晁端禮

257 425 列薛發月別薛歇月。說薛切屑節屑闋月折薛月月 4

258 432 菊屋燭燭曲燭逐屋 1

259 443 得德直職黑德折薛。隔麥識職德德得德 46

42.曾肇

260 444 雪薛別薛。月月節屑 4

43.鄭僅

261 446 節屑闕月爇薛切屑雪薛絕薛悅薛 4

262 446 切屑說薛闊末結屑雪薛絕薛月月 45

44.呂南公

263 448 客陌客陌北德 6

45.啞女

264 454 息職益昔笠緝及緝。色職籍昔驛昔泣緝 67

46.秦觀

265 456 極職白陌域職碧陌。石昔測職息職色職 6

266 457 色職隙陌力職翼職迹昔覓錫。白陌澤陌飾職息職憶職得德 6

267 468 得德喫錫日質不物。織職惜昔得德 36

268 468 懼遇格陌一質踢錫。咭質惜昔識職赤昔 36

269 469 色職百陌碧陌北德 6

270 471 一質色職力職識職。窄陌白陌客陌日質憶職 36

271 471 廓鐸索鐸薄鐸掠藥。昨鐸落鐸幕鐸縛藥 2

272 475 鴨狎匣狎峽洽。壓狎甲狎狎狎 8

273 475 色職得德瑟櫛。客陌隔麥玉燭 136

274 476 壑鐸閣鐸鶴鐸。作鐸惡鐸落鐸 2

275 477 玉燭綠燭足燭躅燭。續燭屋屋俗燭曲燭 1

276 477 漠鐸萼鐸作鐸薄鐸。幕鐸角覺惡鐸落鐸 2

277 478 燠屋玉燭綠燭簇屋宿屋。竹屋曲燭簌屋觸燭鵠沃 1

278 479 雪薛滅薛滅薛闊末。絕薛冽薛冽薛撥末 45

279 479 月月徹薛徹薛闕月。窟沒雪薛雪薛徹薛 34

280 480 節屑葉葉月月切屑。烈薛咽屑闕月別薛結屑 49

281 480 足燭碌屋綠燭竹屋。玉燭曲燭屋屋櫝屋目屋 1

282 480 節屑絕薛潔屑葉葉。列薛徹薛切屑說薛 49

283 481 節屑列薛歇月絕薛。結屑別薛血屑髮月 4

284 481 雪薛發月滅薛絕薛。月月闊末缺薛壁錫 456

285 482 節屑別薛傑薛絕薛。說薛牒帖咽屑月月 49

286 482 雪薛折薛設薛說薛。疊帖絕薛徹薛楫葉 49

287 482 月月節屑葉葉徹薛。血屑切屑說薛闕月 49

288 483 薄鐸索鐸樂鐸閣鐸。落鐸抹末鵲藥酌藥角覺 25

289 483 同前 25

290 484 菊屋綠燭觸燭曲燭。目屋碌屋屋屋竹屋鵠沃 1

291 484 葉葉疊帖別薛月月潔屑。絕薛說薛決屑設薛咽屑 49

292 484 郁屋屋屋國德蜀燭斛屋。祝屋福屋綠燭軸屋足燭 16

293 485 歇月月月樾月絕薛結屑節薛。說薛纈屑別薛越月缺薛。咽屑切屑闋月葉葉徹薛
血屑 49

47.米芾

294 487 月月折薛 4

48.李甲

295 489 白陌色職磧昔客陌。息職碧陌笛錫得德 6

296 489 雪薛色職尺昔磧昔側職切屑笛錫。惜昔迹昔籍昔滴錫碧陌 46

297 489 碧陌色職迹昔力職。織職的錫息職得德 6

298 490 色職陌陌力職食職客陌。釋昔織職拭職滴錫碧陌得德息職 6

299 490 闊末歇月抹末越月節屑。絕薛別薛折薛說薛 45

300 491 絕薛咽屑折薛節屑。律術雪薛結屑歇月月月 34

49.趙令時

301 497 浴燭綠燭 1

302 497 白陌客陌 6

303 497 色職白陌。絕薛別薛 46

50.賀鑄

304 505 節屑月月。切屑結屑 4

305 509 曲燭促燭 1

306 511 月月雪薛雪薛血屑。絕薛別薛別薛咽屑 4

307 512 箔鐸惡鐸落鐸角覺約藥。昨鐸樂鐸託鐸骨沒薄鐸作鐸 23

308 513 泊鐸閣鐸落鐸樂鐸。作鐸薄鐸約藥鶴鐸郭鐸 2

309 519 落鐸漠鐸昨鐸作鐸。泊鐸覺覺樂鐸薄鐸約藥 2

310 520 接葉蝶帖。疊帖葉葉 9

311 521 鴂屑疊帖。摺葉怯業 49

312 521 日質蜜質。熨物密質 3

313 521 曲燭綠燭 1

314 521 滅薛月月 4

315 521 入緝泣緝 7

316 523 卻藥索鐸落鐸箔鐸。薄鐸掠藥弱藥著藥 2

317 524 客陌席昔陌陌惜昔白陌色職色職色職色職。夕昔驛昔驛昔驛昔驛昔隔麥尺昔尺昔

尺昔尺昔　6

318　525　轂屋綠燭六屋玉燭。屬燭幅屋竹屋曲燭　1

319　529　脫末闊末撥末抹末　5

320　529　浥業捻帖葉葉。怯業接葉帖帖　9

321　531　幕鐸落鐸落鐸薄鐸樂鐸約藥約藥著藥　2

322　532　鵲藥箔鐸落鐸。角覺泊鐸約藥　2

323　532　轂屋幅屋玉燭。矚燭促燭曲燭　1

324　533　葉葉沓合楫葉。屧帖帖帖掐洽　89

325　534　郭鐸昨鐸約藥落鐸。薄鐸泊鐸託鐸幕鐸　2

326　537　陌陌迹昔澤陌色職色職色職色職。席昔客陌客陌客陌客陌拍陌夕昔夕昔夕昔夕昔

6

327　540　撥末抹末八黠。發月闊末月月　45

328　540　闊末折薛雪薛節屑。發月別薛絕薛結屑月月　45

329　541　落鐸閣鐸薄鐸著藥。角覺約藥泊鐸惡鐸　2

330　541　別薛節屑發月。訣屑絕薛　4

331　542　發月滅薛雪薛折薛。咽屑絕薛別薛月月　4

332　542　急緝出術蜜質日質。失質必質一質筆質　37

51.仲舒

333 544 薄鐸落鐸幕鐸約藥。樂鐸萼鐸卻藥泊鐸 2

334 545 筆質匹質 3

335 545 絕薛月月 4

336 545 月月雪薛 4

337 548 葉葉疊帖 9

338 551 酌藥箔鐸却藥籜鐸。閣鐸約藥託鐸索鐸 2

339 551 得德跡昔覓錫識職。力職息職摘麥色職 6

340 552 雪薛結屑徹薛歇月月月。咽屑說薛缺薛節屑 4

52.晁補之

341 556 積昔寂錫憶職。隔麥得德 6

342 556 柏陌綠燭竹屋促燭。熟屋逐屋目屋續燭曲燭 16

343 558 燭燭菊屋。卜屋曲燭 1

344 558 悅薛別薛缺薛絕薛絕薛。闊末切屑說薛闋屑歇月發月潔屑 45

345 559 雪薛雪薛絕薛徹薛。月月血屑別薛 4

346 560 迹昔息職寂錫脈麥得德。魄陌格陌識職白陌摘麥擲昔 6

347 562 昨鐸寞鐸索鐸泊鐸。薄鐸託鐸鵲藥約藥樂鐸 2

348 563 噎屑滅薛葉葉別薛月月。闊末雪薛髮月節屑 459

349 568 客陌隔麥。碧陌迹昔色職 6

350 570 鷺屋簇屋宿屋玉燭。曲燭綠燭獨屋縠屋 1

351 572 結屑絕薛別薛歇月。月月滅薛雪薛節屑 4

352 575 月月哲薛葉葉轍薛。悅薛說薛節屑業業闊末 459

353 576 雪薛節屑月月別薛 4

354 578 滅薛雪薛接葉越月。滑黠怯業別薛節屑歇月 459

355 580 積昔昔昔寂錫得德息職 6

356 581 節屑說薛。悅薛月月 4

357 581 惡鐸閣鐸落鐸樂鐸約藥酌藥幕鐸 2

358 582 結屑切屑咽屑歇月月月滅薛絕薛 4

359 582 憶職擲昔璧昔國德色職陌陌得德 6

360 584 惡鐸削藥卻藥落鐸。薄鐸閣鐸著藥約藥 2

53. 陳師道

361 584 鵲藥落鐸 2

362 584 絕薛別薛 4

363 585 闊末咽屑抹末。滑黠八黠月月 45

364 586 髮月客陌 46

365 587 莫鐸著藥。著藥卻藥 2

366 587 摸鐸莫鐸錯鐸著藥 2

367 589 疊帖褶葉葉葉節屑 49

368 590 曲燭讀屋 1

369 590 積昔逼職 6

370 591 疾質溼緝日質識職得德。色職息職力職筆質敵錫 367

54.周邦彥

371 596 色職食職客陌寂錫藉昔。壁錫宅陌陌陌迹昔識職 6

372 597 託鐸邈覺薄鐸索鐸藥藥。若藥角覺卻藥萼鐸落鐸 2

373 597 閣鐸幕鐸薄鐸角覺。惡鐸鑠藥落鐸握覺著藥 2

374 598 足燭束燭肉屋局燭。卜屋曲燭屋屋宿屋撲屋 1

375 598 郭鐸漠鐸落鐸角覺弱藥約藥酌藥。閣鐸幕鐸藥藥惡鐸卻藥樂鐸 2

376 598 堞帖發月闋屑結屑折薛絕薛。切屑闊末咽屑別薛竭月月月疊帖歇月缺薛雪薛 4
59

377 600 測職積昔國德得德識職。客陌側職席昔適昔滴錫 6

378 601 屋屋熟屋速屋宿屋。束燭綠燭玉燭 1

379　601　跡昔客陌陌陌側職。白陌息職北德　6

380　604　葉葉唼葉軋黠怯業。鑷葉閱薛篋帖疊帖　4 5 9

381　605　鶩屋綠燭屋屋竹屋。燠屋曲燭目屋獨屋　1

382　608　雪薛絕薛折薛闊末節屑。血屑接葉切屑說薛別薛　4 5 9

383　608　燠屋沐屋熟屋逐屋菊屋。目屋玉燭曲燭卜屋矚燭　1

384　609　屋屋觸燭竹屋熟屋獨屋。速屋轂屋目屋曲燭國德菽屋燭燭　1 6

385　610　擲昔翼職跡昔國德澤陌陌陌惜昔隔麥。寂錫碧陌息職客陌極職幘麥側職汐昔得德
6

386　611　直職碧陌色職國德識職客陌尺昔。跡昔席昔食職驛昔北德側職積昔寂錫極職笛錫
滴錫　6

387　612　絕薛月月發月葉葉。說薛髮月睫葉切屑結屑　4 9

388　612　曲燭綠燭　1

389　612　發月雪薛　4

390　614　郭鐸脚藥作鐸落鐸廓鐸。泊鐸約藥薄鐸樂鐸　2

391　616　目屋足燭曲燭。玉燭涿燭斛屋　1

392　618　束燭俗燭熟屋。曲燭肉屋足燭　1

393　619　同前　1

394 619 寂錫色職息職逼職。識職跡昔憶職臆職 6

395 620 弱藥著藥學覺幄覺。弱藥掠藥蕚鐸閣鐸 2

396 620 絕薛帖帖睫葉燮帖。愜帖合合說薛頰帖褱葉 489

397 621 潔屑結屑滑黠絕薛。月月節屑髮月折薛別薛 45

398 621 璧昔抑職笛錫識職臆職。拍陌客陌滴錫息職 6

399 621 結屑闊末雪薛爇薛。切屑別薛折薛節屑月月 45

400 623 白陌色職。得德碧陌 6

401 623 碧陌色職識職。隔麥適昔夕昔滴錫息職 6

402 627 色職客陌力職寂錫。極職食職陌陌滴錫憶職 6

403 628 磧昔碧陌白陌笛錫色職。脈麥釋昔客陌跡昔窄陌隔麥陌陌極職拍陌 6

55.陳瓘

404 632 色職白陌 6

405 634 得德尺昔日質色職。液昔植職跡昔極職 36

406 634 別薛漆質白陌黑德。雪薛說薛摘麥 346

56.李廌

407 637 雪薛月月。髮月折薛 4

408 637 咽屑月月蝶帖別薛 49

57. 謝逸

409 643 鶒職碧陌 6
410 645 息職碧陌 6
411 645 雪薛月月 4
412 645 噎屑別薛. 4
413 646 色職碧陌寂錫笛錫 6
414 647 鵲藥約藥 2
415 647 密質出術 3
416 647 刻德碧陌 6
417 647 角覺落鐸惡鐸漠鐸 2
418 648 綠燭玉燭熟屋。粟燭六屋蹙屋 1
419 650 急緝澀緝立緝入緝。集緝執緝汲緝泣緝 7
420 650 綠燭縠屋。竹屋玉燭 1
421 652 拍陌息職客陌。得德色職 6
422 652 熱薛設薛血屑結屑。撇屑悅薛折薛月月節屑 4

58. 夏倪

423 652 日質入緝 3 7

59.晁沖之

424 654 雪薛結屑闋月月月。歇月揭月說薛節屑 4

60.蘇庠

425 658 屋屋谷屋 1

61.祖可

426 659 樾月髮月月月 4

427 660 葉葉匝合 89

62.毛滂

428 662 急緝日質客陌碧陌 367

429 663 疊帖葉葉雪薛月月 49

430 670 伯陌劇陌靂錫。窄陌發月客陌 46

431 673 足燭曲燭綠燭獨屋簇屋。速屋屬燭續燭馥屋玉燭 1

432 675 折薛月月月月色職。疊帖髮月髮月節屑 469

433 676 速屋木屋曲燭。覆屋綠燭燭燭 1

434 676 歇月徹薛月月。闋屑別薛節屑 4

435 676 雪薛月月 4

436 676 月月發月 4

437 676 絕薛月月 4

438 679 日質食職 36

439 679 樂鐸樂鐸 2

440 681 碧陌入緝瑟櫛日質。白陌惜昔脈麥迹昔 367

441 682 幕鐸卻藥。著藥落鐸 2

442 684 日質碧陌。惜昔入緝 367

443 685 溼緝客陌 67

444 685 月月頰帖 49

445 685 月月雪薛 4

446 686 惡鐸薄鐸 2

447 686 著藥落鐸卻藥略藥萼鐸。寞鐸鶴鐸錯鐸莫鐸約藥 2

448 688 絕薛節屑滅薛月月。結屑捻帖葉葉活末 459

449 689 月月襪月揭月滅薛節屑色職得德 46

450 689 歇月黦月折薛闕月雪薛絕薛月月 4

451 689 力職瑟櫛日質逼職色職立緝入緝 367

63.劉燾

452 692 格陌識職勒德得德。摘麥色職額陌惜昔笛錫 6

453 692 切屑說薛別薛雪薛。血屑咽屑折薛節屑 4

454 693 雪薛屑屑。月月柝陌 46

455 693 泣緝溼緝。密質織職 367

456 693 竹屋綠燭。蹙屋曲燭 1

457 694 滅薛雪薛。別薛說薛 4

64.曹希蘊

458 701 覓錫別薛的錫 46

65.謝邁

459 703 碧陌席昔 6

460 703 發月襪月 4

461 703 摘麥色職 6

462 703 月月結屑節屑絕薛絕薛雪薛 4

463 704 曲燭足燭。玉燭局燭 1

66.沈蔚

464 706 昔昔息職色職側職。惜昔覓錫憶職得德 6

465 709 滴錫脈麥客陌。得德格陌色職 6

67.惠洪

466　711　滑黠踏合撒曷法乏達曷。發月殺黠活末撻曷髮月　458

467　716　窟沒客陌舄昔寂錫碧陌。滌錫迹昔席昔湜職色職　36

68.葛勝仲

468　718　闊末樾月雪薛。節屑切屑咽屑　45

469　724　屋屋陸屋　1

69.曾紆

470　731　雪薛節屑折薛竊屑。結屑浥緝說薛月月　47

471　732　客陌陌陌壓葉額陌惜昔。白陌息職擲昔北德色職　69

472　732　廓鐸落鐸約藥薄鐸酌藥角覺。索鐸寞鐸著藥掠藥　2

473　732　獨屋屋屋淑屋穀屋。足燭俗燭蜀燭觸燭　1

474　733　瀝錫積昔寂錫敵錫。滴錫臆職隔麥息職　6

475　733　綠燭鷲屋竹燭綠燭。足燭促燭曲燭目屋　1

70.吳則禮

476　734　闋屑發月發月雪薛。髮月說薛說薛月月　4

477　735　月月雪薛　4

478　735　髮月發月　4

479　735　徹薛月月　4

480 735 發 月 月 月 4

481 736 月 月 發 月 4

482 736 菊 屋 綠 燭 1

483 736 別 薛 說 薛 4

484 737 雪 薛 悅 薛 折 薛 月 月。發 月 缺 薛 別 薛 節 屑 4

71.趙子發

485 741 綠 燭 玉 燭 1

486 741 惡 鐸 落 鐸 2

72.徐俯

487 742 綠 燭 粟 燭 屋 屋 竹 屋。瀑 屋 斛 屋 鵠 沃 玉 燭 1

488 742 得 德 客 陌 6

73.王安中

489 750 闕 月 節 屑 悅 薛。結 屑 月 月 業 業 49

490 753 客 陌 得 德 6

491 753 客 陌 得 德 6

492 754 曲 燭 綠 燭 1

493 754 菊 屋 玉 燭 1

494 754 蔌屋出術 13

74.張繼先

495 758 實質一質 3

496 759 樂鐸藥藥覺覺泊鐸絡鐸。魄鐸客陌酢鐸卻藥酌藥薄鐸錯鐸 26

497 759 歇月雪薛別薛徹薛說薛闕月。絕薛接葉冽薛劣薛熱薛月月 49

498 762 月月雪薛 4

75.葉夢得

499 768 物物壁錫雪薛傑薛。發月滅薛髮月月月 346

500 768 息職飾職側職澤陌。節屑得德客陌憶職摘麥 446

501 769 坼陌息職碧陌識職。陌陌窄陌色職客陌澤陌 6

502 769 熟屋續燭沃沃曲燭。足燭束燭竹屋速屋綠燭 1

76.趙士暕

503 783 折薛魄陌。摘麥色職 46

504 783 刻德拂物。物物骨沒 36

505 783 蠟盍別薛。月月插洽 48

506 783 絕薛折薛。雪薛月月 4

77.李光

507 786 白陌客陌隔麥雪薛。蝶帖月月歇月折薛 469

78.趙子松

508 790 雪薛月月 4

79.鑑堂

509 790 鵲藥落鐸 2

510 790 綠燭竹屋 1

511 791 雪薛月月 4

80.梅窗

512 791 極職碧陌 6

513 791 粟燭玉燭 1

514 791 月月折薛 4

515 791 玉燭曲燭 1

516 791 綠燭玉燭 1

517 791 密質色職 36

81.劉一止

518 793 木屋辱燭足燭逐屋。谷屋馥屋屬燭玉燭 1

519 793 色職壁錫屐陌寂錫。碧陌刻德直職石昔 6

520 793 冪錫出術璧昔夕昔。憶職迹昔惜昔滴錫 36

521 793 同前 36

522 794 落鐸廓鐸作鐸。樂鐸卻藥幕鐸 2

523 795 冽薛節屑澈薛接葉。列薛雪薛闕月月月 49

524 795 闕月楫葉絕薛業業。疊帖滅薛節屑別薛月月 49

525 796 瑟櫛物物沒沒客陌。骨沒憶職結屑色職得德 346

526 798 碧陌白陌客陌迹昔掖昔積昔劇陌百陌 6

527 799 角覺覺覺薄鐸弱藥洛鐸。託鐸泊鐸著藥惡鐸 2

82.汪藻

528 801 隙陌額陌刻德白陌。扐德碧陌迹昔息職 6

83.曹組

529 802 色職客陌。得德迹昔拍陌 6

530 802 寞鐸幕鐸落鐸。鵲藥著藥 2

531 804 節屑絕薛。雪薛折薛 4

84.万俟詠

532 808 薄鐸蓴鐸卻藥若藥約藥著藥。箔鐸漠鐸落鐸索鐸角覺學覺 2

533 810 雪薛月月 4

534 811 咽屑絕薛。闊末切屑月月 45

85.田爲

535 813 色職窄陌滴錫寂錫。息職索陌力職碧陌 6

536 814 月月雪薛潔屑襪月歇月絕薛說薛。別薛切屑節屑咽屑缺薛結屑 4

86.趙溫之

537 816 臘盍刻德格陌力職。絕薛別薛冽薛歇月 468

87.王庭珪

538 817 箔鐸著藥角覺惡鐸。薄鐸錯鐸泊鐸著藥 2

539 817 發月月月月月噎屑。雪薛別薛別薛結屑 4

540 818 玉燭燭燭宿屋。曲燭曲燭續燭醁燭 1

541 820 竹屋玉燭蔌屋。六屋綠燭 1

542 822 闊末月月別薛。闕月雪薛節屑 45

543 823 勒德璧昔。色職腋昔 6

544 823 瑟櫛雪薛瞥屑月月結屑。切屑徹薛絕薛滅薛咽屑 34

88.陳克

545 826 碧陌食職寂錫溼緝。力職得德壁錫滴錫 67

546 826 促燭曲燭燭燭蔌屋。足燭逐屋宿屋綠燭 1

547 827 碧陌食職客陌。北德息職赤昔得德 6

548 827 薄鐸閣鐸絡鐸角覺。幕鐸弱藥落鐸惡鐸 2

549 827 脈麥北德隔麥尺昔。日質色職得德力職 36

550 827 寂錫北德色職黑德。笛錫碧陌得德白陌 6

551 828 直職力職 6

552 828 鶒職碧陌 6

553 828 滑黠闊末 5

554 829 滅薛月月。折薛絕薛 4

555 829 躅燭福屋沐屋髮月軸屋熟屋。曲燭逐屋屋屋馥屋綠燭 14

556 830 血屑切屑結屑月月 4

557 832 疊帖雪薛 49

89. 朱敦儒

558 835 白陌客陌隔麥雪薛。蝶帖月月歇月折薛 469

559 835 月月闕月掣薛接葉。雪薛絕薛髮月說薛 49

560 836 葉葉切屑徹薛月月。結屑設薛滅薛咽屑 49

561 836 驛昔識職力職翮麥。息職碧陌客陌國德 6

562 836 色職葉葉客陌白陌。接葉闕月歇月月月 469

563 838 石昔碧陌色職白陌。客陌宅陌適昔策麥北德 6

564 840 闋屑發月徹薛切屑。結屑訣屑月月越月。蝶帖說薛別薛節屑 49

565 841 客陌碧陌。息職迹昔 6

566 841 日質溼緝。客陌得德 367

567 848 疊帖雪薛發月葉葉。說薛越月歇月月月 49

568 848 曲燭局燭縮屋玉燭。竹屋宿屋足燭續燭 1

569 851 客陌藉昔碧陌摘麥。翼職適昔敵錫得德 6

570 852 葉葉咽屑。絕薛折薛節屑 49

571 853 溼緝碧陌。瑟櫛息職 367

572 853 力職溼緝。碧陌迹昔 67

573 853 絕薛疊帖。別薛雪薛 49

574 854 卻藥蕚鐸。樂鐸落鐸 2

575 854 節屑雪薛。月月滅薛 4

576 854 識職迹昔。策麥得德 6

577 854 宅陌笛錫。磧昔息職 6

578 854 碧陌色職。敵錫得德 6

579 854 的錫憶職。迹昔北德 6

580 854 蝶帖月月。別薛葉葉 4 9

581 855 客陌側職。夕昔識職 6

582 855 葉葉蝶帖。結屑疊帖 4 9

583 855 藥藥縛藥。覺覺樂鐸 2

584 859 葉葉發月別薛。客陌徹薛絕薛月月 4 6 9

585 859 索鐸薄鐸落鐸。角覺著藥雀藥掠藥 2

586 859 迹昔客陌碧陌。北德得德 6

587 860 集緝客陌得德。碧陌夕昔 6 7

588 860 別薛發月月月。也馬說薛 4

589 860 熱薛歇月絕薛。月月闕月 4

590 860 潔屑發月別薛。悅薛月月 4

591 861 碧陌客陌客陌夕昔。急緝息職息職得德 6 7

592 861 急緝白陌白陌雪薛。摘麥憶職憶職色職 4 6 7

593 861 窄陌客陌客陌迹昔。隔麥識職識職北德 6

594 861 列薛節屑節屑發月。雪薛熱薛熱薛悅薛 4

595 862 失質立緝。逼職急緝 3 6 7

596 864 節屑雪薛。切屑說薛 4

597 865 碧陌溼緝。夕昔憶職 67

598 865 色職陌陌。客陌側職 6

599 865 客陌色職。壁錫碧陌 6

600 866 急緝溼緝。笠緝碧陌 67

601 866 碧陌鶒職力職磧昔。笛錫息職得德覓錫 6

602 868 節屑月月客陌客陌客陌說薛 46

603 868 月月辣曷雪薛雪薛雪薛葉葉 459

604 868 月月蠟盍葉葉葉葉葉葉雪薛 489

605 868 坼陌折薛說薛說薛說薛熱薛 46

606 868 急緝瀝錫瑟櫛 367

607 869 戚錫食職客陌跡昔。益昔識職息職惜昔 6

90.周紫芝

608 872 識職隔麥客陌。滴錫白陌惜昔 6

609 873 粟燭馥屋 1

610 873 伯陌客陌 6

611 878 薄鐸落鐸索鐸著藥。約藥泊鐸掠藥角覺 2

612 878 閣鐸惡鐸樂鐸落鐸。泊鐸薄鐸錯鐸約藥 2

613 878 閣鐸薄鐸削藥落鐸。掠藥弱藥樂鐸約藥 2
614 878 闊末闕月節屑說薛。雪薛訣屑歇月月月 45
615 880 滴錫色職寂錫。跡昔憶職碧陌 6
616 880 曲燭玉燭。續燭燭燭 1
617 881 歇月雪薛雪薛節屑。鴨狎說薛說薛月月 48
618 883 薄鐸落鐸 2
619 885 急緝集緝入緝立緝。日質力職溼緝拆陌白陌 367
620 887 落鐸薄鐸閣鐸。約藥幕鐸著藥 2
621 889 溼緝色職。入緝急緝 67
622 889 月月絕薛。折薛雪薛 4
623 889 月月說薛。雪薛折薛 4
624 889 葉葉月月。熱薛雪薛 49
625 889 力職色職。惜昔拍陌 6
626 889 別薛月月。節屑雪薛 4
627 889 綠燭粟燭屋屋竹屋。瀑屋斛屋鵠沃玉燭 1
628 893 箑葉髮月 49

91. 邵博

629 896 格陌色職客陌白陌。宅陌魄陌額陌摘麥 6

92.趙佶

630 896 格陌寂錫直職得德。磧昔敵錫夕昔客陌 6

631 897 噎屑節屑說薛缺薛。列薛別薛說薛月月 4

93.李綱

632 900 略藥雀藥爵藥弱藥。朔覺落鐸漠鐸著藥 2

633 901 綠燭竹屋谷屋玉燭曲燭。速屋目屋馥屋續燭幅屋 1

634 901 室質實質 3

635 902 碧陌壁昔夕昔色職適昔臆職益昔息職 6

636 904 浴燭玉燭 1

637 904 絕薛雪薛 4

638 907 闊末發月月月滅薛缺薛。髮月節屑奪末設薛雪薛 4 5

94.胡舜陟

639 909 立緝急緝力職息職隙陌。笠緝逸質識職得德覓錫 3 6 7

95.蔣元龍

640 913 落鐸閣鐸。昨鐸泊鐸 2

96.廖世美

641 915 碧陌力職笛錫拍陌 6

97.程過

642 917 約藥卻藥索鐸昨鐸。泊鐸幕鐸角覺落鐸托鐸 2

98.張綱

643 919 極職色職伯陌敵錫。席昔掖昔客陌擲昔 6

644 920 節屑發月說薛月月。客陌絕薛列薛折薛 46

645 924 日質入緝 37

646 924 雪薛纈屑 4

647 924 隔麥屐陌 6

99.李清照

648 927 碧陌直職 6

649 929 雪薛節屑。滅薛鴂屑 4

650 931 閣鐸薄鐸薄鐸角覺。惡鐸落鐸落鐸寞鐸 2

651 932 戚錫息職急緝識職。積昔摘麥黑德滴錫得德 67

652 935 雀藥薄鐸 2

100.呂本中

653 937 雪薛月月 4

654 937 雪薛絕薛月月。節屑說薛別薛 4

655 938 曲燭屋屋玉燭綠燭。菊屋竹屋辱燭足燭熟屋 1

101.畢良史

656 940 席昔璧昔碧陌色職 6

102.胡世將

657 941 物物壁錫雪薛傑薛。發月滅薛髮月月月 346

103.趙鼎

658 941 雪薛潔屑怯業月月。鐵屑結屑絕薛切屑 49

659 942 曲燭沒沒 13

660 942 席昔客陌。極職色職 6

661 943 馥屋玉燭獨屋屬燭。熟屋辱燭讀屋木屋 1

662 944 溼緝磧昔北德色職。客陌白陌拆陌極職臆職 67

663 944 夕昔迹昔。息職立緝 67

664 945 葉葉結屑雪薛冊麥。滅薛越月闊末色職石昔 4569

665 946 息職雪薛。髮月闕月 46

666 946 同前 46

667 946 同前 46

668　946　同前　46

104.李邴

669　949　綠燭粟燭屋屋竹屋。瀑屋斛屋鵠沃玉燭　1

670　951　綠燭拂物玉燭觸燭玉燭足燭屋屋　13

105.向子諲

671　958　質質日質　3

672　958　歇月切屑切屑色職。節屑血屑血屑月月　46

673　963　色職白質窄陌伯陌　6

674　963　絕薛月月　4

675　967　截屑月月　4

676　968　擲昔碧陌　6

677　968　葉葉月月。節屑雪薛　49

678　968　同前　49

679　968　曲燭足燭　1

680　968　澈薛月月　4

681　969　缺薛雪薛　4

682　969　頰帖葉葉月月　49

683　969　勺藥酌藥卻藥。掠藥著藥　2

684　971　白陌絕薛　46

685　973　白陌隔麥　6

686　973　切屑別薛別薛頰帖。襪月月月月月絕薛　49

687　973　切屑月月。歇月雪薛　4

688　974　蝶帖葉葉。隔麥絕薛　469

689　975　碧陌日質。夕昔得德　36

690　975　窄陌月月。雪薛隔麥　46

691　977　頰帖葉葉　9

106. 韓駒

692　979　綠燭沐屋玉燭獨屋。掬屋六屋曲燭竹屋　1

107. 顏博文

693　980　索鐸角覺落鐸。薄鐸著藥　2

108. 陳東

694　981　月月髮月。發月雪薛　4

109. 姚孝寧

695　982　綠燭粟燭屋屋竹屋。瀑屋斛屋鵠沃玉燭　1

110. 胡松年

696 983 寂錫客陌碧陌色職。役昔翼職北德摘麥息職 6

697 983 別薛雪薛闊末節屑。絕薛滑黠月月髮月闕月 45

111. 宋江

698 985 北德客陌色職值職得德。碧陌息職識職白陌 6

112. 袁綯

699 986 掠藥貌覺絡鐸弱藥。鶴鐸約藥箔鐸落鐸 2

113. 李久善

700 990 節屑雪薛潔屑蝶帖。闕月月月折薛別薛 49

114. 寶月

701 990 薄鐸落鐸幕鐸約藥。樂鐸萼鐸卻藥泊鐸 2

702 991 得德跡昔覓錫識職。力職息職摘麥色職 6

115. 蘇仲及

703 991 馥屋僕屋曲燭目屋。獨屋足燭竹屋 1

116. 劉均國

704 993 雪薛節屑 4

705 993 隔麥色職 6

706 993 別薛折薛 4

707 993 角覺落鐸 2

117.南山居士

708 994 索鐸蓴鐸託鐸縛藥。落鐸著藥薄鐸著藥 2

118.邵叔齊

709 995 隔麥側職質質識職。逼職襲緝得德息職 3 6 7

710 995 惡鐸記鐸落鐸削藥。索鐸邈覺閣鐸約藥泊鐸 2

119.房舜卿

711 997 別薛發月發月月月。襪月闊末闊末絕薛 4 5

120.洪皓

712 1000 液昔色職 6

121.蔡伸

713 1008 卜屋燭燭曲燭促燭。宿屋馥屋足燭蹙屋 1

714 1008 傑薛月月折薛髮月。說薛結屑絕薛節屑 4

715 1008 列薛滅薛月月絕薛。末末闕月髮月說薛 4 5

716 1009 睫葉咽屑闊末血屑。楫葉月月缺薛別薛說薛 4 5 9

717 1014 綠燭沐屋。郁屋玉燭 1

718 1014 雀藥掠藥 2
719 1014 碧陌力職憶職北德 6
720 1015 屋屋綠燭 1
721 1015 雪薛月月 4
722 1015 碧陌昔昔迹昔。隔麥憶職憶職役昔 6
723 1016 月月客陌客陌色職。得德惜昔惜昔夕昔 4 6
724 1016 色職雪薛別薛越月 4 6
725 1016 咽屑別薛說薛血屑。鐵屑絕薛滅薛月月 4
726 1016 切屑絕薛咽屑結屑。月月缺薛白陌別薛 4 6
727 1017 鴂屑節屑雪薛。結屑月月 4
728 1017 月月節屑血屑。切屑別薛 4
729 1017 歇月徹薛。結屑月月 4
730 1017 客陌色職。脈麥息職 6
731 1022 穀屋綠燭肉屋宿屋。曲燭目屋玉燭逐屋 1
732 1022 落鐸箔鐸角覺廓鐸。昨鐸惡鐸約藥薄鐸 2
733. 1022 色職碧陌席昔識職。的錫擲昔憶職劇陌 6
734 1022 咽屑隔麥碧陌客陌。昔昔迹昔的錫憶職 4 6

735 1023 別薛雪薛月月。節屑說薛缺屑 4

736 1027 綠燭穀屋宿屋玉燭曲燭。馥屋目屋蹙屋足燭獨屋 1

737 1028 促燭簇屋竹屋宿屋。玉燭粟燭卜屋綠燭曲燭 1

738 1029 壁錫惜昔日質惻職。歷錫織職脈麥碧陌 36

739 1030 爇薛絕薛壁錫格陌極職隔麥折薛。切屑髮月月月血屑鐵屑徹薛 46

122.韓世忠

740 1032 色職闕月側職歇月。泣緝說薛血屑月月缺薛 467

123.王灼

741 1033 筆質籍昔客陌。側職北德識職 36

742 1034 得德色職 6

743 1035 息職憶職。得德的錫 6

744 1036 雪薛葉葉節屑。徹薛滅薛節屑 49

124.陳襲善

745 1036 月月雪薛 4

125.孫艤

746 1038 咽屑雪薛 4

126.潘汾

747 1039 蓴鐸昨鐸幕鐸泊鐸。削藥託鐸薄鐸落鐸卻藥 2

127.花仲胤妻

748 1043 幕鐸索鐸落鐸卻藥。託鐸閣鐸落鐸 2

128.劉濬

749 1043 月月折薛結屑越月別薛切屑瞥屑節屑。絕薛雪薛怯業徹薛發月闕月 49

129.李彌遜

750 1048 寂錫織職跡昔得德。碧陌白昔色職憶職 6

751 1048 碧陌壁錫息職摘麥。織職翼職拍陌百陌 6

752 1055 節屑月月 4

753 1055 滅薛歇月 4

754 1055 綠燭玉燭 1

755 1057 閣鐸惡鐸樂鐸。覺覺薄鐸落鐸 2

756 1058 鐵屑別薛月月 4

757 1058 石昔席昔陌陌 6

758 1058 格陌射昔。色職國德 6

759 1058 月月雪薛歇月別薛 4

760 1059 白陌格陌額陌色職 6

761 1061 綠燭粟燭鶩屋曲燭。屬燭玉燭福屋菊屋 1

762 1061 席昔力職夕昔。錫錫得德 6

763 1061 月月別薛 4

764 1062 疾質碧陌 3 6

130.王以寧

765 1064 尺昔織職碧陌策麥。席昔窄陌白陌陌陌 6

766 1064 碧陌寂錫側職白陌策麥。極職籍昔迹昔得德 6

767 1064 同前 6

768 1066 族屋熟屋北德。燭燭曲燭促燭 1 6

769 1066 同前 1 6

770 1066 同前 1 6

771 1066 傑薛雪薛。節屑業業 4 9

772 1067 傑薛雪薛。越月月月 4

131.陳與義

773 1068 咽屑雪薛 4

132.王昂

774 1072 陌陌客陌。白陌色職 6

133.張元幹

775 1073 惡鐸作鐸若藥落鐸泊鐸。薄鐸著藥酌藥卻藥約藥削藥 2

776 1073 箔鐸閣鐸藥藥惡藥落鐸萼鐸勺藥。洛鐸著藥掠藥約藥泊鐸。寞鐸樂鐸索鐸昨鐸鶴鐸却藥 2

777 1074 綠燭曲燭促燭玉燭。醁燭木屋足燭鶩屋 1

778 1075 色職客陌窄陌測職。激錫黑德息職得德 6

779 1075 雪薛闋月頰帖絕薛。月月節屑檝葉髮月 4 9

780 1075 闊末發月疊帖節屑。切屑雪薛月月說薛別薛 4 5 9

781 1076 月月滅薛咽屑絕薛。折薛獗月血屑缺薛越月 4

782 1080 壑鐸却藥鑊鐸昨鐸。藥藥著藥雀藥泊鐸繳藥。樂鐸幕鐸閣鐸鶚鐸勺藥 2

783 1082 宅陌迹昔隔麥客陌。黑德日質擲昔色職 3 6

784 1083 萼鐸約藥角覺落鐸。薄鐸幕鐸著藥惡鐸 2

785 1083 同前 2

786 1083 落鐸泊鐸合合著藥。惡鐸索鐸錯鐸約藥 2 8

787 1086 碧陌織職食職。色職得德 6

788 1086 陌陌色職客陌。擲昔得德 6

789 1086 閣鐸惡鐸樂鐸。惡鐸薄鐸落鐸 2

790 1089 落鐸幕鐸角覺。薄鐸託鐸寞鐸約藥 2

791 1090 結屑帖帖劣薛。折薛說薛節屑月月 49

792 1091 溢質入緝澀緝碧陌。惜昔夕昔日質急緝 367

793 1092 陌陌客陌。色職得德 6

794 1092 月月節屑。徹薛結屑 4

795 1092 澤陌色職。客陌得德 6

796 1093 說薛闕月列薛傑薛。捷葉雪薛折薛節屑 49

797 1093 萼鐸惡鐸惡鐸託鐸。約藥薄鐸薄鐸掠藥 2

798 1095 覓錫澀緝 67

799 1096 閣鐸爍藥幕鐸珞鐸渥覺萼鐸妁藥。濁覺藥藥鶴鐸酌藥樂鐸 2

800 1097 鑠藥薄鐸惡鐸落鐸約藥却藥樂鐸。索鐸幕鐸弱藥琢覺橐鐸洛鐸 2

801 1101 拆陌結屑揭月雪薛。節屑說薛疊帖別薛 469

802 1103 月月傑薛。絕薛月月 4

134. 鄧肅

803 1107 色職息職白職。積昔客陌識職 6

804 1107 雪薛色職 46

805 1107 爇薛雪薛 4

135. 呂渭老

806 1113 玉燭蔌屋燭燭竹屋。屋屋促燭幅屋綠燭 1

807 1114 月月歇月箑葉熱薛。疊帖滅薛闋月說薛葉葉 4 9

808 1114 日質飾職色職跡昔。拆陌得德食職溼緝瑟櫛 3 6 7

809 1114 碧陌席昔白陌笛錫。息職役昔得德碧陌客陌 6

810 1114 碧陌色職客陌說薛。續燭惜昔瑟櫛忽沒櫛櫛 1 3 4 6

811 1116 易昔軼質國德得德。室質翼職溢質識職 3 6

812 1116 襪月拍陌掠藥格陌。白陌宅陌蝶帖隔麥 2 4 6 9

813 1117 澤陌白陌宅陌客陌謫麥。翮麥策麥藥藥酌藥却藥 2 6

814 1118 鵠沃北德。曲燭目屋 1 6

815 1118 側職札黠。白陌册麥 5 6

816 1119 拾緝級緝。邑緝笠緝 7

817 1119 雪薛闋屑。發月月月 4

818 1119 玉燭束燭。目屋竹屋 1

819 1124 日質滴錫食職色職客陌碧陌息職。瑟櫛的錫擲昔得德壁昔側職 3 6

820 1125 雪薛徹薛熱薛睫葉折薛結屑。結屑疊帖切屑月月別薛血屑 4 9

821 1125 約藥萼鐸索鐸却藥葉葉。泊鐸樂鐸落鐸閣鐸著藥 2 9

822 1127 落鐸學覺。角覺樂鐸 2

823 1128 尺昔擲昔笛錫識職。翼職織職食職的錫寂錫 6

824 1130 月月血屑說薛。說薛絕薛 4

825 1132 落鐸泊鐸。錯鐸託鐸 2

826 1134 節屑設薛。啜薛月月 4

827 1134 髮月月月。別薛說薛 4

828 1135 約藥蒻鐸掠藥鶴鐸。薄鐸落鐸角覺箔鐸閣鐸 2

136.王之道

829 1145 月月髮月 4

830 1150 摵麥白陌壁錫物物客陌擲昔。席昔臆職色職得德極職隔麥 36

831 1152 曆錫色職厄麥百陌。憶職石昔擲昔業業逸質日質 369

832 1153 滑黠闊末 5

833 1153 直職力職 6

834 1154 肅屋菊屋綠燭目屋斛屋。掬屋玉燭逐屋祝屋燭燭 1

835 1155 歇月滅薛轍薛絕薛絕薛雪薛 4

836 1156 碧陌北德翼職。息職客陌墨德 6

837 1156 同前 6

838 1156 同前 6

839 1158 色職百陌。碧陌日質 3 6

840 1159 馥屋祝屋。綠燭竹屋 1

841 1159 碧陌客陌。席昔日質 3 6

842 1159 咽屑別薛徹薛切屑。說薛雪薛鐵屑拙薛結屑 4

843 1161 葉葉霎葉 9

844 1162 結屑越月月月別薛。轍薛發月愜帖席昔列薛隔麥 4 6 9

845 1164 月月節屑潔屑滅薛。絕薛葉葉傑薛雪薛 4 9

137. 馮時行

846 1164 窄陌白陌 6

847 1170 蠟盍骨沒額陌識職。覓錫得德說薛月月 3 4 6 8

138. 歐陽澈

848 1173 玉燭掬屋綠燭。促燭續燭曲燭 1

139. 張表臣

849 1175 落鐸惡鐸 2

140. 楊无咎

850 1178 腳藥落鐸著藥幕鐸。惡鐸郭鐸覺覺約藥 2

851 1179 幄覺鵲藥覺覺樂鐸薄鐸閣鐸幙鐸。藥藥酌藥惡鐸託鐸落鐸 2

852 1179 谷屋穀屋馥屋玉燭幅屋。宿屋續燭曲燭木屋綠燭 1

853 1180 綠燭竹屋宿屋。目屋續燭足燭曲燭玉燭 1

854 1180 蕚鐸著藥幄覺掠藥。角覺薄鐸惡鐸嚼藥 2

855 1180 著藥幕鐸酌藥落鐸。覺覺閣鐸藥藥樂鐸 2

856 1183 軸屋斛屋簇屋馥屋。俗燭逐屋曲燭 1

857 1183 竹屋逐屋掬屋玉燭。曲燭囑燭北德蹙屋 16

858 1184 識職國德。摘麥色職 6

859 1184 削藥薄鐸搦覺酌藥。約藥覺覺脚藥著藥 2

860 1185 足燭速屋速屋斛屋。囑燭蹙屋蹙屋曲燭 1

861 1189 落鐸啄覺約藥樂鐸謔藥惡鐸弱藥。藐覺託鐸搦覺薄鐸角覺著藥 2

862 1190 墨德寂錫敵錫物物漆質出術匹質。逸質戚錫隔麥夕昔幘麥日質 36

863 1192 惡鐸約藥索鐸。蕚鐸杓藥落鐸 2

864 1192 同前 2

865 1192 惡鐸約藥索鐸。蕚鐸酌藥落鐸 2

866 1196 節屑發月絕薛雪薛。潔屑說薛咽屑說薛 4

867 1197 足燭逐屋。綠燭俗燭 1

868 1198 熱屋玉燭。燭燭曲燭 1

869 1198 託鐸邈覺薄鐸索鐸藥藥。若藥角覺却藥萼鐸落鐸 2

870 1202 雪薛歇月切屑鼈薛。攧 說薛鐵屑熱薛 4

871 1202 白陌摑陌液昔。色職易昔翼職 6

872 1203 足燭足燭玉燭掬屋俗燭。屬燭逐屋目屋福屋曲燭 1

873 1203 髮月襪月發月節屑。月月劣薛說薛切屑別薛 4

874 1205 歇月熱薛髮月設薛滑黠揭月。絕薛月月疊帖雪薛滅薛鴂屑 459

875 1205 同前 459

876 1205 同前 459

877 1205 隔麥識職。惜昔勒德 6

878 1206 搭合霎合帀合。壓狎鴨狎 8

141. 曹勛

879 1209 月月冽薛格陌切屑。設薛雪薛悅薛缺薛闕月 46

880 1210 節屑烈薛別薛發月。悅薛撥末闕月月月 45

881 1216 幕鐸閣鐸廓鐸卻藥。萼鐸著藥覺覺落鐸 2

882 1217 節屑格陌質質頰帖月月。色職說薛雪薛歇月折薛 3469

883 1217 絕薛雪薛闊末別薛。列薛折薛月月閱薛 45

884 1225 策麥迹昔得德壁錫。色職識職白陌臆職 6

885 1226 澤陌色職發月徹薛。列薛結屑別薛月月 46

886 1226 國德德德隔麥碧陌。夕昔色職臆職憶職 6

887 1227 月月雪薛 4

888 1227 日質食職 36

889 1228 葉葉客陌 69

890 1235 節屑徹薛。絕薛色職 46

891 1235 霎合壓狎。呷狎蠟盍 8

892 1235 月月徹薛。熱薛節屑 4

893 1237 葉葉客陌 69

894 1238 束燭玉燭 1

142. 胡銓

895 1239 雪薛列薛徹薛。屑屑切屑月月 4

896 1243 傑薛說薛 4

897 1243 月月別薛 4

898 1245 闊末咽屑抹末。滑黠八黠月月 45

899 1245 別薛月月。節屑轍薛 4

143.岳飛

900 1246 歇月烈薛月月切屑。雪薛滅薛缺薛血屑闕月 4

901 1246 郭鐸閣鐸作鐸惡鐸。鍔鐸壑鐸落鐸洛鐸鶴鐸 2

144.孫道絢

902 1247 屋屋竹屋宿屋。促燭獨屋續燭 1

903 1248 碧陌白陌 6

904 1248 碧陌陌陌。白陌食職息職 6

905 1248 寞鐸索鐸索鐸落鐸。約藥鶴鐸鶴鐸郭鐸 2

145.陸凝之

906 1250 白陌席昔蹟昔碧陌。色職客陌寂錫笛錫 6

146.史浩

907 1259 闕月雪薛節屑。徹薛說薛折薛滅薛 4

908 1265 竹屋綠燭國德郁屋。簌屋足燭麓屋玉燭谷屋 1 6

909 1266 北德綠燭曲燭竹屋燭燭。牧屋屋屋趣燭觫燭粟燭 1 6

910 1266 夕昔極職笛錫席昔壁錫。覓錫敵錫得德石昔翼職 6

911 1266 月月徹薛闕月揭月結屑。絕薛列薛舌薛爇薛節屑 4

912 1267 目屋北德谷屋陸屋曲燭。麓屋馥屋俗燭觫燭祝屋 1 6

913 1274 滴錫織職席昔碧陌。激錫敵錫尺昔液昔夕昔 6

914 1274 惜昔色職碧陌滴錫皪錫尺昔息職。覓錫力職得德隙陌席昔 6

915 1275 折薛節屑結屑徹薛。說薛別薛歇月滅薛訣屑 4

916 1276 璧昔色職夕昔滴錫。益昔國德蝕職極職 6

917 1277 籍昔翼職。昔昔席昔 6

918 1277 哲薛傑薛烈薛契屑 4

919 1279 幕鐸錯鐸廓鐸落鐸樂鐸樂鐸著藥。索鐸約藥閣鐸卻藥略藥 2

920 1281 絕薛雪薛。月月折薛 4

921 1281 節屑絕薛。折薛雪薛 4

922 1281 幕鐸郭鐸著藥閣鐸。惡鐸索鐸卻藥壑鐸 2

923 1281 色職席昔息職得德。鷁錫錫錫惜昔笛錫 6

924 1281 色職積昔拍陌笛錫。白陌迹昔碧陌夕昔 6

925 1284 月月結屑瞥屑說薛說薛絕薛 4

147. 仲幷

926 1284 曲燭玉燭竹屋綠燭。斛屋屋屋馥屋燭燭 1

927 1286 雪薛月月 4

928 1286 足燭燭燭 1

929 1286 物物翼質。髮月列薛 34
930 1286 傑薛鉞月。別薛列薛 4
931 1286 壁錫帙質。夕昔掖昔 36
932 1286 族屋玉燭。竹屋躅燭 1
933 1286 別薛月月。闕月發月 4
934 1287 月月切屑。絕薛發月 4
935 1287 色職蓽質。客陌率質 36
936 1287 側職別薛別薛發月。折薛葉葉葉葉月月 469
937 1289 竹屋復屋馥屋簇屋玉燭。束燭綠燭足燭促燭 1
938 1289 逐屋綠燭竹屋玉燭。獨屋宿屋屋屋熟屋 1
939 1289 室質物物出術術術。昔昔秩質直職極職 36
940 1289 落鐸著藥郭鐸幕鐸索鐸萼鐸覺覺。樂鐸莫鐸幄覺約藥酌藥角覺 2
941 1290 入緝溼緝立緝急緝。及緝拾緝吸緝笠緝 7

148.高登

942 1293 客陌搦陌窄陌。得德白陌側職 6
943 1294 節屑絕薛。葉葉月月 49
944 1294 同前 49

945 1294 同前 49

946 1295 別薛月月。節屑轍薛 4

149.聞人武子

947 1295 雪薛月月 4

948 1295 溼緝立緝 7

150.李石

949 1296 雪薛月月節屑蝶帖蝶帖葉葉 49

151.康與之

950 1302 陸屋犢屋哭屋 1

951 1303 寞鐸惡鐸惡鐸落鐸。約藥薄鐸薄鐸却藥 2

952 1303 色職得德力職 6

953 1304 怯業褶屑滅薛月月葉葉別薛折薛。切屑設薛結屑節薛疊帖血屑 49

954 1304 鵲藥樂鐸蕚鐸廓鐸。薄鐸約藥閣鐸落鐸却藥 2

955 1308 血屑歇月月月別薛。結屑陌陌折薛說薛切屑 46

152.曾覿

956 1310 徹薛絕薛潔屑切屑。髮月闕月說薛闋屑 4

957 1310 拆陌色職格陌寂錫。席昔摘麥的錫憶職 6

958 1311 日質白陌百陌色職。別薛客陌越月憶職 346

959 1311 色職惜昔隔麥跡昔。碧陌驛昔寂錫息職 6

960 1311 幕鐸落鐸閣鐸弱藥漠鐸角覺泊鐸。約藥鶴鐸覺覺萼鐸樂藥酌藥 2

961 1314 闕月雪薛。折薛闋屑 4

962 1314 節屑側職。客陌折薛 46

963 1315 惜昔織職。憶職得德 6

964 1316 側職色職極職惜昔。寂錫隔麥跡昔憶職 6

965 1317 幕鐸錯鐸薄鐸落鐸。樂鐸虐藥弱藥約藥 2

966 1320 碧陌色職色職惻職。識職白陌白陌得德 6

967 1320 節屑月月月月別薛。客陌憶職憶職髮月 46

968 1320 蹙屋簌燭簌燭蔌屋。曲燭玉燭玉燭足燭 1

969 1320 雪薛白陌白陌色德。噎屑力職力職格陌 46

970 1320 瑟櫛客陌客陌憶德。息職跡昔跡昔碧陌 36

971 1320 色職側職。得德百陌 6

972 1323 目屋竹屋玉燭。曲燭綠燭粟燭 1

973 1325 切屑歇月愜帖業業。別薛頰帖絕薛月月 49

974 1325 拆陌力職溼緝色職 67

975 1326 月月別薛疊帖闋屑。絕薛闕月雪薛缺薛 49

153.黃公度

976 1327 翼職息職 6

977 1327 約藥落鐸。酌藥卻藥 2

154.倪偁

978 1333 綠燭粟燭屋屋竹屋。瀑屋斛屋鵠沃玉燭 1

155.王之望

979 1336 碧陌溼緝 67

980 1336 役昔識職。日質織職 36

981 1336 役昔識職。日質織職 36

982 1336 色職息職。格陌得德 6

983 1337 樂鐸約藥 2

984 1337 雪薛發月 4

985 1337 惜昔客陌 6

986 1339 蜀燭俗燭玉燭獨屋。掬屋纛沃曲燭服屋 1

987 1339 涤燭足燭玉燭俗燭。逐屋促燭躅燭福屋 1

988 1339 節屑拆陌色職惻職。溼緝碧陌憶職積昔 467

989 1340 色職碧陌日質立緝。出術蹕質逸質息職 367

156. 葛立方

990 1346 北德碧陌 6

991 1347 木屋斛屋。綠燭燭燭 1

992 1347 食職力職。擲昔息職 6

157. 邵某

993 1350 口質客陌覓錫息職 36

158. 王十朋

994 1352 植職色職摘麥。覓錫側職職職澤陌 6

995 1353 俗燭逐屋熟屋。獨屋谷屋目屋菊屋 1

159. 朱耆壽

996 1354 酪鐸鑊鐸閣鐸索鐸瀹藥酌藥橐鐸。鶴鐸託鐸錯鐸泊鐸霍鐸約藥 2

160. 劉鎮

997 1355 竹屋綠燭曲燭浴燭祝屋矗屋。逐屋俗燭簇屋續燭玉燭燭燭 1

161. 曾協

998 1356 月月白陌白陌色職。客陌別薛別薛絕薛 46

999 1358 屋屋屬燭曲燭目屋。竹屋綠燭足燭玉燭 1

1000 1358 飾職力職碧陌。伯陌格陌敵錫得德 6

162. 毛幷

1001 1362 集緝色職。溼緝泣緝 6 7

1002 1362 夕昔食職積昔寂錫力職擲昔。客陌得德跡昔惜昔憶職碧陌 6

1003 1362 闊末絕薛雪薛渤沒。沒沒物物滅薛月月 3 4 5

1004 1363 鵠沃燭燭速屋屬燭。竹屋續燭綠燭玉燭 1

1005 1363 閣鐸落鐸壑鐸脚藥。約藥略藥諾鐸鶴鐸 2

1006 1363 色職夕昔驛昔覓錫。識職滴錫白陌寂錫 6

1007 1363 脈麥力職得德寂錫。色職隔麥北德惜昔 6

1008 1364 逸質月月絕薛闊末。詰質日質別薛髮月 3 4 5

1009 1364 接葉衱業頰帖疊帖。妾葉葉葉笈葉劫業 9

1010 1364 闕月樾月發月絕薛。節屑月月襪月忽沒 3 4

1011 1364 物物筆質跡昔一質。闕月席昔勿物別薛失質 3 4 6

1012 1364 谷屋竹屋屋屋逐屋。曲燭牧屋足燭促燭熟屋 1

1013 1366 冽薛發月絕薛月月。說薛別薛髮月雪薛 4

1014 1366 索鐸閣鐸薄鐸惡鐸。約藥却藥角覺落鐸 2

1015 1367 溽燭熟屋足燭玉燭燭燭目屋竹屋。曲燭促燭燭屋續燭綠燭 1

1016 1368 漠鐸閣鐸惡鐸落鐸。作鐸昨鐸樂鐸約藥覺覺 2

163.洪适

1017 1369 食職織職席昔戟陌溢質迹昔石昔 36

1018 1369 樂鐸作鐸閣鐸幕鐸樂鐸藿鐸郭鐸 2

1019 1370 節屑月月列薛闕月穴屑拙薛設薛 4

1020 1370 月月歇月別薛說薛結屑咽屑絕薛 4

1021 1373 烈薛設薛穴屑拙薛說薛。月月雪薛結屑悅薛別薛 4

1022 1374 墨德綠燭。玉燭束燭 16

1023 1374 北德曲燭 16

1024 1375 色職月月。葉葉切屑 469

1025 1375 落鐸萼鐸。鶚鐸橐鐸 2

1026 1376 白陌謫麥色職識職 6

1027 1379 綠燭福屋沐屋幅屋酥燭。屋屋馥屋簇屋玉燭曲燭 1

1028 1380 色職織職。客陌得德 6

1029 1380 得德尺昔。色職北德 6

1030 1380 萼鐸落鐸。壑鐸鶴鐸 2

1031 1381 蹙屋曲燭。速屋覆屋 1

1032 1381 葉葉疊帖。接葉欹月 4 9

1033 1381 節屑別薛。雪薛說薛 4

1034 1382 結屑折薛。熱薛雪薛 4

1035 1382 色職客陌迫陌摘麥。窄陌拍陌嚇陌隔麥白陌 6

1036 1382 同前 6

1037 1383 葉葉接葉。疊帖鑷葉 9

1038 1384 折薛節屑。月月楫葉 4 9

1039 1384 溢質碧陌覓錫一質。畢質日質出術逸質迹昔 3 6

1040 1384 同前 3 6

1041 1384 同前 3 6

1042 1385 同前 3 6

1043 1386 白陌格陌。力職射昔 6

164. 韓元吉

1044 1391 壁錫尺昔極職。急緝笛錫碧陌 6 7

1045 1391 角覺薄鐸閣鐸。幕鐸著藥落鐸 2

1046 1391 玉燭束燭 1

1047 1392 竹屋熟屋 1

1048 1392 瑟櫛碧陌 36

1049 1392 疊帖葉葉。鑷葉蝶帖 9

1050 1393 竹屋玉燭。菊屋綠燭 1

1051 1393 寂錫迹昔迹昔得德。側職色職色職夕昔 6

1052 1396 折薛客陌白陌惻職。側職色職摘麥隔麥 46

1053 1397 折薛雪薛別薛月月。闕月節屑絕薛蝶帖說薛 49

1054 1397 折薛食職色職識職。側職織職澀緝客陌憶職 467

1055 1397 色職別薛客陌織職。陌陌易昔覓錫瑟櫛滴錫 346

1056 1399 別薛月月雪薛葉葉。色職碧陌說薛闕月 469

1057 1399 同前 469

1058 1399 鵠沃燭燭速屋屬燭。竹屋續燭綠燭玉燭 1

1059 1400 戟陌客陌憶職壁錫。織職笛錫直職昔昔 6

1060 1401 月月熱薛結屑折薛。說薛徹薛別薛雪薛 4

1061 1402 切屑髮月。發月咽屑 4

1062 1403 幕鐸幄覺薄鐸索鐸酌藥覺覺藥藥。寞鐸閣鐸約藥廓鐸弱藥落鐸 2

1063 1403 月月葉葉別薛熱薛。發月雪薛闕月節屑 49

1064 1404 百陌客陌白陌色職。隔麥摘麥拍陌窄陌 6

165.黃宰

1065 1404 玉燭鵠沃祝屋竹屋。籙燭熟屋綠燭築屋 1

166.朱淑眞

1066 1404 曲燭玉燭玉燭蹙屋。束燭逐屋六屋 1

1067 1405 惡鐸索鐸。薄鐸落鐸 2

1068 1406 急緝十緝及緝泣緝 7

1069 1406 木屋逐屋斛屋。曲燭獨屋目屋綠燭 1

1070 1406 落鐸索鐸。箔鐸作鐸 2

1071 1407 格陌色職 6

1072 1407 幕鐸掠藥薄鐸。落鐸索鐸覺覺蕚鐸 2

1073 1407 雪薛拙薛闕月揭月設薛。絕薛撤曷潔屑滅薛 4 5

1074 1407 積昔尺昔碧陌擲昔。色職惜昔隻昔益昔 6

1075 1408 薄鐸鵲藥寞鐸卻藥作鐸。泊鐸削藥落鐸樂鐸著藥酌藥 2

167.張掄

1076 1408 怯業歇月月月 4 9

1077 1410 幕鐸角覺薄鐸。著藥作鐸落鐸 2

1078 1413 轂屋逐屋簇屋綠燭。速屋酷沃曲燭熟屋 1

1079 1413 陌陌色職。易昔惜昔碧陌 6

1080 1413 寂錫碧陌隔麥色職。魄陌立緝得德力職 67

1081 1413 肅屋菊屋馥屋俗燭。續燭躅燭束燭觫燭 1

1082 1413 速屋木屋續燭綠燭辱燭熟屋足燭福屋 1

1083 1413 徹薛切屑節屑雪薛月月 4

1084 1414 月月切屑滅薛設薛。絕薛鐵屑別薛葉葉 49

1085 1414 潔屑月月別薛徹薛。闕月絕薛訣屑雪薛 4

1086 1414 碧陌拆陌白陌襪月。折薛覓錫別薛月月 46

1087 1414 結屑冽薛。隔麥說薛訣屑 46

1088 1424 幕鐸昨鐸約藥閣鐸。柝鐸嶽覺樂鐸落鐸 2

168. 侯寘

1089 1425 碧陌色職日質磧昔翼職客陌覓錫。寂錫惻職側職惜昔宅陌得德 36

1090 1425 廓鐸閣鐸鑰藥幕鐸郭鐸薄鐸樂鐸。樂鐸酌藥弱藥渥覺幄覺 2

1091 1426 束燭綠燭宿屋淑屋蹙屋菊屋俗燭。獨屋蔌屋目屋竹屋馥屋足燭 1

1092 1426 碧陌色職跡昔夕昔。寂錫直職笛錫石昔得德 6

1093 1426 泊鐸落鐸閣鐸削藥。箔鐸昨鐸掠藥約藥葉葉 29

1094 1426 滴錫色職客陌迹昔。得德識職石昔窄陌息職 6

1095 1427 同前 6

1096 1427 孽薛竭月說薛缺薛。傑薛決屑別薛月月拙薛 4

1097 1428 簇屋屋屋竹屋躅燭。足燭轂屋簶燭綠燭 1

1098 1428 玉燭綠燭馥屋竹屋。俗燭促燭曲燭北德 1 6

1099 1431 色職碧陌碧陌笛錫。腋昔跡昔跡昔得德 6

1100 1431 急緝溼緝 7

1101 1431 惡鐸薄鐸 2

1102 1431 碧陌白陌 6

1103 1432 日質客陌 3 6

1104 1432 雪薛絕薛 4

1105 1432 日質密質 3

1106 1432 溼緝泣緝 7

1107 1432 酌藥惡鐸 2

1108 1432 碧陌色職 6

1109 1433 蝶帖葉葉 9

1110 1433 白陌得德 6

1111 1435 雪薛絕薛節屑。別薛缺薛徹薛月月 4

1112 1437 客陌席昔色職冪錫碧陌。役昔陌陌織職石昔昔昔 6

1113 1438 幕鐸酌藥。鶴鐸薄鐸廓鐸 2

1114 1438 絕薛節屑別薛。月月徹薛 4

1115 1439 歇月月月雪薛別薛。說薛切屑疊帖節屑 4 9

1116 1439 雪薛絕薛月月折薛。說薛別薛滅薛蝶帖 4 9

1117 1439 箔鐸幕鐸角覺薄鐸。泊鐸惡鐸鶴鐸落鐸 2

1118 1439 卻藥落鐸 2

169. 趙彥端

1119 1440 迹昔得德碧陌夕昔。惜昔覓錫骨沒德德客陌 3 6

1120 1440 得德碧陌極職識職。夕昔白陌色職客陌憶職 6

1121 1440 綠燭曲燭竹屋俗燭。熟屋玉燭燭燭束燭足燭 1

1122 1441 折薛說薛陌陌葉葉麥麥客陌。絕薛月月歇月節屑曄緝軛麥 4 6 7 9

1123 1443 目屋屬燭玉燭曲燭足燭鹿屋。續燭綠燭鵠沃辱燭籙燭 1

1124 1443 日質得德域職力職色職國德。迹昔逸質息職折薛十緝 3 4 6 7

1125 1444 曲燭綠燭足燭玉燭。續燭竹屋六屋逐屋 1

1126 1444 同前 1

1127 1444 憶職日質冪錫急緝。集緝溼緝立緝入緝 3 6 7

1128 1445 密質日質碧陌識職。力職織職入緝得德 367

1129 1445 同前 367

1130 1445 謫麥適昔白陌。客陌得德夕昔 6

1131 1445 出術術術縮屋。月月得德 1346

1132 1445 折薛色職。得德息職 46

1133 1445 竹屋局燭。燭燭玉燭 1

1134 1445 發月折薛。客陌月月 46

1135 1446 憶職色職。客陌白陌 6

1136 1446 月月發月。碧陌客陌 46

1137 1446 色職刻德。碧陌日質 36

1138 1446 白陌別薛。格陌結屑 46

1139 1446 雪薛折薛。白陌客陌 46

1140 1446 說薛白陌。月月拙薛 46

1141 1447 蔌屋玉燭玉燭束燭。曲燭馥屋馥屋續燭 1

1142 1447 雪薛愜帖愜帖色職。缺薛月月月月絕薛 469

1143 1448 續燭足燭 1

1144 1448 屬燭燭燭 1

1145 1449 竹屋熟屋 1

1146 1449 同前 1

1147 1449 幅屋玉燭 1

1148 1450 曲燭燭燭幅屋玉燭。獨屋促燭束燭足燭 1

1149 1451 迹昔出術 36

1150 1451 悅薛月月 4

1151 1452 白陌隔麥客陌。迹昔發月國德 46

1152 1454 葉葉接葉月月蝶帖 49

1153 1455 別薛客陌碧陌月月席昔。昔昔夕昔白陌雪薛色職 46

1154 1456 粟燭玉燭綠燭淑屋淑屋宿屋 1

1155 1456 蹙屋掬屋玉燭馥屋馥屋促燭 1

1156 1456 絕薛襪月雪薛月月。闋屑發月客陌闕月 46

1157 1457 玉燭縠屋。粟燭屋屋綠燭 1

1158 1458 節屑發月得德說薛。客陌月月別薛色職 46

1159 1458 力職食職惜昔跡昔。尺昔集緝滴錫日質 367

1160 1458 域職白陌月月潔屑牒帖傑薛歇月。憶職雪薛絕薛客陌葉葉列薛 469

1161 1459 速屋竹屋足燭鏃屋木屋。綠燭沐屋馥屋讀屋玉燭 1

1162 1459 碧陌識職白陌客陌 6

1163 1460 躅燭福屋沐屋軸屋熟屋。曲燭逐屋屋屋馥屋綠燭 1

1164 1460 綠燭玉燭 1

1165 1461 綠燭粟燭屋屋竹屋。瀑屋辱燭鵠沃玉燭 1

1166 1463 竹屋屋屋宿屋燭燭。曲燭續燭束燭足燭 1

1167 1463 日質力職。食職夕昔 3 6

170. 王千秋

1168 1467 額陌客陌 6

1169 1467 絕薛葉葉雪薛別薛。結屑設薛狎狎說薛 4 8 9

1170 1468 碧陌急緝急緝笛錫。夕昔織職織職跡昔 6 7

1171 1469 雪薛絕薛。節屑日質 3 4

1172 1469 綠燭曲燭。玉燭蹙屋 1

1173 1470 格陌魄陌白陌色職。惜昔跡昔釋昔隔麥 6

1174 1471 側職客陌客陌白陌。迹昔北德北德息職 6

1175 1473 蔌屋屋屋速屋綠燭。曲燭馥屋掬屋玉燭 1

1176 1474 織職緝緝碧陌的錫 6 7

1177 1475 謔藥學覺 2

1178 1476 漠鐸幕鐸角覺薄鐸。學覺託鐸酌藥惡鐸 2

1179 1476 同前 2

171.李呂

1180 1477 足燭玉燭逐屋屋屋促燭續燭曲燭馥屋速屋 1

172.姚寬

1181 1478 莫鐸約藥落鐸魄鐸。酌藥昨鐸閣鐸作鐸 2

1182 1482 碧陌色職 6

1183 1482 立緝急緝 7

1184 1482 濕緝急緝立緝。泣緝澀緝入緝 7

173.劉珙

1185 1483 隔麥陌陌席昔色職。姪質迹昔昔昔碧陌極職 36

174.李流謙

1186 1484 節屑傑薛滅薛說薛。徹薛業業疊帖別薛 49

1187 1485 立緝食職色職白陌。客陌識職笛錫得德 67

1188 1486 尺昔碧陌滴錫急緝。織職得德息職剔錫 67

1189 1487 息職憶職。識職溼緝 67

175.洪邁

1190 1488 溢質碧陌覓錫一質。畢質日質出術逸質迹昔 3 6

1191 1491 雪薛折薛 4

176. 洪惠英

177. 袁去華

1192 1494 寂錫識職色職迹昔。力職息職植職格陌 6

1193 1494 幕鐸鵲藥薄鐸酌藥。學覺樂鐸約藥落鐸 2

1194 1495 壁錫國德赤昔色職。客陌得德側職憶職 6

1195 1497 薄鐸鵲藥郭鐸寞鐸落鐸閣鐸。泊鐸託鐸索鐸惡鐸卻藥。邈覺樂鐸掠藥幕鐸角覺著藥 2

1196 1497 直職碧陌色職國德客陌尺昔。迹昔席昔食職驛昔北德。惻職積昔寂錫極職笛錫滴錫 6

1197 1501 寞鐸惡鐸薄鐸幕鐸。卻藥落鐸著藥覺覺 2

1198 1502 寂錫隙陌歷錫碧陌。尺昔力職息職擲昔 6

1199 1502 急緝溼緝入緝習緝。澀緝泣緝集緝立緝 7

1200 1502 闊末末末絕薛月月。抹末節屑徹薛發月 4 5

1201 1502 日質滴錫窄陌直職。溢質色職識職覓錫 3 6

1202 1502 曲燭鶩屋綠燭竹屋。宿屋屋屋目屋燭燭 1

1203 1502 溢質蜜質腋昔失質。窄陌客陌赤昔惜昔 36

1204 1502 憶職日質億職吃錫。惜昔極職息職得德 36

1205 1503 赤昔碧陌色職摘錫。日質側職息職白陌 36

1206 1503 曲燭綠燭幅屋玉燭。肉屋足燭掬屋竹屋 1

1207 1503 莫鐸落鐸卻藥樂藥 2

1208 1503 窄陌溢質力職拍陌 36

1209 1504 郭鐸落鐸。泊鐸錯鐸角覺 2

1210 1504 馥屋曲燭 1

1211 1504 熟屋曲燭 1

1212 1504 赤昔尺昔 6

1213 1506 玉燭綠燭。福屋足燭 1

1214 1507 白陌索陌 6

1215 1507 落鐸著藥 2

1216 1507 接葉葉葉頰帖。壓狎法乏答合 89

1217 1508 席昔夕昔夕昔側職。覓錫隔麥隔麥得德 6

178. 朱雍

1218 1509 雪薛月月。咽屑折薛 4

1219 1511 歇月發月別薛滑黠月月冽薛。闕月徹薛切屑節屑悅薛設薛 45

1220 1512 別薛別薛雪薛 4

1221 1512 薄鐸落鐸 2

1222 1512 憶職息職碧陌 6

1223 1512 滅薛說薛 4

179.黃中輔

1224 1514 物物壁錫雪薛傑薛。發月滅薛髮月月月 346

180.鄭聞

1225 1514 迹昔得德 6

181.陸淞

1226 1515 綠燭粟燭屋屋竹屋。瀑屋斛屋鵠沃玉燭 1

182.向滈

1227 1517 木屋綠燭俗燭獨屋。谷屋竹屋曲燭馥屋 1

1228 1520 索鐸惡鐸惡鐸幕鐸。薄鐸著藥著藥邈覺 2

1229 1520 白陌色職。憶職得德 6

1230 1522 斛屋束燭骨沒綠燭 13

183.程大昌

1231 1523 束燭木屋綠燭復屋。谷屋燭燭斛屋足燭 1
1232 1524 續燭辱燭。綠燭竹屋 1
1233 1524 日質席昔 3 6
1234 1525 馥屋速屋綠燭曲燭。木屋目屋復屋玉燭 1
1235 1525 福屋祝屋獨屋綠燭曲燭。玉燭筑屋續燭讀屋竹屋局燭 1
1236 1528 茁黠髮月。葛曷發月 4 5
1237 1528 玉燭馥屋。竹屋福屋 1
1238 1529 綠燭澳屋睦屋曲燭 1
1239 1529 月月吉質。楫葉百陌 3 4 6 9
1240 1529 吉質十緝 3 7
1241 1529 竹屋曲燭玉燭足燭。力職酥燭錄燭築屋 1 6

184. 曹冠

1242 1533 絕薛樾月雪薛。爇薛徹薛月月 4
1243 1535 澈薛闕月發月絕薛。髮月率質節屑月月 3 4
1244 1536 惜昔寂錫。息職色職 6
1245 1536 節屑絕薛。闊末月月 4
1246 1536 郁屋粟燭。促燭燭燭 1

1247 1536 碧陌滴錫物物色職沒沒寂錫。極職石昔識職逸質刻德迹昔。憶職日質國德息職屐
陌笛錫 346

1248 1538 絕薛越月骨沒發月。潔屑蝶帖月月切屑別薛 349

1249 1539 曲燭屋屋玉燭綠燭。菊屋竹屋辱燭足燭熟屋 1

1250 1539 葉葉闕月切屑節屑。絕薛折薛鬱物設薛月月 349

1251 1542 霓齊色職液昔碧陌腋昔的錫 6

185. 葛郯

1252 1543 穀屋玉燭足燭目屋。醁燭綠燭燭燭屋屋 1

1253 1543 同前 1

1254 1544 曲燭屋屋玉燭綠燭。菊屋竹屋辱燭足燭熟屋 1

1255 1544 同前 1

1256 1544 同前 1

1257 1547 簇屋肅屋綠燭目屋鷲屋足燭。菊屋燭燭曲燭哭屋獨屋。觸燭續燭屋屋促燭玉燭蔌
屋 1

1258 1548 閣鐸薄鐸樂鐸。弱藥覺覺 2

186. 姚述堯

1259 1548 同前 2

1260 1548 節屑徹薛闕月發月。悅薛傑薛咽屑月月 4

1261 1549 咽屑月月雪薛絕薛。客陌色職設薛說薛 4 6

1262 1549 同前 4 6

1263 1550 馥屋鏃屋玉燭俗燭。逐屋屋屋足燭竹屋 1

1264 1556 沒沒日質 3

1265 1556 客陌白陌 6

1266 1556 絕薛雪薛 4

1267 1556 同前 4

1268 1557 闋月屑屑雪薛絕薛絕薛爇薛 4

1269 1559 角覺幕鐸樂鐸約藥。萼鐸酢鐸落鐸樂鐸 2

1270 1559 綠燭玉燭。足燭曲燭 1

1271 1559 歇月結屑。雪薛折薛 4

187. 甄龍友

1272 1561 客陌伯陌得德。惜昔覓錫壁錫 6

188. 范端臣

1273 1561 魄陌尺昔碧陌陌陌。席昔客陌側職色職 6

189. 管鑑

1274 1563 色職息職隔麥昔昔。白陌擲昔得德驛昔 6

1275 1564 碧陌澤陌積昔國德。色職壁昔隙陌魄陌 6

1276 1566 節屑缺薛雪薛別薛。歇月滅薛月月闕月絕薛 4

1277 1566 席昔客陌日質隔麥。德德格陌色職石昔憶職 36

1278 1569 謫麥識職白陌。客陌得德夕昔 6

1279 1569 月月節屑別薛。歇月別薛絕薛 4

1280 1569 碧陌色職。窄陌得德 6

1281 1569 雪薛月月。屑屑闕月 4

1282 1569 力職色職。百陌日質 36

1283 1570 發月節屑。越月闕月 4

1284 1570 客陌隔麥 6

1285 1571 漠鐸惡鐸薄鐸落鐸。酌藥昨鐸約藥卻藥 2

1286 1571 力職摘麥敵錫色職。得德客陌惜昔憶職 6

1287 1571 同前 6

1288 1571 合合月月歇月絕薛。節屑發月說薛別薛 48

1289 1573 藥藥約藥 2

190. 吳儆

1290 1574 白陌謫麥髮月百陌。客陌拍陌側職極職 4 6

1291 1575 客陌拍陌 6

1292 1575 闊末發月 4 5

1293 1576 雪薛月月 4

1294 1578 折薛測職北德得德。息職迹昔拾緝憶職 4 6 7

191. 陸游

1295 1579 鵠沃燭燭速屋屬燭。竹屋續燭綠燭玉燭 1

1296 1581 色職別薛客陌織職。陌陌擲昔覓錫瑟櫛滴錫 3 4 6

1297 1581 絕薛疊帖說薛月月。髮月側職闕月色職折薛 4 6 9

1298 1581 落鐸薄鐸。角覺索鐸 2

1299 1582 闕月葉葉。絕薛色職 4 6 9

1300 1582 迹昔碧陌。笛錫識職 6

1301 1582 鶴鐸郭鐸。屩藥落鐸 2

1302 1582 壁錫積昔。息職日質 3 6

1303 1582 宿屋綠燭。足燭北德 1 6

1304 1582 尺昔歷錫。夕昔客陌 6

1305 1582 日質璧昔。昔昔息職 3 6

1306 1583 藥藥鶴鐸。約藥昨鐸 2

1307 1583 鹿屋竹屋。綠燭辱燭 1

1308 1583 壁錫策麥。黑德栗質 3 6

1309 1585 惡鐸薄鐸索鐸錯鐸。落鐸閣鐸託鐸莫鐸 2

1310 1589 燭燭熟屋。谷屋斛屋 1

1311 1591 石昔驛昔擲昔色職客陌。日質迹昔翮麥息職得德 3 6

1312 1595 客陌幘麥濕緝月月。覓錫迹昔得德惜昔 4 6 7

1313 1601 薄鐸閣鐸託鐸蘀鐸索鐸。約藥昨鐸著藥掠藥錯鐸 2

192. 唐婉

1314 1602 薄鐸惡鐸落鐸。各鐸昨鐸索鐸 2

193. 姜特立

1315 1604 伯陌敵錫 6

1316 1604 節屑潔屑。節屑歇月 4

1317 1604 掣薛別薛說薛。熱薛發月月月歇月 4

1318 1606 折薛徹薛列薛發月。闕月雪薛悅薛歇月髮月 4

194. 周必大

1319 1606 簇屋矗屋燭燭束燭。曲燭辱燭足燭菊屋 1

1320 1609 別薛越月列薛髮月。缺薛合合發月說薛 48

1321 1609 傑薛節屑闊末切屑。別薛月月徹薛折薛 45

1322 1611 轂屋穆屋軸屋俗燭。熟屋足燭屬燭曲燭束燭 1

195. 范成大

1323 1611 急緝浥緝澀緝立緝。疊帖葉葉檝葉入緝吸緝 79

1324 1615 薄鐸掠藥掠藥鵲藥。卻藥角覺角覺惡鐸 2

1325 1615 狹洽合合合合蝶帖。葉葉怯業怯業疊帖 89

1326 1615 薄鐸覺覺覺覺落鐸。索鐸閣鐸閣鐸角覺 2

1327 1615 缺薛月月月月雪薛。咽屑結屑結屑闊末 45

1328 1616 集緝蟄緝蟄緝急緝。浥緝澀緝澀緝立緝 7

1329 1616 碧陌寂錫色職北德。拍陌夕昔客陌陌陌 6

1330 1616 萼鐸昨鐸覺覺約藥。落鐸樂鐸酌藥洛鐸 2

1331 1616 碧陌寂錫極職力職。迹昔息職客陌笛錫 6

1332 1616 碧陌白陌積昔色職。翼職織職得德北德 6

1333 1617 覓錫席昔客陌驛昔。滴錫咽屑色職夕昔 46

1334 1617 碧陌客陌色職北德。迹昔息職得德憶職 6

1335 1618 隔麥客陌 6

1336 1618 索鐸薄鐸 2

1337 1618 折薛別薛 4

1338 1618 菊屋熟屋 1

1339 1618 曲燭促燭 1

1340 1619 熟屋宿屋 1

1341 1619 白陌雪薛 4 6

1342 1619 決屑活末 4 5

1343 1619 闕月絕薛。纈屑月月 4

1344 1619 雪薛絕薛。咽屑月月 4

1345 1621 息職側職 6

1346 1621 幕鐸薄鐸 2

1347 1621 玉燭粟燭 1

1348 1621 絕薛月月 4

1349 1621 絕薛發月闊末月月。抹末節屑別薛雪薛 4 5

1350 1622 獨屋浴燭粟燭。曲燭俗燭綠燭 1

1351 1622 歇月折薛雪薛。絕薛絕薛說薛月月 4

1352 1623 陌陌拍陌客陌。國德覓錫惜昔 6

1353 1623 撲屋逐屋竹屋燭燭。屋屋谷屋曲燭蜀燭 1

1354 1623 色職客陌 6

1355 1623 驛昔客陌。北德得德 6

1356 1623 屋屋腹屋熟屋速屋。俗燭肉屋屬燭曲燭燭燭 1

1357 1624 碧陌色職力職惜昔。側職鶒職尺昔笛錫 6

1358 1624 碧陌客陌客陌食職。側職極職極職陌陌 6

1359 1624 作鐸落鐸箔鐸幕鐸。脚藥槊覺薄鐸覺覺 2

1360 1624 鑰藥幕鐸 2

1361 1625 絕薛滅薛樾月月月。雪薛咽屑折薛說薛 4

1362 1625 綠燭曲燭竹屋俗燭。熟屋玉燭燭燭束燭足燭 1

1363 1626 屬燭僕屋逐屋獨屋。宿屋束燭辱燭足燭 1

196. 游次公

1364 1628 國德闊末客陌色職。結屑絕薛急緝窄陌識職 4 5 6 7

1365 1628 律術碧陌一質寂錫壁昔迹昔。夕昔溢質笠緝織職憶職驛昔 3 6 7

1366 1628 織職迹昔碧陌溼緝。側職勒德客陌國德說薛 4 6 7

197. 趙磻老

1367 1629 溢質碧陌覓錫一質。畢質日質出術逸質跡昔 3 6

1368 1629 同前 36

1369 1629 碧陌寂錫極職力職。迹昔息職客陌笛錫 6

198. 謝懋

1370 1633 日質力職。蜜質碧陌食職 36

1371 1634 葉葉屑屑潔屑。絕薛說薛別薛月月 49

1372 1635 碧陌徹薛絕薛潔屑切屑。髮月闕月決屑闋屑 46

1373 1635 邈覺薄鐸約藥削藥寞鐸。弱藥箔鐸落鐸著藥角覺 2

199. 王質

1374 1637 溼緝泣緝入緝立緝 7

1375 1638 汁緝滴錫入緝集緝。執緝葺緝拾緝黑德 67

1376 1638 麓屋菊屋足燭。竹屋曲燭谷屋 1

1377 1639 碧陌出術溼緝色職。密質識職笛錫客陌 367

1378 1639 立緝碧陌密質得德。溼緝識職急緝隔麥 367

1379 1639 閣鐸惡鐸泊鐸 2

1380 1640 雪薛滅薛 4

1381 1640 粒緝碧陌 67

1382 1641 裂薛說薛客陌。血屑歇月月月 46

1383 1641 寂錫石昔滴錫。 極職急緝澀緝 67
1384 1642 葉葉色職絕薛。 傑薛雪薛舌薛 469
1385 1643 足燭綠燭伏屋復屋。 醁燭曲燭屬燭福屋玉燭 1
1386 1643 白陌日質力職識職。 織職覓錫嘖麥摘麥立緝 367
1387 1643 力職色職息職客陌。 得德憶職碧陌白陌澀緝 67
1388 1644 竹屋谷屋馥屋曲燭。 叔屋惚沒玉燭續燭足燭 13
1389 1647 揷洽疊帖涉葉冽薛。 呷狎獵葉迹昔躡葉霎葉葉葉 4689
1390 1647 玉燭麓屋宿屋綠燭竹屋。 掬屋俗燭逐屋足燭菊屋 1
1391 1649 識職碧陌白陌積昔立緝。 室質出術格陌汁緝泣緝益昔迹昔 367

200. 沈瀛

1392 1650 色職物物遏曷揭月。 窄陌陌陌迫陌客陌 3456
1393 1650 雪薛壓狎發月節屑。 別薛設薛鐵屑折薛 48
1394 1650 設薛絕薛拙薛節屑。 徹薛別薛設薛月月 4
1395 1650 說薛絕薛拙薛節屑。 接葉別薛設薛月月 49
1396 1650 逼職色職識職的錫。 息職白陌節屑陌陌 46
1397 1651 目屋獨屋俗燭竹屋。 轂屋曲燭促燭斛屋 1
1398 1651 速屋目屋錄燭熟屋。 續燭觸燭宿屋玉燭 1

1399 1651 立緝碧陌席昔迹昔。伯陌節屑陌陌敵錫息職 467

1400 1651 曲燭屋屋玉燭綠燭。菊屋竹屋辱燭足燭熟屋 1

1401 1654 逼職拾緝客陌得德。刻德迹昔歷錫席昔 67

1402 1654 物物域職極職一質。日質惑德入緝力職 367

1403 1654 物物出術實質得德。必質勿物克德白陌 36

1404 1654 夕昔迹昔客陌。百陌劇陌 6

201.楊萬里

1405 1666 谷屋竹屋。玉燭六屋 1

1406 1666 鹿屋宿屋 1

202.李洪

1407 1668 曲燭屋屋玉燭綠燭。菊屋竹屋辱燭足燭熟屋 1

1408 1668 綠燭玉燭 1

1409 1669 月月雪薛絕薛髮月。蝶帖節屑歇月闕月 49

203.李漳

1410 1670 淑屋玉燭曲燭馥屋。續燭足燭酥燭矗屋宿屋 1

204.朱熹

1411 1673 集緝客陌 67

1412 1673 雪薛節屑。闕月澈薛 4

1413 1674 隔麥陌陌席昔色職。姪質迹昔昔昔碧陌極職 36

1414 1675 白陌客陌隔麥雪薛。蝶帖月月歇月折薛 469

1415 1676 幕鐸落鐸落鐸鶴鐸。薄鐸索鐸索鐸閣鐸 2

1416 1676 發月月月月月節屑。咽屑絕薛絕薛折薛 4

205.黃銖

1417 1677 翮麥白陌 6

206.晦庵

1418 1678 足燭縮屋覆屋碌屋。屋屋祿屋目屋福屋欲燭 1

207.沈端節

1419 1679 驛昔得德釋昔臆職色職。識職寂緝密質的錫立緝 367

1420 1679 獨屋綠燭綠燭軸屋。玉燭菊屋菊屋足燭 1

1421 1680 弱藥掠藥學覺幕鐸。萼鐸角覺薄鐸落鐸 2

1422 1680 憶職息職識職覓錫。力職迹昔寂錫碧陌 6

1423 1681 色職碧陌 6

1424 1681 碧陌憶職 6

1425 1685 幅屋辱燭俗燭屬燭。斸燭福屋曲燭竹屋 1

1426 1685 疊帖月月雪薛劣薛。別薛靨葉葉葉絕薛 49

208. 張孝祥

1427 1690 色職葉葉澈薛說薛。雪薛闊末客陌夕昔 4569

1428 1691 雪薛接葉結屑熱薛。節屑獵葉月月切屑 49

1429 1691 同前 49

1430 1691 同前 49

1431 1691 漠鐸泊鐸惡鐸索鐸。薄鐸幕鐸約藥落鐸 2

1432 1692 客陌色職陌陌壁錫迹昔。國德昔昔碧陌夕昔日質 36

1433 1692 歷錫碧陌滴錫識職。夕昔昔昔憶職迹昔織職 6

1434 1693 迹昔碧陌赤昔壁錫息職鏑錫策麥匹質億職 36

1435 1693 簇屋木屋曲燭北德。鵠沃鹿屋綠燭斛屋熟屋 16

1436 1693 玉燭綠燭蔌屋穀屋。促燭曲燭六屋宿屋 1

1437 1696 雪薛別薛 4

1438 1696 北德粟燭 16

1439 1696 德德籍昔 6

1440 1697 色職夕昔。得德客陌 6

1441 1698 隻昔北德。織職尺昔 6

1442 1698 節屑色職織職。客陌北德 46
1443 1698 夕昔息職席昔。節屑說薛 46
1444 1698 北德力職息職。得德惻職 6
1445 1705 綠燭束燭蹙屋毒沃。速屋曲燭熟屋蹴屋 1
1446 1706 幕鐸薄鐸 2
1447 1706 月月雪薛 4
1448 1706 客陌碧陌 6
1449 1706 客陌月月 46
1450 1707 溼緝泣緝 7
1451 1707 客陌席昔 6
1452 1707 急緝溼緝 7
1453 1707 咯陌白陌 6
1454 1710 客陌索陌 6
1455 1710 綠燭足燭 1
1456 1710 日質十緝 37
1457 1710 月月說薛 4
1458 1710 絕薛雪薛 4

1459 1710 蝶帖怯業 9

1460 1710 撲屋綠燭曲燭蹙屋 1

1461 1711 戟陌色職一質敵錫 36

1462 1711 絕薛發月。月月雪薛 4

1463 1712 摘麥色職。白陌客陌 6

1464 1712 結屑葉葉。絕薛闕月 49

1465 1712 力職碧陌急緝。抑職極職滴錫 67

1466 1713 節屑結屑結屑月月。揭月歇月歇月闕月 4

1467 1714 客陌得德 6

1468 1714 碧陌戟陌 6

1469 1715 角覺昨鐸昨鐸薄鐸。託鐸索鐸索鐸落鐸 2

1470 1716 色職歷錫側職笛錫。北德客陌白陌碧陌 6

1471 1717 速屋木屋馥屋綠燭。逐屋俗燭熟屋燭燭 1

1472 1718 閣鐸落鐸 2

1473 1718 客陌白陌 6

1474 1719 玉燭簇屋谷屋沐屋淑屋獨屋 1

209. 閣蒼舒

1475 1724 束燭俗燭族屋覆屋。竹屋熟燭酥燭玉 1

210.崔敦禮

1476 1724 鉢末說薛。列薛節屑 45

211.陳造

1477 1727 墨德國德 6

212.李處全

1478 1730 綠燭菊屋竹屋酥燭。馥屋簇屋足燭沐屋曲燭 1

1479 1731 葉葉徹薛絕薛堞帖。結屑尺昔客陌纈屑 469

1480 1732 月月雪薛絕薛。說薛頰帖 49

1481 1732 頰帖促燭客陌。著藥約藥 1269

1482 1734 客陌白陌 6

1483 1734 寂錫陌陌陌陌窄陌。冪錫滴錫滴錫伯陌 6

1484 1734 同前 6

1485 1734 閣鐸幕鐸。落鐸酪鐸 2

1486 1735 雪薛說薛。訣屑月月 4

213.丘密

1487 1739 迹昔物物息職隔麥。昔昔憶職覓錫色職益昔 36

1488 1739 立緝挹緝溼緝入緝。什緝急緝浥緝吸緝集緝 7

1489 1740 滅薛徹薛缺薛切屑。說薛拙薛節屑雪薛脫末 45

1490 1743 夕昔密質得德織職。澤陌歷錫必質寂錫 36

1491 1747 節屑切屑 4

1492 1748 閣鐸索鐸 2

1493 1748 節屑闕月 4

1494 1749 綠燭曲燭玉燭穀屋。卜屋竹屋速屋墨德 16

1495 1749 薄鐸約藥弱藥惡鐸。箔鐸落鐸寞鐸鵲藥 2

1496 1749 鐵屑越月。絕月月月 4

1497 1749 夕昔食職。日質色職 36

214. 呂勝己

1498 1753 足燭曲燭簌屋燭燭。速屋目屋熟屋斛屋 1

1499 1754 屬屋粟燭足燭麓屋 1

1500 1755 客陌食職寂錫息職。迹昔碧陌織職力職 6

1501 1755 切屑說薛血屑蝶帖。歇月節屑闋屑咽屑 49

1502 1755 拆陌息職熄職白陌。皪錫碧陌摘昔側職 6

1503 1756 目屋足燭 1

1504 1757 葉葉燁葉絕薛發月轍薛別薛月月。絕薛闊末闕月節屑業業烈薛 459

1505 1757 簌屋綠燭谷燭木屋速屋燭燭醁燭。北德褥燭簇屋竹屋曲燭足燭 16

1506 1757 拙薛說薛闊末劣薛。歇月絕薛列薛別薛月月 45

1507 1757 日質出術息職力職。碧陌滴錫夕昔白陌客陌 36

1508 1757 目屋簇屋鶩屋束燭。粟燭俗燭辱燭菊屋玉燭 1

1509 1758 力職役昔迹昔策麥。迫陌客陌息職白陌識職 6

1510 1758 拙薛說薛闊末劣薛。歇月絕薛列薛別薛月月 45

1511 1758 落鐸約藥薄鐸索鐸。錯鐸濩鐸角覺閣鐸著藥 2

1512 1758 拍陌脈麥白陌謫麥。窄陌額陌夕昔隔麥客陌 6

1513 1759 著藥昨鐸約藥爵藥。弱藥覺覺卻藥藥藥樂藥 2

1514 1759 滴錫息職白陌覓錫。北德側職惜昔迹昔昔昔 6

1515 1760 熟屋速屋綠燭宿屋。屬燭祿屋足燭曲燭 1

1516 1761 色職纈屑。擷節屑 46

1517 1761 色職白陌。質質得德 36

1518 1763 萼鐸索鐸酌藥。鶴鐸約藥屩藥壑鐸 2

1519 1763 作鐸泊鐸索鐸。酌藥著藥託鐸約藥 2

1520 1764 轂屋目屋谷屋綠燭熟屋。祿屋縮屋玉燭曲燭俗燭 1

1521 1764 作鐸薄鐸縛藥。酌藥約藥覺覺 2

1522 1764 樂鐸酌藥 2

1523 1764 碧陌客陌 6

1524 1764 別薛月月 4

1525 1764 碧陌白陌 6

215. 唐致政

1526 1766 七質一質澀緝汁緝 37

216. 趙長卿

1527 1769 白陌客陌隔麥雪薛。蝶帖月月歇月折薛 469

1528 1771 落鐸藥藥約藥幕鐸。寞鐸著藥泊鐸索鐸 2

1529 1772 惜昔白陌 6

1530 1772 幕鐸角覺岳覺博鐸。略藥落鐸約藥閣鐸 2

1531 1773 綠燭玉燭北德曲燭。竹屋續燭燭燭速屋 16

1532 1775 格陌客陌惜昔日質。識職息職百陌得德額陌 36

1533 1779 結屑別薛節屑 4

1534 1780 肅屋綠燭。束燭玉燭俗燭 1

1535 1780 絕薛雪薛。別薛潔屑月月 4

1536 1780 落鐸惡鐸。謔藥寞鐸學覺 2

1537 1782 力職壁錫的錫跡昔。識職逼職覓錫得德 6

1538 1782 徹薛雪薛月月絕薛。別薛說薛節屑活末 4 5

1539 1782 雪薛節屑 4

1540 1783 澀緝急緝 7

1541 1783 寂錫識職色職跡昔。力職息職植職格陌 6

1542 1784 月月雪薛 4

1543 1784 薄鐸落鐸 2

1544 1784 落鐸撲屋閣鐸幕鐸著藥惡鐸昨鐸。索鐸卻藥約藥著藥削藥 1 2

1545 1785 國德力職策麥色職。碧陌識職息職跡昔憶職得德 6

1546 1786 竹屋馥屋。囑燭浴燭 1

1547 1786 結屑切屑 4

1548 1787 摘麥席昔摘麥擘麥。格陌液昔國德得德 6

1549 1787 抹末絕薛節屑揭月。襪月雪薛楫葉月月 4 5 9

1550 1790 綠燭浴燭 1

1551 1792 逸質出術匹質日質。筆質術術鬱物律術 3

1552 1794 速屋伏屋玉燭曲燭。目屋續燭菊屋宿屋足燭 1

1553 1795 別薛結屑絕薛葉葉。滅薛咽屑血屑月月 49

1554 1795 客陌色職。敵錫得德 6

1555 1796 惻職色職。寂錫碧陌 6

1556 1796 託鐸著藥落鐸。卻藥削藥 2

1557 1802 節屑雪薛。潔屑悅薛 4

1558 1803 葉葉接葉 9

1559 1804 碧陌色職 6

1560 1804 碧陌直職 6

1561 1804 歇月折薛雪薛。絕薛絕薛說薛月月 4

1562 1804 同前 4

1563 1804 落鐸惡鐸 2

1564 1804 索鐸惡鐸惡鐸落鐸。約藥薄鐸薄鐸卻藥 2

1565 1805 幕鐸閣鐸角覺寞鐸。火果惡鐸樂鐸著藥 2

1566 1806 格陌惜昔直職得德。識職的錫織職碧陌 6

1567 1812 薄鐸角覺約藥惡鐸。度鐸託鐸摸鐸托鐸卻藥 2

1568 1813 白陌色職 6

1569 1814 適昔膝質擲昔。惜昔劇陌 36

1570 1815 徹薛咽屑。說薛月月 4

1571 1815 月月滅薛 4

1572 1817 滅薛月月歇月闕月。雪薛玦屑徹薛白陌 46

1573 1819 客陌物物。息職績錫 36

1574 1819 六屋鵠沃筑屋育屋。熟屋醁燭曲燭穀屋 1

1575 1819 傑薛節屑。熱薛葉葉 49

1576 1820 臘盍匝合合合。洽洽蠟盍閣鐸 28

1577 1821 錯鐸著藥酌藥略藥角覺昨鐸。廓鐸薄鐸約藥樂鐸謔藥藥藥 2

1578 1821 幕鐸閣鐸薄鐸覺覺。却藥萼鐸酌藥角覺 2

1579 1822 足燭曲燭軸屋綠燭。續燭燭燭束燭促燭 1

1580 1822 惜昔得德滴錫識職。力職色職寂錫息職 6

1581 1823 薄鐸幕鐸 2

1582 1823 玉燭綠燭。腹屋蹙屋 1

217. 張孝忠

1583 1823 客陌白陌色職。力職得德 6

1584 1828 碧陌極職北德。客陌惜昔迹昔 6

218. 方有開

1585 1828 戟陌葉葉碧陌。石昔織職役昔識職 69

1586 1828 辱燭綠燭速屋叔屋。續燭束燭目屋腹屋獨屋 1

219. 傅大詢

1587 1830 息職碧陌宅陌夕昔雪薛得德切屑月月 46

220. 劉德秀

1588 1831 薄鐸削藥閣鐸昨鐸約藥幕鐸。却藥幄覺酌藥落鐸著藥掠藥 2

221. 林淳

1589 1833 月月雪薛 4

1590 1833 客陌籍昔 6

1591 1833 同前 6

222. 廖行之

1592 1834 曲燭綠燭屬燭。谷屋熟屋福屋 1

1593 1834 綠燭屬燭簇燭俗燭。醁燭祝屋熟屋躅燭 1

223. 京鏜

1594 1841 撲屋逐屋竹屋燭燭。屋屋谷屋曲燭蜀燭 1

1595 1841 月月別薛。說薛雪薛 4

1596 1841 同前 4

1597 1842 識職昔昔出術笛錫。必質惜昔息職隔麥寂錫 3 6

1598 1842 月月孽薛闕月咽屑。缺薛別薛折薛節屑髮月 4

1599 1843 夕昔日質昔昔絕薛。客陌乞迄隔麥闊末 3 4 5 6

1600 1845 陌陌出術吸緝北德。日質碧陌物物色職迹昔 3 6 7

1601 1846 絕薛結屑說薛樾月。闊末切屑發月月月 4 5

1602 1848 溼緝碧陌息職席昔。急緝客陌色職別薛折薛 4 6 7

1603 1848 色職闕月識職槊覺。策麥咽屑說薛月月 2 4 6

1604 1848 息職屹迄昔昔憶職。席昔鷁錫立緝吸緝日質 3 6 7

224.王炎

1605 1849 色職鷁錫極職席昔。得德臆職側職翼職 6

1606 1853 簇屋馥屋獨屋斛屋。續燭酥燭速屋綠燭 1

1607 1856 滴錫國德筆質夕昔。色職惻職識職客陌 3 6

1608 1856 息職色職。滴錫惜昔 6

1609 1859 雪薛歇月歇月節屑。說薛拙薛拙薛月月 4

1610 1860 徹薛劣薛說薛哲薛。雪薛月月節屑發月歇月 4

225.楊冠卿

1611 1860 寂錫日質力職力職力職碧陌 3 6

1612 1861 簇屋宿屋綠燭。竹屋曲燭獨屋玉燭 1

1613 1861 綠燭穀屋 1

1614 1862 薄鐸角覺 2

1615 1862 溼緝碧陌瑟櫛息職 3 6 7

1616 1862 泊鐸約藥卻藥著藥。閣鐸幕鐸索鐸寞鐸 2

1617 1862 惡鐸幕鐸幕鐸索鐸。萼鐸掠藥掠藥洛鐸 2

1618 1862 幕鐸落鐸落鐸覺覺。角覺索鐸索鐸託鐸 2

1619 1864 促燭粟燭續燭足燭。宿屋逐屋六屋鵠沃 1

226. 辛棄疾

1620 1869 葛曷入緝泣緝急緝。客陌力職鏑錫出術石昔 3 5 6 7

1621 1869 說薛發月節屑鐵屑。骨沒闔盍業業別薛缺薛 4 5 8 9

1622 1869 客陌別薛檄錫筆質。滴錫說薛色職月月憶職 3 4 6

1623 1870 月月裂薛節屑髮月。滑黠咽屑缺薛別薛說薛 4 5

1624 1870 物物立緝北德碧陌。伯陌拍陌息職笛錫識職 3 6 7

1625 1870 力職色職息職客陌。得德憶職碧陌白陌溼緝 6 7

1626 1870 識職北德屐陌客陌。拆陌敵錫跡昔白陌昔昔 6

1627 1871 戟陌策麥北德急緝。泣緝溼緝息職色職物物 3 6 7

1628 1871 削藥郭鐸薄鐸落鐸。酌藥約藥鶴鐸樂鐸錯鐸 2

1629 1871 疾質北德食職直職。石昔迹昔日質力職息職 3 6

1630 1874 絕薛別薛白陌闕月。月月闋屑潔屑折薛 4 6

1631 1874 斛屋目屋木屋竹屋。曲燭局燭綠燭屋屋 1

1632 1874 節屑怯業別薛說薛。月月疊帖折薛髮月 4 9

1633 1874 璧昔碧陌席昔石昔。伯陌昔昔窄陌息職 6

1634 1875 樂鐸廓鐸客陌壑鐸。酌藥鶴鐸却藥著藥 2 6

1635 1875 雪薛月月 4

1636 1877 折薛滑黠鴨狎接葉覺覺。說薛壓狎學覺怯業雪薛 2 4 5 8 9

1637 1877 同前 2 4 5 8 9

1638 1880 說薛月月 4

1639 1880 錯鐸着藥 2

1640 1881 髮月白陌 4 6

1641 1883 厥月劣薛滑黠雪薛。也馬結屑別薛咽屑月月說薛蝶帖節屑 4 5 9

1642 1883 却藥掠藥惡鐸。箔鐸託鐸薄鐸 2

1643 1885 驛昔力職 6

1644 1885 竹屋玉燭曲燭屋屋 1

1645 1885 竹屋足燭肉屋熟屋 1

1646 1886 月月雪薛。笛錫宅陌 46

1647 1886 同前 46

1648 1886 立緝急緝壁錫識職。溼緝滴錫碧陌泣緝客陌 67

1649 1887 同前 67

1650 1887 迹昔一質力職日質。驛昔積昔食職昔昔碧陌 36

1651 1887 色職別薛切屑發月。仄職結屑闋屑隔麥月月 46

1652 1887 薄鐸落鐸閣鐸郭鐸。鵲藥昨鐸酢鐸廓鐸鶴鐸 2

1653 1887 色職摘麥月月雪薛。說薛葉葉鴂屑蝶帖別薛 469

1654 1888 力職色職息職客陌。得德憶職碧陌白陌溼緝 67

1655 1888 國德髮月說薛寂錫。筆質屐陌絕薛別薛食職 346

1656 1888 竹屋獨屋綠燭讀屋。幅屋足燭搠屋目屋曲燭 1

1657 1888 目屋續燭國德陸屋。促燭足燭菊屋犢屋哭屋 16

1658 1889 食職藉昔密質力職。憶職極職息職跡昔碧陌 36

1659 1889 說薛葛曷雪薛髮月月月瑟櫛。別薛合合骨沒絕薛鐵屑裂薛 3458

1660 1889 同前 3458

1661 1889 同前 3458

1662 1890 撥末月月發月雪薛沒沒說薛。絕薛睫葉徹薛滅薛歇月咽屑 3459

1663 1892 物物壁錫雪薛傑薛。發月滅薛髮月月月 346

1664 1892 同前 346

1665 1892 色職白陌力職絕薛。摘麥格陌得德憶職 46

1666 1894 雪薛月月 4

1667 1899 髮月白陌 46

1668 1900 鐵屑月月 4

1669 1901 色職一質急緝北德。益昔擲昔國德得德 367

1670 1901 絕薛月月。客陌霎葉 469

1671 1902 席昔日質 36

1672 1902 席昔日質 36

1673 1902 席昔日質 36

1674 1905 却藥樂鐸。薄鐸著藥 2

1675 1909 尺昔立緝 67

1676 1909 綠燭浴燭肉屋斛屋。穀屋犢屋簇屋足燭熟屋 1

1677 1910 壑鐸却藥脚藥錯鐸鶴鐸閣鐸。酌藥躍藥薄鐸若藥約藥。合合托鐸落鐸著藥樂鐸 28

1678 1910 拙薛樂鐸月月。杓藥說薛覺覺 2 4

1679 1911 雪薛月月 4

1680 1911 急緝泣緝 7

1681 1914 立緝國德得德側職。滅薛客陌澤陌色職及緝 4 6 7

1682 1914 鴂屑切屑歇月別薛闕月妾葉。裂薛絕薛雪薛徹薛血屑月月 4 9

1683 1916 客陌月月息職物物。潔屑籍昔國德白陌 3 4 6

1684 1921 俗燭足燭綠燭木屋速屋宿屋。卜屋讀屋鵠沃玉燭束燭竹屋 1

1685 1922 說薛薩曷八黠。燭燭鶴鐸撇屑 1 2 4 5

1686 1928 術術國德 3 6

1687 1928 葉葉法乏 8 9

1688 1928 屋屋宿屋 1

1689 1928 濯覺著藥 2

1690 1928 尺昔國德 6

1691 1930 約藥勺藥閣鐸却藥樂鐸樂藥。鶚鐸攫藥脚藥髮月鶴鐸壑鐸 2 4

1692 1930 同前 2 4

1693 1930 同前 2 4

1694 1932 節屑瓞屑別薛闋屑。悅薛髮月說薛月月 4

1695 1933 節屑髮月客陌蝶帖。澤陌切屑物物夕昔 3469

1696 1933 同前 369

1697 1935 月月節屑發月潔屑列薛。說薛末末別薛絕薛歇月葉葉 459

1698 1935 絕薛白陌得德格陌。額陌色職雪薛月月 46

1699 1935 蜀燭屋屋祿屋足燭玉燭竹屋。束燭軸屋讀屋熟屋腹屋曲燭 1

1700 1936 急緝尺昔客陌戟陌北德石昔席昔。息職戚錫迹昔碧陌笛錫得德 67

1701 1936 德德籍昔活末物物。北德夕昔戟陌室質石昔 356

1702 1938 月月滅薛徹薛葉葉。熱薛雪薛絕薛咽屑 49

1703 1938 月月滅薛徹薛葉葉。熱薛雪薛絕薛咽屑 49

1704 1940 月月闔盍一質石昔。席昔璧昔壑鐸惚沒 23468

1705 1942 別薛達曷說薛。蕨月鐵屑穴屑 45

1706 1945 雪薛髮月。濁覺渴曷 245

1707 1945 跖昔實質。骨沒物物 36

1708 1945 佛物石昔。百陌物物 36

1709 1945 日質得德。筆質物物 36

1710 1947 極職得德碧陌泣緝墨德實質。憶職魄陌立緝絕薛激錫石昔。敵錫力職物物角覺琢覺蝶帖 234679

1711 1948 物物壁錫雪薛傑薛。發月滅薛髮月月月 346

1712 1952 月月徹薛闕月說薛。缺薛別薛折薛節屑髮月 4

1713 1952 雪薛壁錫怯業結屑。疊帖隔麥說薛月月得德 469

1714 1953 血屑烈薛頰帖業業。鋏帖別薛節屑說薛月月 49

1715 1953 轂屋綠燭曲燭熟屋。浴燭宿屋玉燭墨德蹴屋 16

1716 1954 屋屋簇屋竹屋俗燭。軸屋斛屋築屋熟屋燭燭 1

1717 1954 屋屋兀沒鵠沃菊屋。穀屋玉燭速屋竹屋軸屋 13

1718 1954 築屋綠燭肅屋竹屋。玉燭馥屋足燭熟屋曲燭 1

1719 1954 雪薛石昔拾緝室質兀沒溼緝。泣緝覓錫立緝碧陌物物筆質 3467

1720 1955 幕鐸薄鐸掠藥學覺弱藥著藥落鐸。寞鐸閣鐸約藥托鐸覺覺角覺 2

1721 1958 谷屋粟燭讀屋。菊屋足燭宿屋 1

1722 1966 約藥掠藥惡鐸索鐸 2

1723 1966 色職得德索陌客陌 6

1724 1966 說薛月月 4

1725 1967 惡鐸約藥 2

1726 1967 格陌色職 6

1727 1967 屋屋宿屋 1

1728 1970 足燭綠燭曲燭熟屋熟屋。蹙屋玉燭續燭幅屋幅屋 1

1729 1971 碧陌急緝客陌。立緝泣緝息職 67

1730 1971 接葉活末。節屑殺黠 459

1731 1971 髮月別薛 4

1732 1972 約藥絡鐸索鐸玉燭。索鐸泊鐸獨屋薄鐸惡鐸 12

1733 1972 約藥薄鐸 2

1734 1972 闕月雪薛別薛絕薛。疊帖葉葉折薛月月 49

1735 1973 物物壁錫雪薛傑薛。發月滅薛髮月月月 346

1736 1973 絕薛月月別薛拙薛。頰帖潔屑葉葉闊末 459

1737 1974 葉葉蝶帖雪薛。頰帖別薛月月 49

1738 1974 客陌雪薛。白陌色職 46

1739 1974 同前 46

1740 1974 節屑物物。拂物月月 34

1741 1975 惡鐸幄覺幕鐸落鐸角覺樂鐸。壑鐸縛藥鶴鐸閣鐸藥藥酌藥 2

1742 1975 客陌力職迹昔。赤昔白陌窄陌 6

1743 1976 𩗗質色職室質力職。尺昔積昔迹昔得德 36

1744 1976 寂錫滴錫 6

1745 1976 物物得德。笛錫息職 3 6

1746 1977 玉燭邈覺。續燭逐屋 1 2

227.趙善扛

1747 1978 碧陌襲緝。夕昔溼緝 6 7

1748 1978 碧陌謚質 3 6

1749 1978 碧陌客陌 6

228.趙善括

1750 1982 綠燭簇屋足燭玉燭。曲燭續燭辱燭木屋宿屋 1

1751 1982 月月雪薛壁錫識職。屐陌石昔日質液昔力職 3 4 6

1752 1982 力職色職息職客陌。得德憶職碧陌白陌溼緝 6 7

1753 1983 節屑客陌側職月月。息職得德澤陌色職 4 6

1754 1984 溼緝寂錫。役昔隔麥 6 7

1755 1984 落鐸薄鐸。幕鐸約藥 2

1756 1985 閣鐸惡鐸酌藥樂鐸。幕鐸約藥著藥薄鐸 2

1757 1985 閣鐸薄鐸角覺落鐸。弱藥惡鐸鶴鐸約藥 2

1758 1985 哲薛節屑楫葉浹帖。列薛竭月業業傑薛黑德 4 6 9

1759 1986 月月傑薛闕月發月。節屑楫葉業業髮月 4 9

1760 1987 綠燭簇屋鷟屋竹屋屋屋馥屋。菊屋俗燭足燭目屋束燭醁燭 1

1761 1987 色職雪薛客陌。急緝白陌息職 4 6 7

1762 1987 色職陌陌客陌碧陌。璧昔溼緝息職月月 4 6 7

1763 1987 同前 4 6 7

1764 1987 日質溼緝。客陌得德 3 6 7

1765 1987 同前 3 6 7

1766 1989 色職疊帖席昔客陌。力職息職迹昔密質急緝 3 6 7 9

1767 1989 木屋綠燭。玉燭足燭 1

229. 程垓

1768 1990 疊帖怯業咽屑別薛。月月切屑蝶帖結屑說薛 4 9

1769 1990 落鐸薄鐸幕鐸樂鐸。角覺酌藥索鐸閣鐸卻藥 2

1770 1992 節屑疊帖月月結屑說薛。舌薛歇月折薛切屑蝶帖 4 9

1771 1992 憶職日質惜昔。翼職息職得德憶職 3 6

1772 1993 著藥弱藥樂鐸若藥落鐸。卻藥薄鐸索鐸託鐸覺覺惡鐸 2

1773 1993 絕薛別薛切屑月月。說薛蝶帖節屑疊帖 4 9

1774 1993 幕鐸落鐸謔藥削藥惡鐸。掠藥索鐸覺覺弱藥著藥託鐸卻藥 2

1775 1994 咽屑節屑切屑設薛絕薛雪薛。別薛發月疊帖徹薛越月說薛月月 4 9

1776 1995 客陌宅陌白陌索陌。隔麥側職拍陌窄陌色職 6

1777 1996 葉葉熱薛滑黠愜帖。蝶帖雪薛說薛月月 459

1778 1996 結屑疊帖歇月愜帖。血屑帖帖切屑葉葉 49

1779 1998 溼緝碧陌覓錫寂錫食職。客陌力職泣緝急緝息職 67

1780 1999 促燭足燭毒沃哭屋。速屋曲燭束燭玉燭 1

1781 2000 揭月雪薛滑黠。裛葉說薛月月 459

1782 2000 潔屑切屑結屑。別薛節屑月月 4

1783 2001 日質息職。憶職隻昔 36

1784 2001 得德勒德。塞德北德 6

1785 2002 月月節屑。說薛疊帖 49

1786 2005 節屑歇月頰帖葉葉。說薛月月疊帖結屑 49

1787 2006 曲燭足燭 1

1788 2006 簇屋玉燭綠燭續燭。曲燭束燭足燭宿屋 1

1789 2006 側職色職麥麥隔麥。客陌摘麥拍陌白陌 6

1790 2006 溼緝密質急緝立緝。力職碧陌覓錫尺昔 367

1791 2007 足燭束燭綠燭屬燭。熟屋曲燭續燭蹙屋 1

1792 2008 滴錫翼職覓錫織職。尺昔立緝得德溼緝 67

1793 2008 薄鐸樂鐸 2

1794 2008 綠燭曲燭 1

1795 2008 綠燭足燭 1

1796 2009 舌薛蝶帖 49

1797 2009 怯業月月 49

1798 2009 舌薛說薛 4

1799 2009 卻藥落鐸 2

1800 2009 節屑別薛 4

1801 2010 足燭俗燭 1

1802 2011 脈麥擘麥擘麥窄陌。隔麥摘麥摘麥得德 6

230.徐安國

1803 2016 屋屋馥屋束燭竹屋。足燭俗燭獨屋逐屋粟燭 1

231.黃人傑

1804 2017 綠燭足燭逐屋曲燭。六屋熟屋玉燭浴燭 1

1805 2017 鑿鐸樂鐸作鐸泊鐸。腳藥約藥著藥卻藥 2

232.何澹

1806 2018 客陌碧陌色職側職宅陌笛錫力職勒德國德 6

1807 2019 絕薛雪薛拍陌別薛。結屑月月發月節屑闕月 46

1808 2020 同前 46

233. 陳三聘

1809 2020 穀屋穆屋軸屋俗燭。熟屋足燭屬燭曲燭束燭 1

1810 2021 急緝浥緝澀緝立緝。疊帖葉葉檝葉入緝吸緝 79

1811 2025 薄鐸掠藥掠藥鵲藥。卻藥角覺角覺惡鐸 2

1812 2025 狹洽合合合合蝶帖。葉葉怯業怯業疊帖 89

1813 2025 薄鐸覺覺覺覺落鐸。索鐸閣鐸閣鐸角覺 2

1814 2025 缺薛月月月月雪薛。咽屑結屑結屑闊末 45

1815 2025 集緝蟄緝蟄緝急緝。浥緝澀緝澀緝立緝 7

1816 2025 碧陌寂錫色職北德。拍陌夕昔客陌陌陌 6

1817 2025 萼鐸昨鐸覺覺約藥。落鐸樂鐸酌藥洛鐸 2

1818 2026 碧陌寂錫極職力職。迹昔息職客陌笛錫 6

1819 2026 碧陌白陌積昔色職。翼職織職得德北德 6

1820 2026 覓錫席昔客陌驛昔。滴錫咽屑色職夕昔 46

1821 2027 碧陌客陌色職北德。迹昔息職得德憶職 6

1822 2027 隔麥客陌 6

1823 2027 索鐸 薄鐸 2
1824 2028 折薛 別薛 4
1825 2028 菊屋 熟屋 1
1826 2028 曲燭 促燭 1
1827 2028 熟屋 宿屋 1
1828 2028 白陌 雪薛 46
1829 2028 決屑 活末 45
1830 2029 闕月 絕薛。 纈屑 月月 4
1831 2029 雪薛 絕薛。 咽屑 月月 4
1832 2030 息職 側職 6
1833 2030 幕鐸 薄鐸 2
1834 2030 玉燭 粟燭 1
1835 2030 絕薛 月月 4
1836 2031 絕薛 發月 闊末 45

234. 石孝友

1837 2034 玉燭 足燭。 曲燭 宿屋 1
1838 2035 物物 壁錫 雪薛 傑薛。 發月 滅薛 髮月 月月 346

1839 2035 節屑絕薛颯合葉葉。說薛結屑發月月月 489

1840 2035 月月歇月發月闕月。越月罰月窟沒髮月 34

1841 2036 發月渤沒窟沒韈月。髮月闊末骨沒月月 345

1842 2036 律術日質一質出術。吉質實質溢質橘術 3

1843 2036 蝶帖結屑歇月節屑。髮月越月說薛闊末 459

1844 2036 積昔迹昔憶職碧陌。鶒職溼緝寂錫滴錫 67

1845 2037 弱藥落鐸約藥薄鐸。幕鐸却藥泊鐸惡鐸 2

1846 2039 力職溼緝日質。息職得德 367

1847 2039 蕚鐸却藥著藥。託鐸落鐸薄鐸 2

1848 2041 闋月隔麥色職。葉葉白陌客陌 469

1849 2041 斛屋續燭熟屋獨屋。曲燭掬屋鷲屋蹙屋綠燭 1

1850 2042 月月客陌客陌格陌。憶職憶職覓錫 46

1851 2042 滑黠活末 5

1852 2042 薄鐸削藥 2

1853 2043 鱉薛德德。急緝得德 467

1854 2044 惜昔憶職息職擲昔 6

1855 2045 目屋綠燭玉燭蔌屋 1

1856 2046 直職溼緝尺昔日質。鶒職碧陌急緝立緝 367

1857 2046 絕薛雪薛葉葉月月。蝶帖說薛歇月噏屑 49

1858 2047 曲燭跼燭簇屋玉燭。竹屋宿屋足燭續燭 1

1859 2048 薄鐸幕鐸角覺。惡鐸著藥削藥 2

1860 2048 色職發月。折薛蝶帖 469

1861 2050 白陌色職 6

1862 2051 色職別薛策麥。白陌碧陌礫錫 46

1863 2053 略藥蒻鐸落鐸惡鐸幕鐸。約藥邈覺託鐸著藥角覺 2

235.韓玉

1864 2055 淥燭俗燭曲燭族屋。錄燭續燭熟屋祝屋 1

1865 2055 目屋國德玉燭蔌屋北德。簇屋轂屋六屋曲燭綠燭 16

1866 2056 隔麥客陌窄陌色職。質質得德積昔碧陌 36

1867 2056 雪薛絕薛結屑節屑 4

1868 2058 落鐸約藥綽藥索鐸寞鐸。託鐸却藥樂鐸惡鐸著藥薄鐸 2

1869 2059 葉葉壓狎。頰帖別薛 489

1870 2059 節屑夜禡。謝禡月月 4

1871 2059 屋屋玉燭北德。目屋促燭竹屋獨屋 16

236. 熊上達

1872 2060 媚至溢質色職日質石昔德德翼職息職得德席昔側職 36

237. 歐陽光祖

1873 2061 學覺業業甲狎鴨鎋塔盍洽洽。愜帖壓鎋匝合浹帖日質頰帖乏乏 2389

238. 羅椿

1874 2062 鷟屋萸虞簶燭續燭。曲燭獨屋綠燭足燭 1

239. 何師心

1875 2065 幅屋軸屋宿屋玉燭。掬屋浴燭竹屋曲燭谷屋 1

240. 趙蕃

1876 2066 月月雪薛 4

241. 馬子嚴

1877 2069 玉燭熟屋足燭。谷屋俗燭肉屋 1

1878 2070 弱藥落鐸箔鐸。蕚鐸著藥鵲藥 2

1879 2071 綠燭沃沃目屋玉燭。促燭熟屋曲燭 1

242. 趙師俠

1880 2074 綠燭目屋蹙屋曲燭。浴燭哭屋玉燭北德竹屋 16

1881 2075 落鐸蕚鐸薄鐸艧鐸。灼藥約藥雒鐸鶴鐸卻藥 2

1882 2075 白陌色職月月闕月。策麥業業烈薛闋屑缺薛 469

1883 2075 莫鐸薄鐸蕚鐸酌藥。酢鐸昨鐸樂鐸落鐸約藥 2

1884 2076 食職勒德藉昔色職。覓錫歷錫息職憶職 6

1885 2077 絕薛熱薛別薛色職。劣薛雪薛爇薛月月 46

1886 2079 溽燭速屋屋屋斛屋。目屋熟屋綠燭軸屋 1

1887 2080 蔌屋促燭目屋燭燭。速屋逐屋足燭欲燭 1

1888 2082 足燭逐屋撲屋。綠燭粟燭 1

1889 2082 鬱物立緝碧陌。集緝日質 367

1890 2084 掣薛接葉 49

1891 2084 急緝碧陌 67

1892 2084 節屑絕薛 4

1893 2085 惜昔力職。摘麥色職 6

1894 2085 息職夕昔。席昔色職 6

1895 2089 息職白陌惜昔。藉昔笛錫 6

1896 2089 索鐸箔鐸箔鐸削藥。角覺鵲藥鵲藥落鐸 2

1897 2091 綠燭簇屋北德速屋。玉燭目屋宿屋曲燭 16

1898 2091 急緝藉昔溼緝入緝。寂錫直職得德碧陌 67

1899 2091 策麥白陌葉葉客陌。驛昔脈麥色職隔麥 69

1900 2092 足燭促燭蹙屋速屋。逐屋曲燭宿屋簇屋簇屋 1

1901 2092 密質夕昔惜昔鬱物。憶職得德急緝滴錫滴錫 367

1902 2092 折薛色職。說薛別薛 46

1903 2093 磧昔碧陌壁錫。集緝立緝急緝 67

243. 陳亮

1904 2097 屈物物物失質一質。出術恤術戢緝級緝帙質 37

1905 2098 肅屋沐屋足燭俗燭獨屋。馥屋續燭粟燭菊屋躅燭 1

1906 2098 佚質出術忽沒室質。拂物骨沒日質物物一質 3

1907 2099 說薛葛曷雪薛髮月月月瑟櫛。別薛合合骨沒絕薛鐵屑裂薛 3458

1908 2100 役昔客陌息職得德。骨沒寂錫翼職碧陌 36

1909 2100 說薛葛曷雪薛髮月月月瑟櫛。別薛合合骨沒絕薛鐵屑裂薛 3458

1910 2101 足燭褥燭六屋玉燭。逐屋縮屋福屋趣燭 1

1911 2102 一質實質出術鶻沒。卒沒骨沒窣沒兀沒物物 3

1912 2102 說薛葛曷雪薛髮月月月瑟櫛。別薛合合骨沒絕薛鐵屑裂薛 3458

1913 2103 色職摘麥。跡昔息職 6

1914 2103 燭燭曲燭。續燭綠燭 1

1915 2103 碧陌笛錫。石昔覓錫 6

1916 2104 織職碧陌寂錫。日質憶職 3 6

1917 2106 閣鐸薄鐸。漠鐸落鐸 2

1918 2108 骨沒出術物物實質握覺。耨沃屈物突沒室質術術 1 2 3

244. 楊炎正

1919 2109 屋屋浴燭玉燭熟屋曲燭竹屋。蹙屋獨屋束燭綠燭觸燭簌屋 1

1920 2113 綠燭福屋足燭祝屋。馥屋玉燭酥燭鵠沃目屋 1

1921 2113 壁錫日質色職灑 。碧陌力職寂錫滴錫息職 3 6

1922 2113 惜昔夕昔極職棘職。白陌客陌弼質北德翼職 3 6

1923 2113 客陌陌陌節屑白陌。隔麥拆陌國德宅陌日質 3 4 6

1924 2114 北德息職識職笛錫。客陌隔麥翼職極職 6

1925 2114 色職伯陌闕月國德。拍陌夕昔客陌息職 4 6

1926 2116 寂錫力職力職籍昔。碧陌極職極職食職 6

1927 2117 碧陌色職。溼緝白陌 6 7

1928 2118 玉燭宿屋讀屋樂屋。祿屋曲燭燭燭綠燭簌燭 1

245. 李寅仲

1929 2127 木屋竹屋綠燭鵠沃卜屋。玉燭屋屋福屋復屋谷屋鹿屋 1

246. 張鎡

1930 2128 福屋蹙屋 1

1931 2128 曲燭綠燭 1

1932 2128 撥末滑黠髮月。帀合撒曷襪月 458

1933 2129 著藥樂鐸 2

1934 2129 熟屋玉燭綠燭屋屋 1

1935 2130 坼陌客陌。日質月月 346

1936 2130 劣薛屑屑折薛。得德泄薛月月 46

1937 2136 色職月月夕昔惜昔。筆質伯陌石昔側職得德 346

1938 2136 牧屋縮屋復屋屬燭。辱燭竹屋足燭祿屋速屋 1

1939 2137 約藥酌藥閣鐸卻藥樂鐸藥藥。鶚鐸攫藥腳藥髮月鶴鐸鑿鐸 24

1940 2139 側職色職碧陌織職飾職積昔。鵠錫席昔溼緝入緝。寂錫昔昔覓錫白陌力職得德 67

247. 劉過

1941 2148 惡鐸弱藥落鐸箔鐸。索鐸薄鐸約藥魄鐸 2

1942 2150 客陌力職日質賊德。白陌得德側職覓錫 36

1943 2151 角覺惡鐸薄鐸。約藥幕鐸落鐸 2

1944 2151 月月髮月。發月雪薛 4

1945 2156 勒德側職色職。質質陌陌碧陌月月 346

1946 2157 北德息職粒緝立緝 67

248. 蔡幼學

1947 2159 日質寂錫。力職夕昔 36

249. 盧炳

1948 2159 曲燭鶩屋木屋玉燭。獨屋溽燭屋屋俗燭 1

1949 2159 雪薛結屑悅薛。別薛說薛闕月 4

1950 2160 寂錫食職入緝織職。急緝溼緝覓錫碧陌 67

1951 2160 同前 67

1952 2160 同前 67

1953 2160 木屋目屋速屋淑屋宿屋逐屋。馥屋屋屋幅屋燭燭綠燭曲燭 1

1954 2161 玉燭續燭 1

1955 2161 息職隔麥 6

1956 2162 薄鐸錯鐸 2

1957 2162 目屋束燭觸燭掬屋浴燭縮屋。俗燭馥屋足燭撲屋獨屋曲燭 1

1958 2163 束燭俗燭熟屋。曲燭肉屋足燭 1

1959 2164 葉葉屑屑別薛月月 49

1960 2164 絕薛列薛結屑雪薛。襪月潔屑發月闕月 4

1961 2164 同前 4

1962 2165 同前 4

1963 2166 笠緝急緝 7

1964 2166 碧陌力職急緝迫陌。伯陌客陌得德懌昔側職 67

1965 2169 曲燭綠燭 1

1966 2169 發月雪薛 4

250 姜夔

1967 2170 客陌屐陌植職寞鐸尺昔。覓錫笛錫憶職 26

1968 2171 綠燭獨屋。玉燭熟屋 1

1969 2171 惜昔側職 6

1970 2171 石昔立緝 67

1971 2175 極職得德力職索陌隙陌客陌色職。寂錫壁錫織職迹昔陌陌息職碧陌側職 6

1972 2175 闊末末末發月壓狎。答合遏曷襪月霎葉 4589

1973 2178 葉葉絕薛鴂屑說薛。節屑莢帖雪薛別薛 49

1974 2179 歇月切屑撥末鴂屑。別薛葉葉襪月月月 459

1975 2181 角覺陌陌惻職識職。寂錫食職色職碧陌　26

1976 2181 色職笛錫摘麥筆質席昔。國德寂錫積昔泣緝憶職碧陌得德　367

1977 2182 玉燭宿屋竹屋北德獨屋。綠燭屋屋曲燭幅屋　16

1978 2182 力職碧陌客陌寂錫息職。陌陌藉昔國德北德歷錫色職　6

1979 2184 陌陌索鐸角覺惡鐸薄鐸漠鐸。樂鐸落鐸著藥約藥　26

1980 2185 褋帖雪薛轍薛切屑。絕薛節屑滅薛月月　49

1981 2185 雪薛徹薛。折薛絕薛　4

1982 2186 落鐸卻藥。惡鐸覺覺　2

1983 2186 咽屑別薛。潔屑說薛　4

1984 2186 雪薛葉葉月月。絕薛鬣葉劣薛　49

251 汪莘

1985 2190 約藥脚藥酌藥卻藥削藥著藥。索鐸鶴鐸礡鐸作鐸落鐸薄鐸　2

1986 2190 俗燭竹屋菊屋逐屋。木屋玉燭粟燭曲燭促燭　1

1987 2191 屋屋蔌燭卜屋菊屋。綠燭熟屋欲燭曲燭犢屋　1

1988 2192 節屑蝶帖俠帖咽屑。葉葉別薛疊帖月月　49

1989 2192 北德急緝急緝息職。泣緝憶職憶職藉昔　67

1990 2193 客陌宅陌陌陌魄陌。白陌册麥默德摘麥　6

1991 2195 切屑拙薛月月疊帖。臘盍雪薛折薛別薛說薛　489

1992 2198 絕薛節屑。說薛雪薛　4

1993 2198 朮術力職。迹昔息職　36

1994 2199 雪薛絕薛。別薛伯陌　46

1995 2199 攝葉色職。說薛月月　469

1996 2199 日質息職。的錫得德　36

1997 2199 積昔色職。識職夕昔　6

1998 2201 滴錫息職力職溼緝。色職碧陌急緝立緝　67

1999 2202 述術訖迄立緝。日質什緝。密質溼緝匹質失質必質急緝忽沒一質詰質　37

252. 吳琚

2000 2205 抹末發月闕月越月。絕薛雪薛楫葉月月　459

253. 劉翰

2001 2206 月月雪薛。結屑蝶帖　49

2002 2206 月月葉葉　49

2003 2206 勒德客陌　6

254. 劉仙倫

2204 2210 壁錫尺昔極職。急緝笛錫碧陌　67

2005 2212 色職極職敵錫籍昔。石昔易昔碧陌得德息職 6
2006 2212 六屋馥屋。曲燭服屋 1
2007 2213 節屑月月物物髮月。雪薛謁月笏沒爇薛 3 4

255. 杜旃

2008 2214 力職急緝 6 7

256. 郭應祥

2009 2216 尺昔白陌 6
2010 2216 蓴鐸昨鐸 2
2011 2216 日質客陌 3 6
2012 2216 力職色職 6
2013 2216 節屑發月 4
2014 2217 月月訣屑 4
2015 2217 日質入緝 3 7
2016 2217 祿屋福屋 1
2017 2117 入緝集緝 7
2018 2217 力職色職 6
2019 2218 菊屋速屋 1

2020 2218 覓錫客陌 6

2021 2223 一質一質 3

2022 2223 密質日質逸質。率術出術紱物 3

2023 2224 節屑櫼葉。別薛霎葉 49

2024 2225 幄覺卻藥。謔藥落鐸 2

2025 2226 日質溢質。膝質笏沒 3

2026 2227 榷覺略藥 2

2027 2227 極職蹟昔 6

2028 2227 菊屋簇屋 1

2029 2228 略藥榷覺 2

2030 2229 七質日質 3

2031 2229 曲燭縮屋 1

2032 2233 粟燭屋屋 1

2033 2234 一質日質日質溢質。漆質質質質質筆質 3

257. 李壁

2034 2235 惡鐸著藥略藥樂鐸。縛藥覺覺邈覺昨鐸酌藥 2

2035 2235 色職陌陌。溼緝迹昔 67

258. 韓淲

2036 2236 客陌石昔逼職日質。夕昔白陌溼緝息職憶職 367

2037 2237 惡鐸幄覺卻藥約藥薄鐸昨鐸。樂鐸索鐸萼鐸閣鐸縛藥酌藥 2

2038 2239 玉燭束燭。燭燭馥屋 1

2039 2246 肅屋足燭綠燭續燭。蜀燭竹屋獨屋木屋 1

2040 2246 熟屋足燭燠屋卜屋。谷屋逐屋北德續燭 16

2041 2246 節屑發月闕月月月。物物切屑業業雪薛 349

2042 2249 月月闕月髮月越月。發月襪月說薛絕薛 4

2043 2250 畫麥客陌力職側職。摘麥拍陌百陌息職赫陌 6

2044 2251 雪薛月月。別薛節屑 4

2045 2251 息職得德 6

2046 2251 側職拍陌力職。憶職色職客陌得德食職 6

2047 2251 曲燭足燭幅屋。逐屋宿屋屋屋 1

2048 2253 月月節屑。凸沒業業 349

2049 2253 滴錫力職力職得德。側職憶職憶職格陌 6

2050 2254 落鐸薄鐸濯覺角覺。錯鐸索鐸卻藥魄鐸 2

2051 2254 刻德色職。憶職息職 6

2052 2255 欲燭獨屋 1

2053 2255 約藥酌藥 2

2054 2255 雪薛潔屑月月絕薛。側職听鍇說薛寂錫 456

2055 2256 雪薛列薛絕薛潔屑說薛浙薛。宅陌接葉躡葉輒葉劣薛閈 469

2056 2257 酌藥樂鐸。惡鐸角覺 2

2057 2257 日質闢昔食職直職。集緝客陌得德出術 367

2058 2257 織職碧陌 6

2059 2257 立緝急緝 7

2060 2257 籜鐸略藥。薄鐸鶴鐸 2

2061 2257 役昔釋昔。溼緝畢質 367

2062 2259 月月絕薛發月闊末。雪薛歇月結屑說薛 45

2063 2260 薄鐸惡鐸卻藥。落鐸酌藥錯鐸 2

2064 2262 日質屈物 3

2065 2264 北德曲燭 16

259. 李廷忠

2066 2267 伯陌格陌月月。酌藥客陌雪薛 246

260. 胡惠齊

2067 2268 藉昔跡昔的錫息職。力職格陌額陌拂物 36

2068 2268 炙昔碧陌夕昔憶職。得德日質覓錫急緝剔錫 367

261. 高似孫

2069 2272 迹昔識職識職夕昔。屐陌得德碧陌必質 36

262. 王居安

2070 2276 竹屋玉燭菊屋綠燭。局燭讀屋俗燭曲燭足燭 1

263. 吳禮之

2071 2280 缺薛結屑別薛。切屑絕薛闊末月月月月 45

2072 2280 急緝溼緝側職。昔昔滴錫覓錫碧陌 67

2073 2280 索鐸酌藥。著藥 2

264. 丁黼

2074 2281 郁屋酥燭曲燭綠燭。福屋玉燭軸屋籙燭熟屋 1

265. 俞國寶

2075 2281 鶴鐸落鐸着藥薄鐸杓藥酌藥。昨鐸却藥覺覺腳藥約藥角覺 2

2076 2282 著藥岳覺惡鐸落鐸角覺覺覺削藥。索鐸弱藥薄鐸託鐸約藥却藥 2

2077 2282 鵲藥索鐸却藥落鐸 2

266. 徐沖淵

2078 2283 雪薛月月 4

2079 2283 石昔棘職 6

267.高惟月

2080 2284 鑿鐸劚燭落鐸昨鐸。約藥樂鐸泊鐸壑鐸 1 2

268.汪晫

2081 2286 食職一質藉昔息職。出術織職覓錫碧陌 3 6

2082 2287 物物壁錫雪薛傑薛。發月滅薛髮月月月 3 4 6

269.趙希明

2083 2289 落鐸角覺薄鐸。覺覺樂鐸薄鐸 2

270 程珌

2084 2289 闔盍月月洽洽闕月。業業傑薛悅薛節屑 4 8 9

2085 2292 溢質得德色職惜昔。勒德謫麥笛錫沒沒客陌 3 6

2086 2294 潔屑傑薛雪薛懾葉。闊末業業闕月燮帖 4 5 9

2087 2294 漠鐸錯鐸著藥摸鐸。角覺卻藥藥藥約藥 2

2088 2294 得德骨沒出術闕月。髮月積昔偪職極職 3 4 6

2089 2295 脫末白陌擲昔鐵屑。特德碧陌歇月舌薛日質 3 4 5 6

2090 2295 節屑闕月閥月業業。絕薛別薛葉葉發月潔屑列薛 4 9

2091 2297 食職白陌色職拍陌。隔麥息職物物笛錫 36

2092 2299 睫葉雪薛 49

271. 鄭域

2093 2300 浴燭簇屋玉燭綠燭。屋屋玉燭足燭曲燭 1

2094 2300 沒沒骨沒拂物。熨物窟沒不物 3

2095 2300 葉葉屑屑潔屑。絕薛說薛別薛月月 49

2096 2300 束燭玉燭肉屋縮屋。蜀燭蹙屋綠燭熟屋 1

272. 王澡

2097 2302 直職識職得德。色職笛錫力職惜昔 6

273. 戴復古

2098 2305 樂鐸鶴鐸酢鐸錯鐸。昨鐸薄鐸覺覺作鐸 2

2099 2307 客陌白陌 6

2100 2307 作鐸約藥角覺寞鐸 2

2101 2308 伯陌畫麥白陌絕薛。月月雪薛闕月闊末髮月 456

274. 李子酉

2102 2311 著藥惡鐸落鐸。卻藥約藥著藥 2

275. 陳楠

2103 2313 滴錫橘術。室質畢質 36

276.徐鹿卿

2104 2316 綍物兀沒物物日質。入緝髮月德德息職 3467

277.葉秀發

2105 2319 落鐸廓鐸壑鐸樂鐸。橐鐸粕鐸酌藥鶴鐸 2

278.李劉

2106 2321 傑薛月月。節屑闋月 4

279.史達祖

2107 2326 色職食職迹昔北德陌陌。結屑笛錫拭職息職識職碧陌 46

2108 2328 滴錫隔麥直職色職客陌。跡昔憶職笛錫碧陌歷錫隙陌 6

2109 2328 雪薛發月絕薛骨沒。歇月別薛物物襪月月月 34

2110 2329 色職密質覓錫息職。白陌溼緝碧陌力職壁錫 367

2111 2332 白陌碧陌食職憶職。識職失質笛錫得德 36

2112 2334 月月雪薛 4

2113 2334 雪薛月月 4

2114 2334 弱藥搦覺 2

2115 2335 切屑越月悅薛襪月闊末歇月。物物髮月發月雪薛節屑月月 345

2116 2338 側職色職碧陌織職飾職積昔。鎘錫席昔摘麥溼緝入緝。寂錫昔昔覓錫白陌力職得德 67

2117 2340 獨屋續燭屋屋竹屋。目屋綠燭木屋足燭 1

2118 2343 色職力職息職碧陌國德客陌。寂錫白陌得德驛昔 6

2119 2343 月月絕薛決屑雪薛。穴屑窟沒刷鎋越月折薛 345

2120 2343 得德力職陌陌德德。劇陌肋德隔麥逼職癖昔 6

2121 2343 客陌陌陌翼職碧陌。國德德德極職策麥色職 6

2122 2346 愜帖睫葉葉葉躡葉。疊帖怯業篋帖接葉 9

2123 2347 帖帖葉葉接葉檝葉。切屑別薛客陌闋月 469

2124 2347 澤陌陌陌識職側職碧陌隔麥。客陌百陌色職白陌屐陌德德 6

280. 高觀國

2125 2348 屋屋六屋撲屋。束燭曲燭縠屋 1

2126 2351 碧陌色職 6

2127 2352 溼緝急緝日質碧陌。客陌極職息職隻昔 367

2128 2352 潔屑額陌別薛怯業。格陌絕薛識職歇月月月 469

2129 2355 葉葉月月接葉歇月雪薛。別薛絕薛檝葉節屑怯業 49

2130 2355 綠燭足燭縠屋浴燭目屋。曲燭玉燭掬屋續燭斛屋 1

2131 2356 溼緝急緝失質碧陌 367

2132 2356 咽屑絕薛 4

2133 2357 咽屑月月別薛疊帖切屑折薛。絕薛雪薛闊末怯業節屑。陌陌勒德葉葉結屑篋帖說
薛 4569

2134 2357 閣鐸幕鐸箔鐸覺覺卻藥索鐸。約藥昨鐸薄鐸角覺寞鐸。駁覺作鐸酌藥惡鐸落鐸託
鐸 2

2135 2358 碧陌力職迹昔夕昔。客陌色職息職笛錫 6

2136 2361 色職溼緝碧陌。極職陌陌急緝側職 67

2137 2361 浥緝液昔碧陌。拍陌惜昔得德識職 67

2138 2361 碧陌溼緝密質。滴錫冪錫色職側職 367

2139 2363 色職織職。碧陌客陌 6

2140 2363 入緝迹昔骨沒窟沒。側職溼緝北德魄陌白陌 367

2141 2364 尺昔息職迹昔寂錫。色職客陌骨沒碧陌 36

2142 2364 月月絕薛。別薛說薛雪薛 4

281 魏了翁

2143 2367 客陌惻職立緝滴錫。的錫食職得德息職 67

2144 2368 室質浥緝卽職植職。寂錫摘麥德德色職識職 367

2145 2374 密質溢質蓽質昔昔。戟陌室質筆質力職日質 36

2146 2374 屬燭熟屋馥屋曲燭。玉燭幅屋速屋逐屋觫燭 1

2147 2375 色職覓錫掖昔客陌。歷錫的錫瀝錫日質 36

2148 2377 節屑霎葉月月輟薛髮月八黠。說薛葉葉折薛撇屑切屑闋屑 459

2149 2377 格陌熨物密質色職。匹質敵錫鬩麥息職髮月 346

2150 2378 卻藥息職客陌劇陌。角覺鶴鐸各鐸作鐸 26

2151 2378 著藥薄鐸角覺作鐸闊末末末。昨鐸樂鐸握覺拓鐸洛鐸略藥 25

2152 2378 日質夕昔。息職乞迄 36

2153 2379 客陌得德夕昔國德逼職策麥。笛錫色職碧陌識職日質極職 36

2154 2379 立緝日質識職白陌。北德覓錫急緝物物 367

2155 2380 立緝日質識職白陌。北德覓錫急緝物物 367

2156 2381 客陌得德夕昔急緝逼職策麥。笛錫色職碧陌識職日質極職 367

2157 2381 立緝日質識職白陌。北德覓錫急緝物物 367

2158 2382 色職出術物物節屑。發月葉葉滌錫日質 3469

2159 2382 客陌得德夕昔急緝逼職策麥。笛錫色職碧陌識職日質極職 367

2160 2383 得德立緝戚錫識職。匹質敵錫客陌息職髮月 3467

2161 2384 曆錫日質 36

2162 2384 曲燭祝屋 1

2163 2385 束燭熟屋馥屋曲燭。玉燭軸屋辱燭足燭醁燭 1

2164 2387 同前 1

2165 2389 日質瑟櫛跡昔物物碧陌極職。席昔得德客陌憶職北德息職 36

2166 2390 客陌迫陌 6

2167 2391 掖昔帙質陌陌。立緝惜昔十緝 367

2168 2392 握覺索鐸託鐸酌藥薄鐸。別薛惡鐸合合略藥闊末落鐸 2458

2169 2392 出術壁昔適昔集緝。夕昔吸緝日質掖昔舄昔 367

2170 2394 溼緝碧陌 67

2171 2395 得德息職立緝識職。席昔格陌掖昔壁錫物物 367

2172 2396 帙質十緝。咽屑 347

2173 2396 色職覓錫笛錫七質。掖昔織職昔昔日質 36

2174 2397 集緝席昔迹昔急緝。碧陌吸緝筆質翼職昔昔 367

2175 2397 簇屋束燭沐屋。竹屋玉燭綠燭 1

2176 2399 曆錫昔昔及緝力職。隔麥窄陌玉燭急緝極職 167

2177 2399 月月雪薛 4

2178 2401 躍藥落鐸 2

2179 2402 綠燭竹屋 1

282.李從周

2180 2403 匝合壓狎恰洽霎葉。鴨狎蠟盍點黠答合 5 8 9

283.盧祖皐

2181 2408 寞鐸幄覺錯鐸覺覺。薄鐸掠藥託鐸落鐸 2

2182 2408 足燭玉燭綠燭續燭。浴燭獨屋曲燭竹屋 1

2183 2408 漠鐸閣鐸約藥落鐸。薄鐸樂鐸剝覺泊鐸 2

2184 2410 玉燭簇屋谷屋沐屋淑屋獨屋。足燭燭燭續燭綠燭觸燭鵠沃 1

2185 2415 薄鐸覺覺 2

2186 2416 落鐸薄鐸 2

2187 2416 曲燭綠燭 1

2188 2416 徹薛月月 4

2189 2417 木屋沐屋獨屋目屋曲燭。玉燭觸燭足燭菊屋 1

2190 2419 碧陌璧昔幘麥客陌劇陌白陌。極職屐陌積昔籍昔識職笛錫 6

2191 2419 力職璧昔極職夕昔。昔昔迹昔得德白陌憶職 6

2192 2420 席昔客陌覓錫伯陌。黑德適昔色職力職息職 6

284.孫居敬

2193 2422 節屑闋月咽屑揭月絕薛髮月。滑黠闊末沒沒說薛月月 345

2194 2422 笛錫碧陌。摘麥尺昔 6

285.留元剛

2195 2424 曲燭屋屋玉燭綠燭。竹屋菊屋辱燭足燭熟屋 1

286.徐照

2196 2426 色職直職跡昔。滴錫隔麥息職 6

287.可旻

2197 2427 踏合髮月發月八黠薩曷。合合闊末法乏囋曷撤曷 458

2198 2427 樂鐸惡鐸鶴鐸灼藥作鐸。濁覺珞鐸角覺爍藥却藥 2

2199 2427 隻昔夕昔力職憶職翼職。億職識職直職息職碧陌 6

2200 2429 隔麥白陌策麥魄陌百陌。宅陌柏陌脈麥格陌客陌 6

2201 2429 域職飾職色職祴德佛物。溺錫識職力職夕昔碧陌 36

2202 2430 魄陌宅陌隔麥白陌客陌。獲麥拆陌窄陌迫陌擘麥 6

2203 2430 別薛節屑雪薛切屑月月。業業接葉說薛舌薛葉葉 49

288.劉學箕

2204 2434 說薛葛曷雪薛髮月月月瑟櫛。別薛合合骨沒絕薛鐵屑裂薛 3458

2205 2434 同前 3458

2206 2435 同前 3458

2207 2436 雪薛滅薛積昔絕薛。客陌北德別薛說薛 46

2208 2436 急緝力職 67

2209 2437 席昔色職白陌客陌。息職翼職側職碧陌 6

289. 林正大

2210 2439 說薛八黠客陌咽屑折薛節屑。雪薛月月北德結屑發月闊末 456

2211 2440 薄鐸寞鐸若藥酢鐸。酌藥落鐸壑鐸閣鐸樂鐸 2

2212 2447 客陌立緝惻職迹昔。適昔息職極職白陌 67

2213 2447 落鐸答合約藥廓鐸。昨鐸躍藥鶴鐸樂鐸 28

2214 2451 曲燭淥燭玉燭俗燭燭燭足燭。續燭錄燭辱燭曲燭竹屋菊屋 1

2215 2453 月月折薛缺薛別薛。結屑咽屑切屑絕薛發月 4

2216 2453 獨屋谷屋肉屋俗燭。足燭淑屋蜀燭曲燭觸燭 1

2217 2459 箔鐸樂鐸落鐸酌藥。數覺寞鐸惡鐸約藥 2

2218 2459 月月絕薛 4

290. 洪咨夔

2219 2463 約藥槊覺落鐸萼鐸箔鐸酌藥。昨鐸琢覺鵲藥鑰藥著藥鶴鐸 2

2220 2463 鶴鐸落鐸著藥薄鐸杓藥酌藥。昨鐸卻藥覺覺腳藥約藥角覺 2

2221 2464 同前 2

2222 2464 惡鐸落鐸薄鐸昨鐸。削藥覺覺壑鐸約藥酌藥 2

2223 2466 粟燭屋屋 1

2224 2467 昨鐸索鐸 2

2225 2469 綠燭屋屋。熟屋玉燭 1

291.李致遠

2226 2470 箔鐸薄鐸負有落鐸。寞鐸樂鐸託鐸卻藥 2

292.劉鎮

2227 2476 玉燭曲燭竹屋。促燭目屋綠燭 1

293.張侃

2228 2476 削藥蕚鐸蕚鐸掠藥。酌藥惡鐸惡鐸託鐸 2

294.曾揆

2229 2477 日質立緝急緝覓錫。憶職得德翼職 3 6 7

295.王武子

2230 2477 寂錫壁錫力職得德。尺昔憶職溼緝滴錫 6 7

296.卓田

2231 2479 惻職笛錫碧陌。息職色職得德 6

2232 2481 鐵屑別薛 4

2233 2481 得德石昔客陌錫錫。碧陌笛錫匹質息職 36

297. 錦溪

2234 2482 傑薛節屑月月闕月。折薛雪薛訣屑發月 4

2235 2482 瀆屋復屋玉燭錄燭。祿屋福屋簶燭綠燭祝屋 1

298. 李仲光

2236 2483 漆質狄錫。績錫一質 36

299. 彭止

2237 2487 作鐸卻藥約藥。弱藥落鐸薄鐸惡鐸 2

300. 陳韡

2238 2487 切屑雪薛碧陌息職客陌得德。識職鏑錫色職白陌國德。墨德力職勒德翼職陌陌傑薛 46

301. 方千里

2239 2489 色職食職客陌寂錫藉昔。壁錫宅陌陌陌迹昔識職 6

2240 2490 託鐸邈覺薄鐸索鐸藥藥。若藥角覺卻藥萼鐸落鐸 2

2241 2491 閣鐸幕鐸薄鐸角覺。惡鐸鑠藥落鐸握覺著藥 2

2242 2491 足燭束燭肉屋局燭。卜屋曲燭屋屋宿屋撲屋 1

2243 2491 郭鐸漠鐸落鐸角覺弱藥約藥酌藥。寞鐸閣鐸幕鐸藥藥惡鐸樂鐸 2

2244 2492 堞帖發月闋屑結屑折薛絕薛。切屑闊末咽屑別薛竭月月月疊帖歇月缺薛雪薛 4
59

2245 2493 惻職積昔國德得德識職。客陌仄職席昔適昔滴錫 6

2246 2494 屋屋熟屋速屋宿屋。束燭綠燭玉燭 1

2247 2494 跡昔客陌陌陌側職。白陌息職北德 6

2248 2497 葉葉唼葉軋黠怯業。鑷葉閱薛篋帖疊帖 459

2249 2498 鶩屋綠燭屋屋竹屋。燠屋曲燭目屋獨屋 1

2250 2501 雪薛絕薛折薛闊末節屑。血屑接葉切屑說薛別薛 459

2251 2501 燠屋沐屋熟屋逐屋菊屋。目屋玉燭曲燭卜屋矚燭 1

2252 2502 屋屋觸燭竹屋熟屋獨屋。速屋轂屋目屋曲燭國德菽屋燭燭 16

2253 2503 擲昔翼職迹昔國德澤陌陌陌惜昔隔麥。寂錫碧陌息職客陌極職幘麥側職汐昔得德
6

2254 2503 直職碧陌色職國德識職客陌尺昔。跡昔席昔食職驛職北德。惻職積昔寂錫極職笛
錫滴錫 6

2255 2505 絕薛月月發月葉葉。隔麥說薛髮月睫葉切屑結屑 469

2256 2505 曲燭綠燭 1

2257 2505 發月雪薛 4

302. 吳泳

2258 2507 迹昔溙質逸質日質。屐陌笛錫夕昔適昔一質 3 6

2259 2507 歇月節屑白陌月月 4 6

2260 2508 薄鐸覺覺角覺握覺落鐸。諤鐸閣鐸錯鐸著藥杓藥 2

2261 2508 別薛節屑月月折薛。雪薛說薛葉葉澤陌 4 6 9

2262 2508 揭月客陌怯業闋屑。月月雪薛色職滑黠 4 5 6 9

2263 2509 楫葉別薛雪薛折薛節屑。鴂屑蝶帖說薛葉葉月月 4 9

2264 2510 碌屋宿屋觸燭速屋。粟燭祿屋足燭屋屋福屋 1

2265 2510 著藥略藥腳藥槊覺。洛鐸割曷錯鐸落鐸酌藥 2 5

2266 2511 督沃郁屋宿屋曲燭。沃沃復屋蜀燭戮屋軸屋 1

2267 2512 色職拆陌摘麥索陌。宅陌客陌伯陌策麥澤陌 6

2268 2513 雪薛節屑 4

2269 2513 夕昔客陌 6

303. 程公許

2270 2514 綠燭足燭玉燭醁燭。木屋屬燭曲燭竹屋 1

304. 岳甫

2271 2516 堞帖骨沒百陌列薛。說薛末末發月闕月訣屑 3 4 5 6 9

305.岳珂

2272 2517 箔鐸閣鐸壑鐸萼鐸。幕鐸約藥摸鐸掠藥 2

2273 2517 約藥薄鐸。落鐸角覺 2

2274 2518 植職格陌額陌璧昔。客陌國德息職識職 6

306.陳以莊

2275 2519 曲燭竹屋鹿屋。祝屋目屋綠燭 1

307.許玠

2276 2520 雪薛月月 4

308.王邁

2277 2522 壁錫尺昔筆質額陌客陌碧陌。癖昔迹昔席昔得德憶職隔麥覓錫 3 6

2278 2523 立緝極職國德職職出術色職。植職力職戚錫日質碧陌弼質 3 6 7

2279 2523 月月節屑傑薛絕薛閱薛雪薛鐵屑。說薛捷葉楫葉轍薛業業葉葉 4 9

2280 2523 粟燭曲燭熟屋竹屋。燭燭祝屋籙燭鹿屋福屋 1

2281 2524 復屋木屋鶴鐸腹屋。玉燭竹屋屬燭目屋福屋 1 2

309.黃機

2282 2532 綠燭馥屋北德續燭。簇屋逐屋卜屋宿屋撲屋 1 6

2283 2532 洛鐸角覺鶴鐸昨鐸。縛藥薄鐸槊覺鍔鐸落鐸 2

2284 2533 菊屋掬屋沐屋俗燭。獨屋熟屋漉屋玉燭 1

2285 2535 日質橘術出術白陌 3 6

2286 2536 疊帖葉葉霎葉鴨狎。鴂屑雪薛歇月絕薛 4 8 9

2287 2536 月月節薛雪薛卻藥。葉葉說薛白陌燁葉 2 4 6 9

2288 2536 宿屋曲燭屋屋。足燭續燭掬屋 1

2289 2536 日質急緝客陌。得德力職笛錫 3 6 7

2290 2537 索鐸惡鐸惡鐸角覺。泊鐸約藥約藥幕鐸 2

2291 2538 碧陌折薛。白陌月月 4 6

2292 2539 淅錫滴錫 6

2293 2540 尺昔挹緝 6 7

2294 2541 日質溼緝。拾緝立緝 3 7

2295 2541 發月霎葉雪薛說薛。絕薛月月玦屑節屑 4 9

2296 2541 客陌色職。策麥滴錫 6

2297 2542 的錫色職 6

2298 2542 蝶帖雪薛月月葉葉 4 9

2299 2544 獵葉節屑說薛葉葉 4 9

310. 嚴羽

2300 2544 闋月雪薛列薛節屑。說薛絕薛缺薛別薛髮月 4

311. 嚴仁

2301 2545 國德驛昔筆質瑟櫛側職客陌。敵錫鬱物力職笛錫隔麥碧陌 36

2302 2547 脊昔碧陌宅陌笛錫。尺昔溼緝翼職伯陌 67

2303 2550 碧陌色職 6

312. 張輯

2304 2552 碧陌急緝。拍陌笛錫 67

2305 2552 碧陌側職識職。北德隔麥得德白陌 6

2306 2553 寞鐸薄鐸託鐸角覺。卻藥略藥著藥落鐸 2

2307 2553 溼緝色職尺昔直職。客陌息職碧陌日質 367

2308 2554 急緝溼緝。力職立緝 67

2309 2554 迹昔碧陌屐陌寂錫。石昔客陌隔麥尺昔 6

2310 2555 寂錫立緝立緝碧陌。極職息職息職溼緝 67

2311 2555 闊末疊帖月月。別薛節屑說薛絕薛 459

2312 2558 節屑列薛雪薛怯業。疊帖歇月鳩屑月月 49

2313 2558 碧陌驛昔客陌。日質璧昔得德 36

313. 葛長庚

2314 2561 碧陌出術適昔石陌栗質僻昔。色職笛錫白陌逸質迹昔。冪錫織職識職急緝夕昔室質 367

2315 2561 碧陌色職瑟櫛格陌一質笛錫。蹟昔錫錫伯陌覓錫寂錫石昔。石昔闃錫密質息職昔隙陌 36

2316 2565 率質忽沒紱物勃沒物物卒沒孽薛。說薛硊沒訥沒骨沒月月不物 34

2317 2568 瑟櫛白陌 36

2318 2571 曲燭木屋綠燭粟燭。熟屋足燭肉屋餗屋竹屋 1

2319 2572 闕月說薛舌薛別薛。潔屑雪薛物物折薛絕薛 34

2320 2572 落鐸落鐸鶴鐸寞鐸。壑鐸泊鐸錯鐸卻藥樂鐸 2

2321 2572 客陌側職憶職昔昔。極職的錫北德息職惻職 6

2322 2572 闕月絕薛月月潔屑。冽薛雪薛闋屑咽屑熱薛 4

2323 2574 別薛雪薛骨沒。月月折薛冽薛結屑 34

2324 2574 碧陌夕昔極職笛錫白陌息職得德翼職。席昔寂錫實質液昔惜昔識職 36

2325 2575 息職得德。惜昔識職 6

2326 2575 默德惜昔。瑟櫛得德 36

2327 2576 國德陌陌夕昔得德滴錫惜昔。笛錫瘠昔澤陌魄陌白陌碧陌 6

2328 2576 拾緝入緝泣緝熠緝粒緝睫葉。急緝浥緝立緝澀緝集緝吸緝 79

2329 2579 綠燭粟燭熟屋沐屋曲燭浴燭。矗屋北德屋屋鷟屋足燭菊屋 16

2330 2583 物物壁錫雪薛傑薛。發月滅薛髮月月月 346

2331 2583 物物壁錫雪薛傑薛。發月滅薛髮月月月 346

2332 2584 鴨狎答合蠟盍呷狎。匣狎榻盍颯合合合 8

2333 2584 別薛切屑色職闊末。結屑驛昔疊帖雪薛 4569

2334 2586 漠鐸薄鐸鶴鐸角覺。昨鐸涸鐸落鐸樂鐸 2

2335 2589 訣屑缺薛穴屑雪薛。設薛末末歇月窟沒 345

2336 2589 結屑列薛節屑雪薛徹薛洩薛。說薛月月折薛越月闕月 4

314. 劉克莊

2337 2603 日質寂錫出術憶職。蜜質壁錫乞迄率質 36

2338 2603 服屋叔屋宿屋屬燭。局燭曲燭菊屋酥燭 1

2339 2604 魄陌壁錫息職石昔。謫麥笛錫迹昔夕昔 6

2340 2612 發月別薛。月月節屑 4

2341 2612 立緝澀緝急緝級緝。什緝拾緝習緝集緝及緝 7

2342 2612 石昔癖昔坼陌得德。惜昔摘麥迹昔覓錫寂錫 6

2343 2613 麓屋獨屋竹屋北德。屋屋燭燭玉燭讀屋 16

2344 2613 法乏發月穴屑特德。說薛策麥怯業活末別薛 4 5 6 8 9
2345 2613 客陌笛錫白陌碧陌。憶職識職尺昔澤陌滌錫 6
2346 2613 一質筆質策麥客陌。職職節屑日質惜昔石昔 3 4 6
2347 2614 絕薛闊末節屑徹薛。批齊拔黠髮月列薛掇末 4 5
2348 2614 色職客陌脈麥石昔碧陌。白陌直職膝質壁錫 3 6
2349 2614 同前 3 6
2350 2614 同前 3 6
2351 2615 同前 3 6
2352 2615 同前 3 6
2353 2615 礫錫色職赤昔息職。急緝惜昔瑟櫛國德迹昔 3 6 7
2354 2616 同前 3 6 7
2355 2616 同前 3 6 7
2356 2616 同前 3 6 7
2357 2616 同前 3 6 7
2358 2617 同前 3 6 7
2359 2617 夕昔白陌色職摘麥。瑟櫛笛錫昔昔窄陌得德 3 6
2360 2618 髮月斡末活末劣薛。峽洽浙薛說薛月月穴屑 4 5 8

2361 2619 粵月浙薛發月血屑。折薛缺薛說薛別薛絕薛 4

2362 2621 客陌白陌屐陌國德。職職迹昔特德狄錫笛錫 6

2363 2621 同前 6

2364 2621 同前 6

2365 2622 同前 6

2366 2623 節屑息職極職色職敵錫匹質。窄陌日質力職拍陌夕昔得德 346

2367 2625 黑德織職尺昔色職滴錫迹昔。筆質瑟櫛客陌出術寂錫匿職 36

2368 2627 約藥絡鐸鶴鐸弱藥酌藥卻藥。藥藥作鐸落鐸著藥酢鐸錯鐸 2

2369 2627 同前 2

2370 2627 同前 2

2371 2628 毒沃鵠沃熟屋鹿屋觸燭肉屋。俗燭北德目屋木屋腹屋屬燭 16

2372 2633 錯鐸著藥腳藥幕鐸柝鐸壑鐸。穫鐸托鐸薄鐸若藥作鐸卻藥 2

2373 2634 宿屋玉燭簇燭。馥屋牧屋福屋 1

2374 2635 笛錫瑟櫛 36

2375 2636 合合臘盍 8

2376 2639 壑鐸閣鐸藥藥腳藥。橐鐸作鐸雀藥酌藥 2

2377 2640 福屋讀屋。目屋局燭 1

2378 2640 犢屋福屋。讀屋局燭 1
2379 2641 軸屋讀屋。谷屋熟屋 1
2380 2641 尺昔得德。錫錫膝質 3 6
2381 2641 集緝急緝。入緝立緝 7
2382 2643 迹昔色職極職碧陌 6
2383 2643 鶴鐸落鐸薄鐸惡鐸 2
2384 2644 尺昔赤昔。力職敕職 6
2385 2644 燭燭局燭 1
2386 2644 絕薛歇月歇月節屑。血屑雪薛雪薛月月 4
2387 2644 節屑別薛別薛絕薛。帖帖說薛說薛月月 4 9
2388 2644 滑黠發月發月折薛。歇月說薛說薛絕薛 4 5
2389 2644 薄鐸昨鐸昨鐸角覺。摸鐸錯鐸錯鐸著藥 2
2390 2645 約藥絡鐸鶴鐸弱藥酌藥却藥。藥藥作鐸落鐸著藥酢鐸錯鐸 2
2391 2646 額陌特德識職百陌。撇屑業業笏沒實質 3 4 6 9

315. 陽枋

2392 2649 節屑業業 4 9

316. 周端臣

2293 2649 速屋觸燭簇屋綠燭。曲燭竹屋卜屋搉屋 1

317.趙福元

2394 2652 筆質一質 3

318.李億

2395 2652 葉葉滅薛客陌色職。得德入緝日質息職 3 4 6 7 9

319.馮取洽

2396 2654 翼職石昔尺昔色職敕職識職。溼緝膈麥室質客陌筆質逸質 3 6 7

320 趙以夫

2397 2660 薄鐸蕚鐸削藥錯鐸洛鐸。惡鐸幕鐸樂鐸勺藥著藥閣鐸漠鐸 2

2398 2661 月月潔屑徹薛絕薛。雪薛說薛裂薛節屑 4

2399 2661 客陌力職息職拆陌。色職得德白陌拍陌 6

2400 2662 屐陌極職滴錫北德碧陌摘麥。迹昔日質昔昔舄昔得德 3 6

2401 2663 薄鐸蕚鐸著藥落鐸彴藥邈覺閣鐸壑鐸。索鐸酌藥削藥漠鐸鶴鐸約藥箔鐸寞鐸角覺

2

2402 2667 綠燭獨屋曲燭馥屋玉燭足燭。沐屋竹屋木屋酥燭屋屋谷屋 1

2403 2668 同前 1

2404 2668 客陌窄陌擘麥敵錫集緝席昔。白陌色職惜昔得德溼緝食職 6 7

2405 2669 漠鐸落鐸壑鐸閣鐸勺藥。萼鐸樂鐸約藥角覺 2

2406 2669 落鐸覺覺約藥箔鐸酌藥。薄鐸昨鐸角覺薄鐸托鐸卻藥 2

2407 2670 食職摘麥億職蜜質。惻職色職勒德易昔 36

2408 2672 絕薛織職席昔色職腋昔客陌。物物碧陌昔昔極職北德夕昔月月 346

2409 2672 咽屑別薛說薛月月。結屑節屑歇月劣薛雪薛 4

2410 2673 色職極職伯陌迹昔敵錫。碧陌汐昔惻職北德滴錫 6

2411 2673 極職色職得德白陌夕昔。拍陌激錫國德碧陌笛錫 6

2412 2675 雪薛絕薛屑屑月月。發月滑黠襪月歇月 45

321. 張榘

2413 2677 色職得德宅陌識職舄昔隔麥。掖昔北德客陌憶職席昔折薛食職 46

2414 2677 色職織職憶職逸質拍陌碧陌。翼職棘職檄錫急緝入緝舄昔側職 367

2415 2679 節屑別薛說薛劣薛。設薛悅薛切屑裂薛 4

2416 2679 同前 4

2417 2679 摺葉月月 49

2418 2680 同前 49

2419 2680 同前 49

2420 2682 識職白陌雪薛客陌迹昔織職。伯陌得德擲昔翼職沒沒劇陌 346

2421 2682 格陌拆陌客陌白陌。得德宅陌翮麥北德 6

2422 2683 節屑月月洩薛發月闊末說薛。摺葉轍薛徹薛闕月切屑結屑折薛 459

2423 2683 客陌幄覺漠鐸白陌鬲麥約藥郭鐸。麥麥洛鐸涸鐸略藥覺覺合合 268

2424 2684 迹昔歷錫客陌月月 46

2425 2685 月月節屑悅薛滑黠。鉞月雪薛折薛缺薛說薛 45

2426 2686 璧昔績錫翼職北德。得德力職臆職極職澤陌 6

322. 黃載

2427 2690 寂錫碧陌極職息職色職。昔昔壁錫笛錫驛昔碧陌 6

323. 俞文豹

2428 2690 色職勒德憶職碧陌客陌索陌息職笛錫 6

324. 吳淵

2429 2691 絕薛冪錫骨沒蝶帖雪薛。得德力職植職折薛拂物節屑 3469

2430 2692 豁末絕薛設薛羯月。傑薛鑷葉節屑發月 459

2431 2693 食職笛錫滴錫客陌。昔昔覓錫日質迹昔擲昔 36

2432 2693 同前 36

325. 杜東

2433 2695 席昔日質色職極職國德。息職尺昔澤陌億職 36

326. 樓采

2434 2696 急緝澀緝。力職立緝 6 7

327. 雷應春

2435 2697 澀緝席昔。出術識職 3 6 7

328. 游文仲

2436 2698 節屑闋屑伯陌八黠。說薛百陌額陌ノ屑 4 5 6

329. 劉清夫

2437 2698 雪薛絕薛別薛折薛。節屑月月潔屑發月 4

330. 周文謨

2438 2700 覺覺弱藥昨鐸索鐸。著藥落鐸惡鐸閣鐸 2

331. 李好古

2439 2701 木屋獨屋曲燭谷屋。鵠沃北德卜屋犢屋 1 6

2440 2702 石昔笠緝識職覓錫。髮月碧陌客陌食職 4 6 7

2441 2703 竹屋曲燭 1

2442 2703 惜昔拾緝 6 7

332. 劉子寰

2443 2704 幄覺藥藥洛鐸若藥。弱藥樂鐸薄鐸落鐸 2

2444 2706 絕薛末末雪薛沒沒闊末物物。石昔色職月月忽沒劣薛髮月 3456

2445 2706 續燭玉燭掬屋竹屋。燠屋俗燭谷屋浴燭菊屋 1

2446 2706 漠鐸薄鐸惡鐸。寞鐸落鐸索鐸 2

333. 尹煥

2447 2708 靨葉熱薛屑屑葉葉月月闕月扌絕薛。絕薛別薛篋帖席昔蝶帖骨沒雪薛說薛 346

9

334. 哀長吉

2448 2717 雪薛節屑傑薛月月潔屑骨沒訣屑。說薛閱薛業業烈薛物物葉葉 349

335. 李義山

2449 2718 藥藥箔鐸幕鐸。酌藥郭鐸著藥約藥 2

336. 徐經孫

2450 2720 拙薛折薛說薛閱薛。悅薛笏沒月月劣薛 34

2451 2720 色職竭月 46

337. 張□□

2452 2722 發月著藥髮月嶽覺傑薛。說薛闥曷法乏刹鎋薩曷 2458

338. 趙某

2453 2722 碧陌石昔客陌 6

339. 吳潛

2454 2725 閣鐸作鐸落鐸昨鐸。索鐸泊鐸莫鐸著藥角覺 2
2455 2725 食職笛錫滴錫客陌。昔昔覓錫日質迹昔擲昔 3 6
2456 2725 曲燭屋屋玉燭綠燭。菊屋竹屋辱燭足燭熟屋 1
2457 2725 物物羯月葛曷鉢末。闊末絕薛傑薛折薛說薛 3 4 5
2458 2726 碌屋宿屋觸燭速屋。粟燭祿屋足燭屋屋福屋 1
2459 2726 葉葉咽屑說薛隔麥。鋏帖髮月闊末轍薛別薛 4 5 6 9
2460 2726 幕鐸落鐸薄鐸霍鐸。角覺闊末著藥惡鐸莫鐸 2 5
2461 2727 夕昔碧陌物物職職。昔昔客陌笛錫拍陌憶職 3 6
2462 2727 閣鐸幕鐸角覺卻藥。貉鐸鶴鐸著藥摸鐸落鐸 2
2463 2727 息職拆陌色職客陌。笛錫寂錫白陌得德識職 6
2464 2727 惡鐸作鐸落鐸泊鐸。薄鐸著藥酌藥約藥削藥 2
2465 2730 玉燭束燭綠燭俗燭竹屋足燭。簇屋燭燭馥屋促燭粟燭續燭 1
2466 2732 陌陌坼陌白陌色職。客陌液昔隔麥惻職 6
2467 2732 拾緝碧陌拍陌歷錫。擲昔客陌惻職側職 6 7
2468 2734 節屑客陌別薛歇月折薛。說薛絕薛隔麥疊帖咽屑 4 6 9
2469 2736 屋屋簇屋目屋足燭。醁燭熟屋曲燭束燭 1

2470 2736 惡鐸落鐸索鐸角覺。昨鐸託鐸卻藥著藥 2

2471 2736 箔鐸落鐸寞鐸角覺。覺覺薄鐸鶴鐸錯鐸 2

2472 2737 滴錫笛錫笛錫織職。息職覓錫覓錫得德 6

2473 2738 闢昔碧陌昔昔。擲昔弈昔得德 6

2474 2738 角覺箔鐸薄鐸。泊鐸莫鐸錯鐸 2

2475 2738 撲屋足燭局燭熟屋。簇屋屋屋續燭綠燭 1

2476 2739 漠鐸幕鐸蓴鐸寞鐸寞鐸昨鐸 2

2477 2739 寂錫食職擲昔擲昔擲昔得德 6

2478 2743 足燭束燭玉燭局燭。服屋曲燭屋屋宿屋撲屋 1

2479 2744 食職笛錫滴錫客陌。昔昔覓錫日質迹昔擲昔 36

2480 2745 同前 36

2481 2747 綠燭六屋淥燭足燭曲燭溽燭。歘燭熟屋目屋竹屋築屋國德 16

2482 2748 屋屋浴燭玉燭熟屋曲燭竹屋。蹙屋獨屋束燭綠燭觸燭簌屋 1

2483 2748 色職笛錫折薛筆質席昔。寂錫積昔憶職碧陌得德 346

2484 2749 玉燭宿屋竹屋北德獨屋。綠燭屋屋曲燭幅屋 16

2485 2749 色職笛錫折薛筆質席昔。寂錫積昔憶職碧陌得德 346

2486 2749 同前二 16

2487 2749 同前二 346
2488 2750 同前二 16
2489 2750 同前二 346
2490 2750 同前二 16
2491 2751 疊帖箔鐸答合鴨狎合合帀合。洽洽壓狎頰帖屧帖插洽 289
2492 2753 日質吉質必質唧質。溢質秩質一質畢質拾緝 37
2493 2753 同前 37
2494 2755 月月節屑徹薛別薛。揭月洩薛澈薛竭月穴屑 4
2495 2755 足燭沐屋粟燭獨屋。簇屋掬屋逐屋福屋燭燭 1
2496 2756 蒻鐸託鐸摸鐸著藥。邈覺惡鐸錯鐸角覺樂鐸 2
2497 2756 同前 2
2498 2756 同前 2
2499 2757 角覺索鐸約藥泊鐸。惡鐸薄鐸幄覺樂鐸卻藥 2
2500 2757 白陌別薛月月說薛。挈屑徹薛客陌窄陌隔麥 46
2501 2757 竹屋綠燭玉燭宿屋。牧屋祿屋足燭福屋隩屋 1
2502 2758 酌藥箔鐸卻藥籜鐸。閣鐸約藥託鐸索鐸 2
2503 2759 鴿錫碧陌織職色職。夕昔日質力職一質 36

2504 2759 徹薛雪薛結屑列薛。說薛鴂屑屧帖別薛 49

2505 2761 月月徹薛絕薛。潔屑發月說薛 4

2506 2761 同前 4

2507 2761 月月屑屑列薛。折薛絕薛說薛 4

2508 2761 同前 4

2509 2761 徹薛屑屑絕薛。雪薛席昔月月 46

2510 2761 同前 46

2511 2761 簇屋燭燭足燭。宿屋局燭束燭 1

2512 2762 月月熱薛闕月。鐵屑別薛雪薛 4

2513 2762 同前 4

2514 2765 熱薛月月闕月雪薛滅薛揭月。歇月缺薛訣屑別薛說薛絕薛 4

2515 2766 月月絕薛熱薛。冽薛說薛闋屑 4

2516 2766 索鐸幕鐸角覺。薄鐸託鐸落鐸 2

2517 2766 同前 2

2518 2766 角覺幕鐸薄鐸。樂鐸落鐸昨鐸 2

2519 2766 同前 2

2520 2767 同前 2

2521 2767 澀緝入緝。泣緝立緝 7

2522 2767 同前 7

2523 2767 國德沐屋續燭簇屋曲燭。局燭蹙屋宿屋逐屋幅屋 16

2524 2768 索鐸幕鐸角覺。薄鐸託鐸落鐸 2

340. 王柏

2525 2775 白陌客陌隔麥月月。接葉格陌歇月徹薛 469

341. 曾原一

2526 2776 落鐸覺覺 2

342. 陳東甫

2527 2783 竹屋矗屋曲燭玉燭。燭燭續燭菊屋宿屋 1

343. 李曾伯

2528 2785 白陌色職隔麥北德。迹昔役昔歷錫夕昔笛錫 6

2529 2785 同前 6

2530 2785 同前 6

2531 2787 覓錫客陌色職憶職。識職北德迹昔澀緝 67

2532 2787 福屋蜀燭粟燭綠燭。菊屋熟屋竹屋曲燭 1

2533 2788 祏昔立緝磧昔色職。賊德績錫日質黑德 367

2534 2788 蜀燭淑屋足燭曲燭。馥屋燭燭菊屋綠燭 1

2535 2788 石昔立緝色職昔昔。別薛北德席昔翼職 467

2536 2801 力職筆質碧陌識職。客陌役昔迹昔室質覓錫 36

2537 2802 格陌白陌力職識職。月月雪薛折薛術術色職 346

2538 2802 壑鐸著藥樂鐸莫鐸。惡鐸薄鐸錯鐸覺覺鶴鐸 2

2539 2802 同前 2

2540 2803 同前 2

2541 2803 同前 2

2542 2804 碧陌闥曷髮月徹薛。別薛北德策麥國德 456

2543 2805 雪薛髮月葉葉絕薛。疊帖業業節屑月月 49

2544 2806 碧陌色職昔昔闕月。客陌息職北德一質識職夕昔 346

2545 2807 色職識職。隔麥得德 6

2546 2811 棘職壁錫入緝力職。勣錫逖錫敵錫積昔石昔 67

2547 2811 白陌出術色職特德。力職極職格陌息職立緝 367

2548 2811 同前 367

2549 2814 別薛節屑折薛切屑月月闊末。悅薛設薛熱薛峽洽拙薛啜薛 458

2550 2815 烈薛屑屑別薛月月。潔屑悅薛折薛絕薛 4

2551 2815 同前 4

2552 2815 同前 4

2553 2816 色職白陌溼緝忒德物物識職力職。適昔特德食職急緝寂錫。亦昔得德格陌一質席昔惜昔 367

2554 2817 益昔壁錫色職檄錫脈麥策麥。錫錫佛物力職戟陌蹟昔。石昔績錫極職席昔翼職域職 36

2555 2819 肅屋矗屋國德牧屋福屋。速屋囑燭軸屋竹屋逐屋肉屋蜀燭 16

2556 2823 十緝亦昔役昔極職。息職食職寂錫適昔物物 367

2557 2824 白陌色職入緝德德。客陌役昔出術尺昔伯陌 367

2558 2824 同前 367

2559 2824 同前 367

2560 2824 同前 367

2561 2824 同前 367

2562 2824 同前 367

2563 2824 同前 367

2564 2824 同前 367

344. 趙崇嶓

2565 2831 泄薛雪薛結屑劣薛。絕薛節屑纈屑月月 4

2566 2831 薄鐸惡鐸落鐸覺覺。樂鐸鵲藥託鐸角覺 2

2567 2832 綠燭玉燭蔌屋粟燭 1

2568 2833 揭月雪薛月月髮月襪月滅薛。絕薛結屑血屑歇月越月闊末 45

345. 方岳

2569 2834 雪薛屑屑絕薛月月。笏沒屐陌歇月葉葉拙薛 3469

2570 2834 息職色職得德節屑。憶職激錫急緝發月日質 3467

2571 2838 惻職客陌急緝碧陌。白陌憶職隔麥席昔 67

2572 2839 雪薛節屑絕薛絕薛絕薛說薛 4

2573 2840 客陌屐陌側職息職畫麥策麥。極職傑薛雪薛白陌勒德液昔 46

2574 2840 落鐸角覺壑鐸鶴鐸著藥略藥。錯鐸嚼藥惡鐸卻藥約藥作鐸 2

2575 2842 卻藥樂鐸昨鐸角覺。琢覺壑鐸鶴鐸作鐸 2

2576 2842 月月闕月掣薛接葉。雪薛絕薛髮月說薛 49

2577 2842 麓屋足燭熟屋綠燭碌屋。屋屋局燭竹屋玉燭 1

2578 2843 幄覺握覺托鐸擢覺。約藥幕鐸渥覺酌藥 2

2579 2843 壁錫筆質織職極職。色職息職白陌易昔 36

2580 2844 切屑葉葉滅薛雪薛客陌。節屑結屑疊帖絕薛月月 469

2581 2845 節屑歇月息職碧陌。客陌幘麥閣鐸月月結屑　246

2582 2846 節屑碧陌色職日質傑薛特德伯陌。得德墨德幕鐸隔麥尺昔列薛　2346

2583 2847 一質日質十緝。碧陌息職夕昔　367

2584 2847 月月雪薛　4

2585 2849 莢帖節屑熱薛頰帖。列薛訣屑德德百陌　469

346. 徐寶之

2586 2851 雪薛靨葉蝶帖說薛。結屑潔屑徹薛節屑。色職裂薛別薛陌陌。折薛月月惻職咽屑
469

347. 趙孟堅

2587 2855 惡鐸著藥。索鐸卻藥　2

348. 馬光祖

2588 2857 作鐸索鐸　2

349. 蕭崱

2589 2858 碧陌得德入緝溼緝。密質植職出術色職窄陌　367

350. 蕭泰來

2590 2858 雪薛折薛徹薛。絕薛別薛月月說薛　4

351. 徐元杰

2591 2860 客陌得德息職著藥。脚藥摸鐸閣鐸作鐸昨鐸 26

352.許棐

2592 2864 雪薛月月節屑 4

2593 2865 約藥掠藥 2

353.陳策

2594 2866 掠藥幕鐸薄鐸惡鐸。託鐸泊鐸摸鐸昨鐸索鐸 2

354.李昴英

2595 2867 幕鐸落鐸薄鐸惡鐸弱藥泊鐸。約藥鵲藥各鐸錯鐸閣鐸。酌藥脚藥學覺嚼藥卻藥諾鐸 2

2596 2868 玉燭曲燭沐屋獨屋俗燭淑屋。馥屋簌燭溽燭浴燭熟屋燭燭 1

2597 2869 說薛屑屑雪薛物物擷屑絕薛。潔屑月月烈薛穴屑汩沒節屑 34

2598 2869 溼緝入緝集緝隰緝笈緝及緝。翕緝拾緝十緝急緝立緝吸緝 7

2599 2869 同前 7

2600 2871 膝質秩質佛物逸質。紼物碧陌溢質實質 36

2601 2872 節屑雪薛月月絕薛。戛黠狎狎闊末設薛折薛 458

355.吳文英

2602 2874 沐屋屋屋玉燭曲燭。宿屋燭燭斛屋掬屋綠燭 1

2603 2875 璧昔隙陌色職碧陌幘麥尺昔額陌。客陌識職屐陌石昔笛錫白陌 6

2604 2876 窄陌澤陌翮麥陌陌迹昔。壁錫碧陌憶職昔昔幘麥客陌直職得德 6

2605 2877 滅薛抹末雪薛節屑。說薛脫末別薛闋月月月 45

2606 2877 薄鐸邈覺白陌落鐸角覺。索鐸覺覺約藥躍藥萼鐸 26

2607 2877 結屑極職色職北德憶職。擲昔白陌碧陌汐昔得德 46

2608 2877 獵葉邑緝牒帖泣緝入緝。篋帖帖帖楫葉業業葉葉 79

2609 2878 束燭竹屋宿屋燭燭玉燭。獨屋屋屋軸屋菊屋 1

2610 2885 寂錫壁錫索陌碧陌。色職識職隔麥籍昔客陌 6

2611 2887 陌陌色職客陌窄陌碧陌。隔麥壁錫寂錫笛錫滴錫 6

2612 2889 織職側職翼職尺昔迹昔。北德客陌擘麥夕昔碧陌 6

2613 2889 北德綠燭僨屋幅屋。谷屋墨德國德足燭 16

2614 2890 滑黠裂薛掣薛闊末說薛月月。折薛熱薛絕薛闋屑纈屑節屑。襪月竭月別薛雪薛
45

2615 2892 碧陌宅陌席昔璧昔識職。客陌織職液昔著藥極職窄陌色職 26

2616 2894 額陌窄陌笛錫。陌陌惜昔拍陌 6

2617 2898 食職陌陌。白陌客陌 6

2618 2898 色職藉昔。抑職側職 6

2619 2900 笏沒筆質轍薛潔屑月月。節屑葛曷雪薛歇月熱薛玦屑 345

2620 2901 覺覺約藥萼鐸蒻藥。魄鐸幕鐸酌藥角覺 2

2621 2902 葺緝闔盍澀緝疊帖壓葉。急緝葉葉帖帖接葉入緝蠟盍帀合 789

2622 2902 一質雪薛裂薛筆質月月。徹薛闕月節屑闊末 345

2623 2902 綠燭束燭玉燭谷屋。幅屋屋屋宿屋曲燭 1

2624 2903 白陌碧陌約藥陌陌迹昔。側職色職寂錫北德識職 26

2625 2904 側職色職窄陌抑職碧陌憶職。酌藥滴錫飾職瑟櫛白陌翼職識職得德北德 236

2626 2909 落鐸萼鐸幄覺泊鐸。角覺約藥薄鐸漠鐸雀藥酌藥 2

2627 2918 別薛雪薛絕薛節屑折薛。越月結屑噎屑闊末月月 45

2628 2925 澀緝狹洽入緝葉葉。篋帖榻盍盍盍澀緝睫葉 789

2629 2927 闊月葉葉澀緝合合涉葉疊帖。怯業壓葉摺葉招洽 4789

2630 2927 越月纈屑折薛咽屑。別薛闊末結屑月月 45

2631 2928 急緝得德拭職迹昔。碧陌識職窄陌惜昔 67

2632 2931 客陌寂錫急緝。色職白陌織職 67

2633 2933 日質色職織職結屑。咽屑澀緝得德拾緝物物 3467

2634 2934 躍藥閣鐸作鐸陌陌。鍔鐸樂鐸昨鐸幄覺 26

2635 2935 掣薛滅薛節屑揭月熱薛纈屑闕月徹薛。歇月髮月別薛鴂屑襪月絕薛月月雪薛結屑

4

2636 2936 發月密質闊末筆質。月月雪薛葛曷歇月折薛 345

2637 2937 葉葉屧帖涉葉。立緝箑葉疊帖浹帖 79

2638 2938 滑黠折薛沫末。闊末撥末別薛月月 45

2639 2938 弱藥角覺謔藥幄覺。覺覺陌陌薄鐸萼鐸 26

2640 2939 織職力職。碧陌鶒職 6

2641 2940 託鐸薄鐸約藥幕鐸。角覺削藥著藥落鐸 2

356. 翁元龍

2642 2940 碧陌迹昔。窄陌白陌 6

2643 2943 發月缺薛 4

2644 2943 集緝立緝 7

357. 潘牥

2645 2950 約藥落鐸 2

358. 趙希彭

2646 2950 色職客陌脈麥石昔。白陌碧陌直職膝質壁錫 36

2647 2951 劇陌粒緝碧陌色職滴錫一質側職 367

359. 劉瀾

2648 2952 碧陌脈麥側職白陌。客陌極職敵錫笛錫 6

2649 2952 足燭獨屋玉燭沐屋淑屋卜屋鵠沃。蹙屋屋屋國德續燭曲燭燭燭 16

360. 施樞

2650 2955 實質覓錫逸質筆質額陌。白陌寂錫積昔息職 36

361. 劉子寶

2651 2956 簇燭軸屋國德叔屋。綠燭木屋速屋福屋 16

362. 王氏

2652 2961 碧陌北德 6

363. 章謙亨

2653 2965 折薛別薛舌薛月月。雪薛節屑怯業結屑 49

2654 2966 物物壁錫雪薛傑薛。發月滅薛髮月月月 346

2655 2966 靸合葉葉答合合合。霎葉折薛鴨狎壓葉壓狎疊帖 489

364. 楊伯喦

2656 2968 葉葉雪薛別薛。帖帖絕薛月月 49

365. 李彭老

2657 2970 月月說薛缺屑。別薛雪薛咽屑 4

366. 李萊老

2658 2973 曲燭綠燭屋屋竹屋谷屋獨屋。木屋北德熟屋續燭宿屋玉燭 16

2659 2973 葉葉結屑。月月疊帖 49

2660 2975 鶒職碧陌溼緝。立緝極職迹昔笛錫 67

367.黃應武

2661 2975 結屑立緝擘麥跡昔。碧陌得德闋月壁錫 467

368.鄧有功

2662 2977 惡鐸索鐸落鐸。酌藥泊鐸託鐸角覺 2

2663 2978 急緝擲昔憶職蹟昔。力職夕昔溼緝日質 367

369.湯恢

2664 2979 藉昔食職色職碧陌。陌陌勒德日質極職白陌 36

2665 2979 鴨狎雪薛節屑。別薛月月折薛鴂屑 48

2666 2979 溼緝藉昔白陌。窄陌得德隔麥色職 67

370 李演

2667 2980 谷屋續燭熟屋穀屋綠燭。曲燭屋屋玉燭竹屋 1

371.衞宗武

2668 2983 日質十緝集緝適昔。窟沒筆質失質笏沒抑職 367

2669 2984 穆屋煜屋斛屋續燭玉燭祝屋。綠燭馥屋笏沒復屋足燭鹿屋 13

372.利登

2670 2985 客陌陌陌 6

373.劉浩

2671 2988 掬屋腹屋谷屋簶燭。縮屋獨屋曲燭玉燭祝屋 1

374.黃昇

2672 2992 翼職石昔尺昔色職敕職識職。溼緝膈麥室質客陌筆質碧陌 367

2673 2996 寂錫泣緝入緝一質 367

2674 2997 結屑節屑節屑月月。闕月說薛說薛髮月 4

2675 2997 竹屋宿屋 1

2676 2998 雪薛月月 4

2677 2998 客陌夕昔 6

375.楊澤民

2678 3000 色職食職客陌寂錫藉昔。壁錫宅陌陌陌跡昔識職 6

2679 3001 託鐸邈覺薄鐸索鐸藥藥。若藥角覺卻藥萼鐸落鐸 2

2680 3002 閣鐸幕鐸薄鐸角覺。惡鐸鑠藥落鐸握覺著藥 2

2681 3002 足燭束燭肉屋局燭。卜屋曲燭屋屋宿屋撲屋 1

2682 3002 郭鐸漠鐸落鐸角覺弱藥約藥酌藥。閣鐸幕鐸藥藥惡鐸樂鐸 2

2683 3003 堞帖發月闋屑結屑折薛絕薛。切屑闊末咽屑別薛竭月月月疊帖歇月缺薛色職雪薛 4 5 6 9

2684 3004 惻職積昔國德得德識職。客陌仄職席昔適昔滴錫 6

2685 3005 屋屋熟屋速屋宿屋。束燭綠燭玉燭 1

2686 3005 跡昔客陌陌陌側職。白陌息職北德 6

2687 3008 葉葉唼葉軋黠怯業。鑷葉闋薛篋帖疊帖 4 5 9

2688 3009 鷺屋綠燭屋屋竹屋。燠屋曲燭目屋獨屋 1

2689 3012 雪薛絕薛折薛闊末節屑。血屑接葉切屑說薛別薛 4 5 9

2690 3012 燠屋沐屋熟屋逐屋菊屋。目屋玉燭曲燭卜屋矚燭 1

2691 3013 屋屋觸燭竹屋熟屋獨屋。速屋轂屋目屋曲燭國德蔌屋燭燭 1 6

2692 3014 擲昔翼職跡昔國德澤陌陌陌惜昔隔麥。寂錫碧陌息職客陌極職幘麥側職汐昔得德 6

2693 3014 直職碧陌色職國德客陌尺昔。跡昔席昔食職驛昔北德。惻職積昔寂錫極職笛錫滴錫 6

2694 3016 絕薛月月發月葉葉。蹙屋說薛髮月睫葉切屑結屑 1 4 9

2695 3016 曲燭綠燭 1

2696 3016 發月雪薛 4

376. 陳郁

2697 3017 寞鐸壑鐸掠藥約藥。略藥藥藥著藥幄覺樂鐸 2

377. 馮偉壽

2698 3018 劣薛折薛得德色職絕薛。額陌結屑貼帖月月葉葉 469

378. 陳景沂

2699 3022 驛昔役昔北德識職憶職。則職壁錫的錫得德 6

379. 松洲

2700 3022 跡昔驛昔的錫笛錫。一質昔昔得德碧陌 36

380. 王淮

2701 3023 食職笛錫滴錫客陌。昔昔覓錫日質跡昔擲昔 36

381. 柴望

2702 3026 食職驛昔迹昔藉昔識職。歷錫漬寘憶職客陌碧陌 6

2703 3027 闊末閣鐸曲燭。得德色職泊鐸別薛角覺 12456

2704 3028 色職昨鐸祚鐸索鐸託鐸。雀藥幕鐸泊鐸發月玉燭 1246

2705 3028 瀝錫色職極職尺昔笛錫。覓錫擲昔璧昔碧陌寂麥 6

382. 張樞

2706 3031 怯業帖帖貼帖葉葉。踥帖褶帖蝶帖捻帖 9

2707 3031 獨屋燭燭六屋北德　1 6

383. 葉隆禮

2708 3031 直職碧陌色職國德客陌尺昔。跡昔席昔食職結屑驛昔北德。惻職積昔寂錫極職笛錫滴錫　4 6

384. 家鉉翁

2709 3032 一質迹昔隔麥息職。昔昔席昔集緝石昔　3 6 7

2710 3032 惡鐸得德泣緝蹕質。迹昔色職樂鐸昨鐸　2 3 6 7

385. 石正倫

2711 3033 碧陌滴錫翼職力職　6

2712 3033 目屋簇屋谷屋馥屋掬屋穀屋沐屋。浴燭逐屋幅屋鵠沃躅燭宿屋曲燭綠燭　1

386. 陳著

2713 3035 物物忽沒兀沒髮月月月。骨沒笏沒屋屋貌覺發月鵠沃鉢末佛物　1 2 3 4 5

2714 3037 壑鐸蒻鐸酌藥鶴鐸。脚藥著藥角覺槖鐸約藥　2

2715 3038 角覺閣鐸幕鐸格陌。宅陌卻藥藉昔約藥　2 6

2716 3038 北德目屋燭燭足燭。竹屋築屋俗燭福屋　1 6

2717 3039 竹屋俗燭熟屋卜屋。足燭辱燭碌屋目屋　1

2718 3039 礴鐸壓狎北德柝鐸。樂鐸錯鐸拍陌鶴鐸　2 6 8

2719 3039 極職設薛活末契屑。月月雪薛節屑折薛闕月 4 5 6

2720 3042 咽屑發月雪薛。別薛說薛血屑月月 4

2721 3042 切屑別薛。熱薛發月 4

2722 3043 迹昔客陌 6

2723 3043 箔鐸鶴鐸樂鐸著藥。渥覺額陌醵藥弱藥 2 6

2724 3045 格陌拍陌寂錫索陌特德得德。色職一質席昔率質日質 3 6

2725 3049 別薛說薛月月鴂屑。雪薛咽屑活末節屑 4 5

2726 3050 碧陌腋昔拆陌隔麥。著藥昨鐸拍陌卻藥 2 6

2727 3051 曲燭屋屋玉燭綠燭。菊屋竹屋辱燭足燭熟屋 1

2728 3051 著藥錯鐸髮月渥覺學覺。甲狎約藥樂鐸酌藥拍陌 2 4 6 8

2729 3051 幄覺落鐸萼鐸託鐸。鶴鐸昨鐸樂鐸覺覺 2

387. 王義山

2730 3058 月月遏曷疊帖絕薛。宅陌說薛壑鐸達曷 2 4 5 6 9

2731 3059 癖昔屐陌一質尺昔激錫石昔。識職物物歷錫迹昔壁錫筆質 3 6

2732 3059 疊帖嶭薛徹薛潑末。獨屋設薛說薛月月 1 4 5 9

2733 3060 醁燭曲燭浴燭欲燭足燭續燭。族屋目屋六屋目屋福屋讀屋 1

2734 3065 植職拭職日質匹質。的錫摘麥得德極職 3 6

2735 3065 佛物絕薛折陌雪薛。列薛爇薛屑屑訣屑 3 4 6

2736 3065 植職織職色職覓錫。的錫摘麥惜昔碧陌 6

388.胡翼龍

2737 3069 歇月別薛結屑接葉闊末髮月鴂屑。節屑絕薛闋屑設薛雪薛閱薛發月月月 4 5 9

2738 3069 葉葉迹昔得德。黑德墨德碧陌 6 9

389.劉之才

2739 3070 夕昔碧陌昔昔色職識職尺昔。積昔墨德隔麥邑緝國職寂錫笛錫翼職驛昔役昔溼緝 6 7

2740 3071 溼緝接葉匝合黠黠摺葉。滅薛歇月愜帖襪月霎葉 4 5 7 8 9

390.羅椅

2741 3073 角覺落鐸 2

391.張紹文

2742 3074 闕月月月別薛發月。悅薛闋屑物物潔屑 3 4

392.張矩

2743 3086 客陌陌陌索陌窄陌覺覺。泊鐸約藥昨鐸酌藥落鐸 2 6

2744 3086 織職蹟昔逼職歷錫色職。滴錫闃錫碧陌識職笛錫 6

2745 3086 簇屋沐屋北德玉燭竹屋。曲燭目屋足燭屋屋燭燭 1 6

2746 3087 角覺郭鐸薄鐸落鐸昨鐸。約藥幕鐸泊鐸錯鐸惡鐸 2

2747 3087 續燭麴屋綠燭矗屋熟屋。曲燭燠屋目屋觸燭卜屋 1

2748 3087 唼狎怯業匝合接葉楫葉。堞帖葉葉愜帖摺葉疊帖 89

2749 3087 色職北德迹昔得德勒德。識職碧陌憶職拆陌隙陌 6

2750 3088 別薛鐵屑結屑舌薛歇月。揭月屑屑說薛闕月月月 4

2751 3088 室質色職憶職坼陌識職。席昔碧陌滴錫覓錫得德 36

2752 3088 北德極職碧陌屐陌隔麥。筆質翼職客陌尺昔得德 36

393. 姚勉

2753 3090 豁末發月闊末。抹末活末滑黠月月 45

2754 3090 曲燭鵠沃肅屋屋屋玉燭服屋。簇屋蹙屋綠燭馥屋福屋局燭 1

2755 3091 熱薛悅薛發月絕薛。白陌闕月墨德客陌 46

2756 3091 熟屋玉燭酥燭祝屋。曲燭籙燭足燭祿屋福屋 1

2757 3096 白陌額陌色職摘麥屐陌拍陌。得德識職隔麥窄陌惜昔客陌 6

394. 陳允平

2758 3098 閣鐸魄陌箔鐸掠藥陌陌。落鐸鵲藥鑰藥覺覺窄陌約藥薄鐸鶴鐸 26

2759 3099 玉燭宿屋竹屋北德獨屋。淥燭屋屋曲燭幅屋 16

2760 3099 色職笛錫摘麥筆質席昔。國德寂錫積昔泣緝憶職碧陌得德 367

2761 3100 歇月切屑節屑闕月月月。骨沒屑屑越月雪薛折薛 3 4

2762 3102 闃錫色職魄陌迹昔碧陌。翼職夕昔窄陌笛錫 6

2763 3108 雪薛纈屑節屑。絕薛折薛月月闕月 4

2764 3109 足燭玉燭沐屋俗燭。獨屋局燭屋屋菊屋綠燭 1

2765 3111 碧陌陌陌滴錫織職客陌極職。北德額陌翼職得德宅陌。夕昔夕昔席昔色職息職液
昔 6

2766 3114 葉葉唼葉軋黠怯業。鑷葉閱薛篋帖疊帖 4 5 9

2767 3115 直職碧陌色職國德客陌尺昔。迹昔席昔食職驛昔北德。惻職積昔寂錫極職笛錫滴
錫 6

2768 3117 擲昔翼職迹昔國德澤陌陌陌惜昔隔麥。寂錫碧陌息職客陌極職幘麥側職汐昔得德
6

2769 3118 屋屋觸燭竹屋熟屋獨屋。速屋轂屋目屋曲燭國德菽屋燭燭 1 6

2770 3119 色職食職客陌寂錫籍昔。壁錫宅陌陌陌迹昔識職 6

2771 3120 目屋足燭曲燭。玉燭綠燭斛屋 1

2772 3121 曲燭綠燭 1

2773 3121 發月雪薛 4

2774 3121 惻職積昔國德得德識職。客陌側職席昔適昔滴錫 6

2775 3123 託鐸邈覺薄鐸索鐸藥藥。若藥角覺卻藥萼鐸落鐸 2

2776 3124 閣鐸幕鐸薄鐸角覺。惡鐸鑠藥落鐸握覺著藥 2

2777 3126 鶩屋綠燭屋屋竹屋。燠屋曲燭目屋獨屋 1

2778 3126 燠屋沐屋熟屋逐屋菊屋。目屋玉燭曲燭矚燭 1

2779 3127 雪薛絕薛折薛闊末節屑。血屑接葉切屑說薛別薛 4 5 9

2780 3128 足燭束燭肉屋局燭。卜屋曲燭屋屋宿屋撲屋 1

2781 3129 郭鐸腳藥作鐸落鐸廓鐸。泊鐸約藥薄鐸樂鐸 2

2782 3129 郭鐸漠鐸落鐸角覺弱藥約藥酌藥。閣鐸幕鐸藥藥惡鐸樂鐸 2

2783 3129 堞帖發月闋屑結屑折薛絕薛。切屑闊末咽屑別薛竭月月月疊帖歇月缺薛雪薛 4 5 9

2784 3133 屋屋熟屋速屋宿屋。束燭綠燭玉燭 1

2785 3133 迹昔客陌陌陌側職。白陌息職北德 6

395. 施岳

2786 3136 織職隙陌隔麥笛錫色職。刻德碧陌勒德冪錫食職寂錫得德 6

2787 3136 白陌陌陌力職尺昔息職食職。寂錫碧陌澤陌瑟櫛憶職覓錫跡昔織職隔麥笛錫極職 3 6

2788 3136 雪薛屑屑潔屑結屑。絕薛節屑歇月爇薛蝶帖 4 9

396.薛夢桂

2789 3136 著藥作鐸索鐸落鐸。約藥萼鐸泊鐸覺覺 2

397.莫起炎

2790 3142 說薛徹薛穴屑烈薛。雪薛孽薛訣屑列薛闕月 4

398.牟巘

2791 3143 石昔碧陌出術息職。入緝畫麥立緝蹕質 3 6 7

2792 3144 碧陌出術切屑力職色職闃盍。狄錫息職節屑國德極職日質 3 4 6 8

2793 3144 日質得德的錫傑薛。植職拾緝極職髮月特德 3 4 6 7

399.吳季子

2794 3145 日質紱物物物逸質。室質秫術術術實質 3

400.何夢桂

2795 3145 月月雪薛闕月莢帖葉葉。絕薛玦屑茁黠說薛業業 4 5 9

2796 3148 力職色職識職隔麥。一質屐陌積昔碧陌客陌 3 6

2797 3148 別薛絕薛絕薛結屑。節屑月月月月缺薛 4

2798 3149 落鐸藥藥樂鐸閣鐸。幕鐸錯鐸酌藥卻藥 2

2799 3150 同前 2

2800 3155 闕月說薛節屑結屑。雪薛映薛別薛月月 4

401. 趙必岊

2801 3156 客陌力職織職極職入緝窄陌。陌陌息職瑟櫛拍陌笛錫側職白陌色職 367

402. 林自然

2802 3156 碧陌的錫忒德歷錫。曆錫息職雪薛別薛 46

403. 奚減

2803 2157 跡昔碧陌窄陌北德。昔昔得德識職惻職 6

2804 3157 色職覓錫得德客陌。藉昔識職白陌窄陌碧陌 6

2805 3157 掠藥腳藥弱藥昨鐸卻藥。落鐸泊鐸樂鐸惡鐸著藥 2

2806 3158 薄鐸幕鐸約藥泊鐸。落鐸邈覺削藥覺覺 2

2807 3158 碧陌逸質折薛疾質。敕職息職液昔跡昔白陌 346

2808 3159 色職碧陌迹昔席昔。夕昔筆質笛錫覓錫 36

404. 趙聞禮

2809 3160 惡鐸鐸鐸落鐸箔鐸角覺寞鐸薄鐸。鵲藥著藥縛藥約藥錯鐸覺覺 2

2810 3160 急緝溼緝。力職立緝 67

2811 3160 屋屋續燭。綠燭瀑屋 1

405. 曹邍

2812 3162 葉葉跡昔得德。黑德墨德碧陌 69

2813 3163 碧陌寂錫骨沒色職陌陌力職食職。憶職惜昔藉昔急緝覓錫識職　367

2814 3163 坼陌陌陌襪月塔盍白陌碧陌。國德織職色職瑟櫛食職。寂錫極職日質藉昔隔麥拍陌　368

2815 3164 絕薛雪薛闕月鴂屑。別薛冽薛蝶帖節屑月月　49

406. 趙汝茪

2816 3164 簇屋綠燭浴燭俗燭。束燭馥屋玉燭屋屋　1

2817 3165 冽薛拆陌雪薛。切屑徹薛說薛　46

407. 譚宣子

2818 3166 逐屋目屋綠燭。獨屋曲燭牧屋燭燭　1

2819 3167 滴錫陌陌寂錫覓錫。跡昔溼緝得德笛錫　67

408. 曾棟

2820 3171 角覺著藥漠鐸覺覺。卻藥鑠藥掠藥落鐸　2

409. 程武

2821 3173 玉燭幅屋熟屋曲燭　1

410. 蕭元之

2822 3176 覓錫跡昔　6

411. 郭□□

2823 3177 靨葉蝶帖 9

412. 王大簡

2824 3178 碧陌客陌 6

413. 黃廷璹

2825 3179 幕鐸落鐸蕚鐸託鐸寞鐸。泊鐸弱藥握覺薄鐸惡鐸 2

2826 3180 弱藥落鐸郭鐸覺覺卻藥諾鐸幕鐸。樂鐸蕚鐸惡鐸若藥寞鐸。泊鐸昨鐸閣鐸薄鐸託鐸角覺 2

414. 陳坦之

2827 3182 卜屋玉燭燭燭綠燭。目屋縮屋讀屋宿屋 1

415. 張艾

2828 3182 碧陌迹昔惻職窄陌寂錫席昔。白陌色職葉葉折薛歇月滅薛頰帖 469

416. 施翠岩

2829 3183 目屋燭燭縠屋獨屋續燭。囑燭酥燭蹙屋粟燭竹屋 1

417. 續雪谷

2830 3183 落鐸卻藥索鐸樂鐸。角覺閣鐸昨鐸薄鐸 2

418. 曾晞顏

2831 3185 息職白陌。百陌客陌 6

419. 朱子厚

2832 3186 竹屋溽燭玉燭穀屋。叔屋足燭燭燭綠燭 1

420. 劉辰翁

2833 3190 雪薛說薛結屑。別薛拙薛節屑絕薛 4

2834 3190 作鐸約藥錯鐸。卻藥覺覺角覺落鐸 2

2835 3191 雪薛滅薛月月。說薛結屑節屑 4

2836 3192 寞鐸約藥覺覺。莫鐸薄鐸著藥 2

2837 3192 竹屋福屋曲燭。綠燭熟屋菊屋 1

2838 3192 雪薛節屑別薛。月月得德摘麥 46

2839 3192 十緝夕昔一質。密質昔昔吃錫 367

2840 3192 七質日質覓錫。出術溼緝逼職 367

2841 3192 菊屋熟屋曲燭。目屋玉燭綠燭 1

2842 3192 佛物日質德德 36

2843 3193 疊帖蝶帖 9

2844 3193 曲燭北德 16

2845 3194 溼緝粒緝得德色職。滴錫拂物皪錫憶職 367

2846 3194 節屑雪薛雪薛絕薛。別薛月月月月髮月 4

2847 3194 同前 4

2848 3194 同前 4

2849 3195 同前 4

2850 3195 昨鐸閣鐸閣鐸郭鐸。角覺約藥約藥落鐸 2

2851 3195 歇月熱月雪薛。蝶帖別薛月月 49

2852 3196 忽沒客陌 36

2853 3196 客陌北德 6

2854 3197 得德黑德 6

2855 3197 日質七質 3

2856 3197 樂鐸藥藥 2

2857 3197 日質出術 3

2858 3200 拂物墨德適昔。日質識職得德 36

2859 3200 織職夕昔袠質。日質膝質一質 36

2860 3201 月月別薛咽屑說薛悅薛節屑。雪薛滅薛掣薛決屑缺薛鴂屑 4

2861 3209 物物壁錫雪薛傑薛。發月滅薛髮月月月 346

2862 3209 樂鐸作鐸鶴鐸寞鐸卻藥酌藥。郭鐸昨鐸泊鐸角覺索鐸鵲藥 2

2863 3211 綠燭竹屋目屋束燭菊屋。屋屋獨屋觸燭足燭燭燭 1

2864 3213 北德客陌息職日質得德膝質驛昔。拍陌骨沒食職白陌泣緝色職。絕薛極職迹昔席昔摘麥國德 3467

2865 3215 蝶帖疊帖捻帖捷葉。臘盍莢帖接葉劫業 89

2866 3217 白陌色職 6

2867 3217 雪薛葉葉 49

2868 3217 力職溼緝 67

2869 3217 捻帖靨葉 9

2870 3217 說薛別薛 4

2871 3219 薄鐸落鐸 2

2872 3220 物物壁錫雪薛傑薛。發月滅薛髮月月月 346

2873 3220 同前 346

2874 3221 同前 346

2875 3221 月月結屑客陌石昔。楫葉雪薛髮月物物 3469

2876 3222 瑟櫛月月惜昔闊末。識職雪薛石昔客陌 3456

2877 3222 石昔癖昔拆陌得德。惜昔摘麥迹昔覓錫寂錫 6

2878 3222 同前 6

2879 3223 約藥魄鐸著藥落鐸。錯鐸薄鐸昨鐸鶴鐸託鐸 2

2880 3227 鶴鐸啄覺 2

2881 3227 木屋綠燭淑屋斛屋粟燭觸燭掬屋。玉燭沐屋目屋覆屋逐屋欲燭浴燭漉屋 1

2882 3230 擲昔策麥失質雪薛轍薛楫葉拂物澤陌。陌陌得德客陌日質瑟櫛窄陌籍昔闋屑滴錫 3469

2883 3230 節薛列薛月月客陌。得德色職笛錫驛昔 46

2884 3244 說薛密質物物別薛雪薛節屑。穴屑折薛別薛越月出術月月 34

2885 3252 昨鐸削藥覺覺弱藥惡鐸落鐸。藥藥學覺樂鐸萼鐸薄鐸角覺著藥卻藥 2

2886 3252 說薛葛曷雪薛髮月月月瑟櫛。別薛合合骨沒絕薛鐵屑裂薛 3458

421. 顏奎

2887 3255 拂物入緝日質覓錫。碧陌昔昔迹昔壁錫 367

422. 趙淇

2888 3257 直職尺昔立緝碧陌。滴錫溼緝壁錫急緝 67

423. 趙與仁

2889 3260 絕薛雪薛。劣薛鴂屑 4

424. 史介翁

2890 3260 薄鐸落鐸 2

425. 應灋孫

2891 3261 疊帖葉葉結屑月月雪薛篋帖說薛。切屑咽屑滅薛別薛玦屑闋屑蝶帖 49
2892 3261 溼緝集緝色職碧陌拾緝立緝。入緝吸緝笠緝隙陌急緝墨德 67

426. 周密

2893 3267 白陌谷屋足燭國德綠燭。北德曲燭屋屋宿屋玉燭 16
2894 3269 玦屑別薛雪薛潔屑傑薛。闕月蝶帖說薛月月 49
2895 3269 闊末切屑葉葉雪薛別薛說薛。怯業缺薛歇月節屑咽屑月月 459
2896 3270 寂錫溼緝色職得德。的錫藉昔瑟櫛窄陌立緝 367
2897 3271 織職隙陌隔麥笛錫色職。陌陌碧陌勒德冪錫食職寂錫得德 6
2898 3271 綠燭馥屋六屋粥屋足燭。屋屋玉燭粟燭燭燭谷屋 1
2899 3271 額陌積昔筆質色職。碧陌迹昔北德急緝 367
2900 3271 掠藥幕鐸弱藥託鐸。薄鐸落鐸摸鐸錯鐸 2
2901 3272 笛錫識職失質色職惜昔白陌。迹昔筆質隔麥碧陌 36
2902 3277 艗錫息職尺昔憶職夕昔。識職笛錫惜昔碧陌白陌 6
2903 3277 閣鐸惡鐸索鐸薄鐸落鐸。弱藥約藥酌藥藥藥削藥卻藥著藥 2
2904 3278 疊帖葉葉結屑月月雪薛篋帖說薛。切屑咽屑滅薛別薛玦屑缺薛闋屑蝶帖 49
2905 3279 蝶帖月月篋帖。怯業說薛節屑 49
2906 3280 噎屑月月雪薛結屑 4

2907 3280 同前 4

2908 3282 碧陌色職蟄緝立緝。滴錫溼緝直職笛錫 67

2909 3282 碧陌隙陌色職。窄職筆質識職笛錫 36

2910 3282 綠燭屋屋玉燭曲燭 1

2911 3282 色職白陌夕昔碧陌 6

2912 3285 月月蝶帖。葉葉疊帖 49

2913 3286 色職溼緝白陌席昔。跡昔得德昔昔碧陌 67

2914 3287 葉葉發月滅薛蝶帖折薛。雪薛月月疊帖絕薛 49

2915 3288 歇月葉葉別薛月月說薛。雪薛節屑切屑接葉咽屑 49

2916 3289 葉葉屑屑帖帖絕薛。別薛節屑說薛月月 49

2917 3290 玉燭屋屋北德。谷屋綠燭曲燭 16

2918 3292 雪薛咽屑合合裂薛。絕薛月月別薛折薛 48

2919 3293 溼緝碧陌色職笛錫 67

2920 3293 憶職色職極職溼緝。窄陌北德客陌白陌 67

2921 3293 怯業揭月褶帖折薛。說薛雪薛別薛蝶帖 49

427. 王奕

2922 3295 壁錫尺昔阨麥。缺薛笛錫碧陌 46

2923 3296 側職識職碧陌白陌石昔迹昔。客陌覿錫息職色職摘麥笛錫 6

2924 3297 斛屋目屋木屋竹屋。曲燭局燭綠燭屋屋 1

428. 文天祥

2925 3304 綠燭束燭浴燭矗屋曲燭。屋屋粟燭竹屋簌燭燭燭 1

2926 3305 物物壁錫雪薛傑薛。發月滅薛髮月月月 3 4 6

2927 3305 同前 3 4 6

2928 3305 同前 3 4 6

2929 3305 色職闕月側職歇月。滅薛說薛血屑月月缺薛 4 6

2930 3306 同前 4 6

2931 3307 歇月烈薛月月切屑。雪薛滅薛缺薛血屑闕月 4

429. 鄧剡

2932 3307 物物壁錫雪薛傑薛。發月滅薛髮月月月 3 4 6

2933 3308 色職闕月側職歇月。滅薛說薛血屑月月缺薛 4 6

430. 劉鑑

2934 3308 雪薛骨沒月月。北德碧陌客陌 3 4 6

2935 3311 夕昔客陌石昔國德。悅薛得德色職月月北德 4 6

431. 彭元遜

2936 3315 宿屋屋屋觸燭觸燭觸燭目屋 1

2937 3316 趣燭觸燭。足燭束燭 1

432. 方衡

2938 3317 烈薛碩昔策麥畫麥力職。北德席昔極職域職 46

433. 廖瑩中

2939 3318 擲昔跡昔國德蝶帖閱薛隔麥。覓錫碧陌值職滑黠惜昔側職脫末擘麥 4569

434. 翁溪園

2940 3319 閣鐸鑿鐸略藥漠鐸。箔鐸藥藥押狎郭鐸 28

435. 趙文

2941 3323 鐸鐸閣鐸落鐸漠鐸削藥。著藥角覺約藥覺覺索鐸酌藥 2

2942 3324 月月別薛鶻沒咽屑。絕薛疊帖拙薛髮月 349

436. 汪宗臣

2943 3330 一質日質黑德力職。溼緝蜜質食職麥麥色職 367

437. 劉壎

2944 3332 綠燭木屋 1

2945 3332 月月說薛 4

2946 3332 薄鐸落鐸約藥握覺。錯鐸鵲藥寞鐸角覺 2

2947 3333 玉燭曲燭熟屋俗燭 1

2948 3334 觸燭宿屋曲燭綠燭獨屋。馥屋束燭蹴屋卜屋匊屋 1

2949 3335 急緝拆陌臆職跡昔。力職夕昔溼緝日質 367

2950 3336 瑟櫛隔麥憶職惻職國德客陌。側職勒德北德力職拍陌笛錫陌陌色職 36

438. 汪元量

2951 3339 樂鐸漠鐸洛鐸落鐸。箔鐸薄鐸索鐸角覺 2

2952 3339 笛錫北德。得德荻錫 6

2953 3340 色職闋月側職歇月。絕薛說薛血屑月月缺薛 46

2954 3341 同前 46

2955 3343 骨沒節屑泄薛血屑絕薛。別薛折薛月月缺薛雪薛 34

2956 3343 蓴鐸幕鐸酌藥鑠藥落鐸。寞鐸約藥漠鐸掠藥索鐸 2

439. 王學文

2957 3344 闋屑血屑歇月月月絕薛結屑。徹薛髮月劫業說薛疊帖客陌發月 469

440. 王清惠

2958 3344 色職闋月側職歇月。滅薛說薛血屑月月缺薛 46

441. 吳淑眞

2959 3348 月月切屑雪薛。絕薛北德別薛說薛 46

442. 張瓊英

2960 3348 色職闕月側職歇月。滅薛說薛血屑月月缺薛 46

443. 詹玉

2961 3348 魄陌色職怯業月月刻德得德北德。滅薛別薛客陌葉葉白陌國德畫麥髮月 469

2962 3350 髮月跡昔碧陌色職客陌。隔麥別薛得德雪薛說薛 46

444. 王沂孫

2963 3352 坼陌色職拂物格陌骨沒。惻職魄陌摘麥出術得德 36

2964 3354 月月結屑屧帖闊末雪薛。折薛別薛骨沒絕薛 3459

2965 3357 葉葉節屑切屑闋屑絕薛。說薛別薛結屑折薛雪薛 49

2966 3358 碧陌別薛頰帖節屑。裂薛冽薛月月絕薛雪薛 469

2967 3359 雪薛捻帖別薛徹薛。絕薛結屑折薛月月 49

2968 3362 足燭涤燭熟屋北德綠燭。曲燭屋屋宿屋竹屋燭燭 16

2969 3364 雪薛月月 4

2970 3365 笛錫約藥漠鐸落鐸。薄鐸萼鐸索鐸酌藥 26

2971 3366 燭燭玉燭曲燭撲屋。綠燭谷屋卜屋屋屋 1

445. 黃公紹

2972 3367 陌陌得德拆陌迹昔。滴錫屐陌息職色職食職 6

2973 3370 馥屋曲燭粟燭。菊屋獨屋宿屋 1

446. 柴元彪

2974 3373 滅薛咽屑說薛別薛。歇月惻職切屑月月 46

447. 東岡

2975 3374 屋屋木屋綠燭燭燭。轂屋六屋福屋屬燭 1

448. 梁棟

2976 3375 著藥閣鐸薄鐸約藥。惡鐸落鐸著藥漠鐸 2

449. 莫崙

2977 3376 月月別薛。滅薛說薛 4

450. 趙必瑑

2978 3379 直職碧陌色職國德識職客陌尺昔。蹟昔席昔食職驛昔北德。惻職積昔寂錫極職笛錫滴錫 6

2979 3380 葉葉唼葉軋黠怯業。鑷葉閱薛篋帖疊帖 459

2980 3382 碧陌織職色職力職陌陌。客陌席昔拍陌白陌夕昔 6

2981 3382 腹屋續燭目屋逐屋俗燭掬屋。馥屋祝屋哭屋躅燭曲燭酥燭 1

2982 3383 菊屋屋屋玉燭腹屋福屋六屋。綠燭竹屋谷屋局燭曲燭足燭 1

2983 3383 同前 1

2984 3384 節屑霽屑歇月結屑。月月雪薛映薛血屑說薛 4

2985 3384 惡鐸酌藥昨鐸壑鐸。錯鐸樂鐸鶴鐸薄鐸 2

2986 3384 歇月徹薛歇月雪薛。骨沒闊末闕月月月 345

2987 3385 急緝入緝。集緝溼緝 7

451. 黎廷瑞

2988 3386 屑屑葉葉歇月說薛 49

2989 3387 祿屋俗燭足燭腹屋。筑屋玉燭綠燭谷屋肉屋 1

2990 3389 瑟櫛魄陌窄陌月月。結屑雪薛客陌說薛 346

2991 3389 食職憶職覓錫碧陌 6

2992 3390 屋屋玉燭玉燭俗燭。束燭獨屋獨屋竹屋 1

2993 3390 脈麥額陌額陌結屑。絕薛客陌客陌雪薛 46

2994 3390 拆陌別薛別薛鐵屑。客陌窄陌窄陌雪薛 46

2995 3391 歇月雪薛雪薛絕薛。墨德結屑結屑月月 46

452. 陳紀

2996 3391 促燭覆屋竹屋簌屋玉燭燭燭。續燭谷屋獨屋斛屋曲燭酥燭 1

2997 3392 食職寂錫織職客陌。迹昔積昔息職憶職 6

453. 仇遠

2998 3394 息職白陌客陌得德得德色職 6
2999 3394 客陌食職白陌。色職得德驛昔黑德 6
3000 3394 歇月別薛月月雪薛。疊帖熱薛貼帖折薛 49
3001 3396 闕月潔屑絕薛襪月。咽屑折薛別薛說薛 4
3002 3397 揭月結屑滅薛。徹薛絕薛歇月月月 4
3003 3398 北德色職鶒職客陌。籍昔急緝笛錫碧陌 67
3004 3401 色職冪錫力職魄陌。息職白陌脈麥籍昔滴錫 6
3005 3403 日質密質立緝。出術急緝溼緝 37
3006 3403 覺覺薄鐸薄鐸幕鐸。約藥却藥却藥鵲藥 2
3007 3404 獨屋宿屋撲屋屋屋續燭。目屋竹屋北德束燭曲燭 16
3008 3405 北德綠燭熟屋宿屋谷屋。足燭屋屋撲屋竹屋獨屋曲燭 16
3009 3405 織職尺昔北德側職。窄陌息職寂錫笛錫 6
3010 3405 越月滅薛歇月葉葉摺葉。髮月月月闕月雪薛 49
3011 3406 力職璧昔隙陌迹昔。色職客陌白陌額陌 6
3012 3406 幄覺泊鐸約藥却藥。著藥託鐸箔鐸薄鐸 2
3013 3407 曲燭竹屋屋屋綠燭穀屋簇屋。熟屋犢屋宿屋六屋 1
3014 3408 幄覺獨屋竹屋北德。燭燭曲燭續燭宿屋讀屋 126

3015 3410 曲燭屋屋 1

3016 3410 墨德識職 6

3017 3411 月月歇月 4

454.楊均

3018 3413 月月鉞月烈薛。節屑揭月潔屑 4

3019 3413 壁錫赤昔力職。激錫極職懌昔 6

3020 3413 愊職赤昔色職。稷職德德國德 6

455.李琳

3021 3419 鳩屑力職碧陌蝶帖。客陌髮月疊帖雪薛 469

456.徐君寶妻

3022 3420 壁錫色職。瑟櫛跡昔 36

457.張淑芳

3023 3421 雪薛絕薛折薛節屑。血屑接葉切屑烈薛說薛 49

458.王易簡

3024 3422 玉燭獨屋目屋木屋。續燭觸燭曲燭綠燭 1

459.呂同老

3025 3425 側職碧陌入緝液昔甓麥。得德色職寂錫跡昔憶職 67

460. 唐玨

3026 3427 北德荻錫戟陌汐昔隙陌。液昔色職憶職迹昔碧陌　6

461. 林橫舟

3027 3428 物物壁錫雪薛傑薛。發月滅薛髮月月月　346

462. 蔣捷

3028 3432 薄鐸弱藥壑鐸藥藥樂鐸錯鐸。幕鐸鶴鐸卻藥角覺落鐸酌藥　2

3029 3432 屋屋撲屋綠燭菽屋局燭燭燭。玉燭卜屋幅屋束燭曲燭竹屋　1

3030 3434 惡鐸閣鐸箔鐸索鐸洛鐸。昨鐸寞鐸託鐸角覺樂鐸　2

3031 3435 弱藥托鐸幕鐸索鐸樂鐸。樂鐸約藥著藥角覺落鐸　2

3032 3436 雪薛血屑切屑樾月歇月滅薛纈屑。說薛泄薛結屑絕薛別薛月月　4

3033 3436 迹昔息職壁錫隙陌泣緝織職的錫。極職夕昔弈昔覓錫笛錫識職　67

3034 3437 雪薛絕薛潔屑說薛檝葉折薛疊帖。徹薛設薛纈屑滅薛葉葉月月　49

3035 3439 滅薛掣薛雪薛絕薛。傑薛鐵屑纈屑說薛　4

3036 3440 寂錫甓錫覓錫嚦錫。剔錫壁錫闃錫滴錫笛錫　6

3037 3442 幕鐸索鐸角覺。作鐸惡鐸落鐸　2

3038 3443 落鐸惡鐸幕鐸壑鐸躍藥略藥蒻鐸。昨鐸削藥卻藥索鐸閣鐸薄鐸　2

3039 3447 廓鐸索鐸落鐸錯鐸樂鐸。寞鐸託鐸泊鐸閣鐸薄鐸　2

3040 3448 雪薛 絕薛 鐵屑 折薛。徹薛 節屑 滅薛 咽屑 4

3041 3448 色職 食職 客陌 寂錫 籍昔。壁錫 宅陌 陌陌 迹昔 識職 6

3042 3448 獨屋 谷屋 木屋 肉屋 玉燭 燭燭。宿屋 哭屋 屋屋 掬屋 粟燭 竹屋 1

3043 3449 噎屑 雪薛 撧屑。歇月 別薛 月月 4

3044 3449 同前 4

3045 3450 同前 4

3046 3450 同前 4

463. 陳德武

3047 3453 缺薛 設薛 徹薛 熱薛。切屑 闋月 別薛 髮月 4

3048 3457 獨屋 玉燭 軸屋 目屋。曲燭 竹屋 贖燭 足燭 菊屋 1

3049 3458 織職 北德 尺昔 摘麥 6

3050 3459 唧質 壁錫 泣緝 織職 3 6 7

3051 3460 閣鐸 薄鐸 落鐸 鑰藥。泊鐸 摸鐸 卻藥 著藥 酌藥 2

3052 3461 折薛 雪薛 節屑 別薛。結屑 月月 絕薛 舌薛 切屑 4

3053 3462 揭月 月月 月月 別薛。絕薛 說薛 說薛 缺薛 4

3054 3462 閣鐸 鵲藥 約藥。樂鐸 度鐸 酌藥 2

464. 張炎

3055 3463 獵葉越月咽屑裂薛雪薛。說薛別薛折薛月月 49

3056 3464 北德歷錫直職客陌。迹昔立緝碧陌白陌 67

3057 3464 絕薛闋屑別薛葉葉。咽屑切屑節薛月月蝶帖 49

3058 3467 結屑雪薛節屑說薛別薛。髮月葉葉絕薛月月 49

3059 3470 郭鐸鶴鐸鑰藥落鐸索鐸。卻藥昨鐸雀藥著藥壑鐸 2

3060 3471 摺葉折薛月月缺薛節屑。別薛切屑歇月咽屑末末闊末 459

3061 3474 月月絕薛折薛節屑滅薛。抹末潔屑徹薛活末雪薛 45

3062 3475 壑鐸落鐸薄鐸酌藥覺覺。閣鐸樂鐸卻藥昨鐸約藥鶴鐸 2

3063 3477 邈覺鵲藥閣鐸樂鐸索鐸。昨鐸惡鐸錯鐸落鐸酌藥約藥卻藥 2

3064 3478 緝緝碧陌極職急緝色職。屐陌客陌笛錫得德 67

3065 3483 闊末別薛結屑雪薛節屑。歇月篋帖說薛折薛月月 459

3066 3483 絕薛月月別薛歇月。咽屑結屑說薛葉葉節屑 49

3067 3484 立緝白陌極職溼緝。色職得德碧陌客陌益昔 67

3068 3486 結屑蝶帖 49

3069 3486 角覺泊鐸薄鐸惡鐸。著藥弱藥卻藥覺覺 2

3070 3489 綠燭曲燭屋屋燭燭。搠屋玉燭宿屋竹屋 1

3071 3489 歇月徹薛月月急緝鴂屑篋帖。絕薛別薛切屑接葉蝶帖說薛折薛 479

3072 3492 色職客陌葉葉瑟櫛得德。白陌隔麥驛昔一質 369

3073 3493 捻帖結屑怯業說薛葉葉。切屑折薛別薛睫葉月月 49

3074 3496 葉葉擷屑篋帖蝶帖。歇月咽屑說薛月月 49

3075 3498 室質色職滴錫逸質筆質。幘麥夕昔得德息職驛昔 36

3076 3500 碧陌色職極職入緝石昔。迹昔歷錫日質夕昔壁錫 367

3077 3502 潔屑貼帖睫葉絕薛瞥屑。雪薛說薛葉葉月月 49

3078 3502 歷錫客陌拂物色職。隔麥得德籍昔識職 36

3079 3502 色職密質識職憶職溼緝。立緝側職日質液昔碧陌昔昔笛錫 367

3080 3503 潔屑絕薛熱薛說薛疊帖。摺葉雪薛折薛月月 49

3081 3503 末末答合壓狎。髮月沒沒發月 3458

3082 3504 溼緝白陌國德立緝。逸質得德北德色職 367

3083 3505 葉葉怯業雪薛別薛。絕薛切屑結屑蝶帖月月 49

3084 3507 鐵屑雪薛血屑節屑 4

3085 3508 足燭菊屋木屋速屋。腹屋目屋獨屋玉燭熟屋 1

3086 3511 筆質昔昔迹昔客陌。失質得德息職覓錫識職 36

3087 3512 客陌壁錫識職白陌。國德北德極職笛錫 6

3088 3512 薄鐸落鐸惡鐸卻藥。閣鐸幕鐸錯鐸著藥 2

3089 3513 物物壁錫雪薛傑薛。發月滅薛髮月月月 3 4 6
3090 3513 日質客陌迹昔寂錫。白陌笛錫憶職驛昔 3 6
3091 3516 碧陌瑟櫛色職伯陌。屐陌得德北德席昔 3 6
3092 3516 頰帖說薛。蝶帖瞥屑 4 9
3093 3518 葉葉別薛說薛月月 4 9
3094 3521 葉葉歇月別薛月月 4 9
3095 3522 雪薛結屑 4
3096 3522 月月折薛屑屑別薛。絕薛粒緝髮月雪薛 4 7

465. 王去疾

3097 3524 急緝宅陌 6 7

466. 劉將孫

3098 3526 色職碧陌識職昔昔。別薛切屑悅薛客陌熱薛 4 6

467. 陳恕可

3099 3530 國德曲燭足燭綠燭屋屋。玉燭菊屋竹屋獨屋續燭 1 6

468. 劉鉉

3100 3532 急緝溼緝 7

469. 梅坡

3101 3533 日質壁錫。列薛植職 346

3102 3533 日質物物七質得德。續錫席昔極職立緝翼職 367

3103 3534 日質立緝客陌。液昔笛錫集緝色職必質 367

470.胡浩然

3104 3536 國德燭燭目屋玉燭束燭。足燭曲燭卜屋蹙屋續燭谷屋 16

3105 3536 碧陌色職極職力職得德直職。陌陌白陌窄陌得德 6

471.趙汝恂

3106 3542 碧陌伯陌筆質日質。壁錫國德石昔黑德 36

472.石麟

3107 3543 速屋竹屋錄燭俗燭福屋躅燭。鹿屋玉燭犢屋轂屋趣燭六屋 1

473.黃通判

3108 3544 色職國德側職極職。客陌直職碧陌拍陌黑德 6

474.范飛

3109 3545 葉葉傑薛雪薛疊帖。伯陌色職客陌接葉月月 469

475.王紹

3110 3547 曆錫日質 36

3111 3547 十緝極職 67

476.吳氏

3112 3549 折薛列薛。爇薛歲祭結屑 4

477.姜个翁

3113 3553 織職滴錫迹昔覓錫溼緝惜昔寂錫。石昔一質日質色職筆質得德泣緝出術 367

478.王從叔

3114 3555 月月雪薛 4

479.李太古

3115 3556 識職滴錫客陌得德。色職直職息職碧陌 6

480.黃子行

3116 3557 葉葉怯業頰帖浹帖。褶帖睫葉靨葉捻帖 9

3117 3557 息職飾職憶職國德。笛錫色職墨德寂錫 6

3118 3558 萼鐸閣鐸樂鐸落鐸惡鐸角覺。削藥著藥剝覺卻藥約藥摸鐸 2

3119 3558 裂薛節屑纈屑。歇月切屑說薛月月滅薛 4

3120 3558 滴錫碧陌急緝溼緝。集緝覓錫拾緝笠緝 67

481.蕭允之

3121 3559 寞鐸薄鐸索鐸邈覺。約藥覺覺略藥腳藥角覺 2

3122 3560 息職翼職 6

3123 3560 昨鐸著藥索鐸。莫鐸托鐸鐸鐸落鐸 2

482.劉天迪

3124 3562 曲燭綠燭 1

3125 3562 雪薛結屑疊帖月月。怯業別薛說薛血屑 49

483.尹公遠

3126 3564 鵠沃綠燭服屋瀑屋陸屋。屋屋燭燭讀屋曲燭六屋 1

484.彭泰翁

3127 3566 色職識職力職笛錫。客陌積昔息職日質 36

485.曾允元

3128 3567 色職迹昔磧昔擲昔寂錫。立緝側職陌陌識職碧陌笛錫 67

3129 3567 愜帖篋葉霎葉堞帖葉葉。折薛雪薛結屑揭月月月 49

486.邵桂子

3130 3569 百陌揭月月月墨德。帛陌鐵屑册麥雪薛說薛 46

487.彭子翔

3131 3570 極職月月碧陌北德度鐸客陌。則德尺昔憶職節屑屐陌石昔得德 246

488.伍梅城

3132 3573 跡昔日質 36

489. 禪峰

3133 3575 節屑傑薛骨沒發月。客陌雪薛說薛折薛 346

490. 黃誠之

3134 3576 傑薛雪薛閣鐸粵月。闊末浹帖契屑缺薛月月 2459

491. 碧虛

3135 3577 閣鐸樂鐸洛鐸却藥角覺確覺。酌藥削藥著藥學覺託鐸躍藥 2

492. 葉巽齋

3136 3577 雪薛色職格陌絕薛。百陌冊麥月月 46

493. 鐵筆翁

3137 3578 拍陌黑德節屑德德。窄陌雪薛客陌百陌 46

494. 陳潛心

3138 3580 夕昔績錫節屑屈物極職。溢質十緝昔昔逸質 3467

495. 三槐

3139 3581 節屑傑薛潔屑極職。棘職發月德德業業 469

496. 張倅

3140 3581 葉葉鷟覺業業覺覺。學覺鶚鐸樂鐸獵葉 29

497. 梁大年

3141 3582 一質弼質傑薛敵錫。質質節屑筆質覓錫翼職 346

498.草夫人

3142 3585 玉燭曲燭軸屋宿屋。祝屋簇屋醁燭熟屋綠燭 1

499.靜山

3143 3586 息職日質壁錫入緝。歷錫役昔蟄緝笛錫 367

500.劉守

3144 3587 足燭腹屋玉燭麓屋。竹屋局燭肉屋籙燭熟屋 1

501.劉仁父

3145 3588 木屋束燭築屋。熟屋目屋軸屋 1

502.胡平仲

3146 3591 格陌葉葉 69

3147 3591 歇月葉葉 49

503.白君瑞

3148 3592 拆陌色職惜昔側職。泊鐸寂錫落鐸宅陌力職 26

3149 3593 色職冪錫格陌臆職。國德勒德側職客陌 6

504.江無□

3150 3600 力職日質集緝。蹟昔識職 367

【註釋】

註一　以明倫出版社翻印之全宋詞頁碼爲準。

註二　少數平上去聲字或與入聲字混押，則書其所屬廣韻三聲之韻目。廣韻未收之字，則韻目以集韻等韻書爲據，不另注明。罕見字不明其所屬者，則暫付闕如。

第三章　宋代詞家入聲韻字之系聯分類

第一節　系聯分類法簡介

研究宋詞音系入聲韻部，當從分析各家作品用韻著手，本章即針對宋代每一詞家之入聲韻字，做各別歸納，並予分類。由同一里籍作者用韻之特點，探討押韻是否受方音影響，由各家用韻之共同處，以明瞭宋人押韻之習慣。

明清以降編輯詞韻者，歸別韻部多以廣韻或平水韻韻目表之，其結論與周祖謨「宋代汴洛語音考」及許世瑛先生「從詩集傳叶韻中考廣韻入聲各韻之併合情形」二文所研究之宋代音系皆有出入；較之元初熊忠古今韻會擧要、元代周德清中原音韻等北方語音系統韻書更大異其趣。今考宋詞入聲韻例，韻字多依切韻系韻書之韻目分合相押，鮮見有系統離析某韻屬字而與他韻韻字作重新組合之現象，可知詞韻音系蓋直接承自切韻音系，故今分析宋代詞人各家之入聲韻字類別，亦以廣韻韻目爲分合之依據。

系聯廣韻韻目以求宋人詞韻類別之基本方法，以全宋詞所收第一闋押入聲韻之寇準作品為例，「咽歇發折節闋別徹月」九字相押，其中「歇發月」屬「月」韻，「咽節闋」屬「屑」韻，「折別徹」屬「薛」韻，因今存寇準押入聲韻之詞僅此一闋，故系聯此闋九字所屬廣韻之韻目，得知「月屑薛」三韻為一類，此乃一闋詞本身系聯之法也。若存詞一闋以上，則更需作韻例與韻例間之系聯，如以全宋詞所收晏殊前四闋入聲韻例言，其一「屋燭」二韻合押，其二「鐸」韻獨押，其三「陌昔職德」四韻合押，其四「陌麥昔錫職德」六韻合押，則一、二兩闋各獨成一類，三、四兩闋因韻目有相重者，故可系聯而合為一類，此一韻例與另一韻例系聯之法也。

就蘇軾、辛棄疾等人作品論之，若依前述之系聯法，則衆多韻例之韻目可合成一大類，然細察其作品之多數韻例，則仍有別類之軌跡可尋，唯極少數之例外押韻，使原當分類者得以系聯。以蘇軾詞為例，「屋燭」四次合押，「燭」一次獨押，其中並不雜他韻之字，「藥鐸」二次合押，「鐸」三次獨押，亦不雜他韻之字，然其「滿江紅」「次董毅夫韻」「江漢西來」一首，却「屋鐸櫛沒薛陌昔職」八韻相押，致使「屋燭」「藥鐸」本不同類者得以系聯，且又涉及他韻之字。因此，本章系聯韻目特立一界限：以戈載詞林正韻所分入聲五部為準（不含增補字）；凡屬界限之內韻目系聯者，視為「正例」，越此範圍者視為例外押韻，稱之為「變例」，方可使少數「變例」不影響「正例」之歸納。然若以歐陽修詞為例，「陌麥昔錫職德」六韻之字相押，其中不雜他韻之字者多達十闋，另一闋則使用十韻字皆屬「質術」韻，「陌」類與「質」類絕不相通。凡此，並不因詞林正韻同屬一部而強行合併，今仍視爲二類而歸於「正例」中。

或因作者存詞少，韻目有應系聯爲一類而實不能系聯者，亦設法補救之。以北宋江西人謝薖作品爲例，「碧席」相押，「摘色」相押，「陌昔」「麥職」二類不得系聯，然考當時與其籍貫相近之謝逸、汪藻等人，此二類韻目皆可系聯，且詩韻「陌麥昔」同用，各詞韻韻書又多視爲同部，故凡此種特殊現象，亦逕自合併之。

一字或有多音而歸屬韻書不同之韻目，則必先考其字義；字義相同，則歸入與其他韻字相近或相同之韻目。如周邦彥詞「絕帖睫燮愜合說頰裛」九字相押，「裛」分收於「緝、葉、業」三韻而皆有「香」義，與原詞本意皆合，如取「緝」韻，則僅此一字屬詞林正韻第十七部，因本闋「睫」字屬「葉」韻，故「裛」字亦視爲「葉」韻字。如此歸韻之目的，可不使「變例」過多而徒增困擾也。

二類偶叶之變例中，行文亦有主從之分，如方岳詞「雪屑絕月笏屐歇葉拙」九字相押，除「屐」屬陌韻外，餘皆入「月沒屑薛葉帖」六韻系聯所成之一類，則變例中書爲「陌與屑薛等韻合押」；另一闋「息色得節憶激急發日」九字相押，除「發」屬月韻外，餘皆入「質陌麥昔錫職德緝」八韻合成之一類，變例中則書以「月與職德等韻合押」。如此歸類雖有繁複之嫌，因二者互押主從性質不同，故仍以分書爲宜。

第二節　宋代詞家入聲韻類之分析

今依第二章之「韻例彙錄」暨前節之韻例系聯分類法，分析各家作品正、變例之種類於下：

1. 寇　準　正例：月、屑薛合爲一類（註一）
2. 錢惟演　正例：屋、燭合爲一類
3. 潘　閬　正例：鐸自爲一類
緝自爲一類
4. 林　逋　正例：月、屑薛合爲一類
5. 陳　亞　正例：屋、燭合爲一類
6. 聶冠卿　正例：陌麥昔、錫、職德合爲一類
7. 李遵勗　正例：月、屑薛合爲一類
8. 柳　永　正例：屋、燭合爲一類
覺、藥鐸合爲一類
陌麥昔、錫、職德合爲一類
月、末、黠、屑薛合爲一類

變例：月與陌麥昔等韻合押

9.張　先　正例：屋、燭合爲一類

覺、藥鐸合爲一類

陌麥昔、錫、職德合爲一類

緝自爲一類

物、月沒、末、屑薛合爲一類

10.晏　殊　正例：屋、燭合爲一類

鐸自爲一類

陌麥昔、錫、職德合爲一類

月、屑薛合爲一類

11.李　冠　正例：屋、燭合爲一類

12.宋　祁　正例：屋、燭合爲一類

覺、鐸合爲一類

13.吳　感　變例：陌與月屑薛合押

14.歐陽修　正例：屋、燭合爲一類

覺、藥鐸合爲一類

質術合爲一類

陌麥昔、錫、職德合爲一類

月、末、黠、屑薛合爲一類

合盍、洽合爲一類

變例：薛與昔錫職合押

15.沈　唐　正例：陌麥昔、錫、職合爲一類

藥鐸合爲一類

16.杜安世　正例：屋、燭合爲一類

陌昔、錫、職合爲一類

月、薛合爲一類

17.劉　几　變例：帖與質陌昔錫德合押

18.蔡　襄　正例：月、屑薛合爲一類

19.李師中　正例：緝自爲一類

正例：月自爲一類

20.阮逸女　正例：月、屑薛合爲一類

21.王安石　正例：屋、燭合爲一類

覺、藥鐸合爲一類

變例：術與物沒合押

22.鄭　獬　正例：職德合爲一類
月、屑薛合爲一類
23.沈　注　正例：錫自爲一類
24.王安國　正例：藥鐸合爲一類
25.李清臣　正例：藥鐸合爲一類
26.韋　驤　正例：月、屑薛合爲一類
27.圓禪師　正例：陌麥、職德合爲一類
28.晏幾道　正例：屋、燭合爲一類
覺、藥鐸合爲一類
緝、質術合爲一類
陌麥昔、錫、職德合爲一類
月、屑薛合爲一類
變例：覺鐸與合盍洽狎合押
薛與陌合押
29.王　觀　正例：屋、燭合爲一類
月、薛合爲一類
30.魏夫人　正例：燭自爲一類

月、屑薛合爲一類

31.王　詵　正例：陌麥昔、錫、職德合爲一類

月、屑薛、帖合爲一類

變例：盍與月屑薛合押

32.蘇　軾　正例：屋、燭合爲一類

藥鐸合爲一類

質術櫛、陌麥昔、錫、職德合爲一類

月沒、末、黠、屑薛合爲一類

變例：所有用字韻目可系聯合押

33.李之儀　正例：月、屑薛合爲一類

葉帖合爲一類

變例：業與葉帖合押

34.王齊愈　正例：屋、燭合爲一類

35.舒　亶　正例：屋、燭合爲一類

覺、藥鐸合爲一類

陌麥昔、錫、職德合爲一類

月、屑薛合爲一類

36.了　元　正例：藥鐸合爲一類

月、屑薛合爲一類

37.劉　涇　正例：質、昔合爲一類

月、薛合爲一類

38.黃　裳　正例：屋、燭合爲一類

質、陌昔、錫、職德合爲一類

月、屑薛合爲一類

變例：沒與質陌等韻合押

39.黃庭堅　正例：屋、燭合爲一類

藥鐸合爲一類

陌麥昔、錫、職德、緝合爲一類

月、屑薛合爲一類

葉帖合爲一類

變例：鐸與合盍洽狎合押

質、沒與前所有用字韻目可系聯合押（註二）

40.盼　盼　正例：屋、燭合爲一類

41.晁端禮　正例：屋、燭合爲一類

月、屑薛合爲一類

變例：薛與麥職德合押

42. 曾　肇　正例：月、屑薛合爲一類

43. 鄭　僅　正例：月、末、屑薛合爲一類

44. 呂南公　正例：陌、德合爲一類

45. 啞　女　正例：昔、職、緝合爲一類

46. 秦　觀　正例：屋、沃燭合爲一類

覺、藥鐸合爲一類

質櫛、陌麥昔、錫、職德合爲一類

月沒、末、屑薛、葉帖合爲一類

洽狎合爲一類

變例：德與屋燭合押

末與覺藥鐸合押

燭與櫛陌等韻合押

物與質昔等韻合押

錫與月末等韻合押

47. 米　芾　正例：月、薛合爲一類

48.李　甲　正例：陌昔、錫、職德合爲一類

月、末、屑薛合爲一類

變例：術與月屑薛合押

屑薛與陌昔等韻合押

49.趙令時　正例：燭自爲一類

陌、職合爲一類

變例：薛與陌職合押

50.賀　鑄　正例：屋、燭合爲一類

覺、藥鐸合爲一類

質術、緝合爲一類

陌麥昔、錫合爲一類

月、末、黠、屑薛、合、葉帖、合爲一類

變例：沒與覺藥鐸合押

物與質合押

業與屑葉帖合押

合洽與葉帖合押

51.仲　舒　正例：藥鐸合爲一類

質自爲一類
麥昔、錫、職德合爲一類
月、屑薛合爲一類
葉帖合爲一類

52.晁補之　正例：屋、燭合爲一類
藥鐸合爲一類
陌麥昔、錫、職德合爲一類
月沒、末、屑薛、葉合爲一類

變例：陌與屋燭合押
業與月屑葉等韻合押

53.陳師道　正例：屋、燭合爲一類
藥鐸合爲一類
質、陌昔、錫、職德、緝合爲一類
月沒、末、黠、屑薛、葉帖合爲一類

變例：月與陌合押

54.周邦彥　正例：屋、燭合爲一類
覺、藥鐸合爲一類

陌麥昔、錫、職德合爲一類
月、末、黠、屑薛、葉帖合爲一類
變例：德與屋燭合押
合、業分與薛葉帖等韻合押
55.陳　瓘　正例：質、陌麥昔、職德合爲一類
變例：薛與質陌等韻合押
56.李　廌　正例：月、屑薛、帖合爲一類
57.謝　逸　正例：屋、燭合爲一類
覺、藥鐸合爲一類
質術合爲一類
陌、錫、職德合爲一類
緝自爲一類
月、屑薛合爲一類
58.夏　倪　正例：質、緝合爲一類
59.晁沖之　正例：月、屑薛合爲一類
60.蘇　庠　正例：屋自爲一類
月自爲一類

61. 祖　可　變例：合與葉合押

62. 毛　滂　正例：屋、燭合爲一類

藥鐸合爲一類

質櫛、陌麥昔、錫、職德、緝合爲一類

月、末、屑薛、葉帖合爲一類

變例：月與陌錫合押

職德與月屑等韻合押

63. 劉　燾　正例：屋、燭合爲一類

質、陌麥昔、錫、職德、緝合爲一類

月、屑薛合爲一類

變例：陌與月屑薛合押

64. 曹希蘊　變例：薛與錫合押

65. 謝　邁　正例：燭自爲一類

陌麥昔、職合爲一類

月、屑薛合爲一類

66. 沈　蔚　正例：陌麥昔、錫、職德合爲一類

67. 惠　洪　變例：合乏與月曷末黠合押

68.葛勝仲　正例：屋自爲一類
月、末、屑薛合爲一類
變例：沒與陌昔錫職合押
69.曾　紆　正例：屋、燭合爲一類
覺、藥鐸合爲一類
陌麥昔、錫、職德合爲一類
月、屑薛合爲一類
變例：葉與陌昔等韻合押
緝與月屑薛合押
70.吳則禮　正例：屋、燭合爲一類
月、屑薛合爲一類
71.趙子發　正例：燭自爲一類
鐸自爲一類
72.徐　俯　正例：屋、沃燭合爲一類
陌、德合爲一類
73.王安中　正例：屋、燭合爲一類
陌、德合爲一類

變例：屋與術合押
業與月屑薛合押

71.張繼先　正例：質自爲一類
月、薛合爲一類
變例：陌與覺藥鐸合押
葉與月薛合押

75.葉夢得　正例：屋、沃燭合爲一類
陌麥、職德合爲一類
變例：錫與物月薛合押
屑與陌麥職德合押

76.趙士暕　正例：月、薛合爲一類
變例：物月沒薛陌麥職德盍洽合押

77.李　光　變例：月薛帖與陌麥合押

78.趙子松　正例：月、薛合爲一類

79.鑑　堂　正例：屋、燭合爲一類
藥鐸合爲一類
月、薛合爲一類

80.梅　窗　正例：燭自爲一類

質、陌、職合爲一類

月、薛合爲一類

81.劉一止　正例：屋、燭合爲一類

覺、藥鐸合爲一類

術、陌昔、錫、職德合爲一類

月、屑薛、葉帖合爲一類

變例：物沒屑與櫛陌職德合押

業與月屑薛葉帖合押

82.汪　藻　正例：陌昔、職德合爲一類

83.曹　組　正例：藥鐸合爲一類

陌昔、職德合爲一類

屑薛合爲一類

84.万俟詠　正例：覺、藥鐸合爲一類。

月、末、屑薛合爲一類

85.田　爲　正例：陌、錫、職合爲一類

月、屑薛合爲一類

86.趙溫之　變例：月薛、陌職德盍合押

87.王庭珪　正例：屋、燭合為一類

覺、藥鐸合為一類

昔、職德合為一類

月、末、屑薛合為一類

變例：櫛與月屑薛合押

88.陳　克　正例：屋、燭合為一類

覺、藥鐸合為一類

質、陌麥昔、錫、職德、緝合為一類

月沒、末、屑薛、帖合為一類

變例：月與屋燭合押

89.朱敦儒　正例：屋、燭合為一類

覺、藥鐸合為一類

質櫛、陌麥昔、錫、職德、緝合為一類

月、曷、屑薛、葉帖合為一類

變例：月薛帖分與陌麥等韻合押

陌職分與月薛葉等韻合押

盍與月薛葉合押

90.周紫芝　正例：屋、沃燭合爲一類

覺、藥鐸合爲一類

質、陌麥昔、錫、職、緝合爲一類

月、末、屑薛、葉合爲一類

變例：狎與月屑薛合押

91.邵　博　正例：陌麥、職合爲一類

月、屑薛合爲一類

92.趙　佶　正例：陌昔、錫、職德合爲一類

93.李　綱　正例：屋、燭合爲一類

覺、藥鐸合爲一類

質自爲一類

陌昔、職合爲一類

月、末、屑薛合爲一類

94.胡舜陟　正例：質、陌、錫、職德、緝合爲一類

95.蔣元龍　正例：鐸自爲一類

96.廖世美　正例：陌、錫、職合爲一類

97.程　過　正例：藥鐸合爲一類

98.張　綱　正例：質、緝合爲一類

陌麥昔、錫、職合爲一類

月、屑薛合爲一類

變例：陌與月屑薛合押

99.李清照　正例：覺、藥鐸合爲一類

陌麥昔、錫、職德、緝合爲一類

屑薛合爲一類

100.呂本中　正例：屋、燭合爲一類

月、屑薛合爲一類

101.畢良史　正例：昔、職合爲一類

102.胡世將　變例：錫與物月薛合押

103.趙　鼎　正例：屋、燭合爲一類

陌昔、職德、緝合爲一類

變例：沒與燭合押

麥昔職與月末屑薛葉合押

業與月屑薛合押

104.李　邴　正例：屋、沃燭合爲一類
變例：物與屋燭合押

105.向子諲　正例：燭自爲一類
藥自爲一類
質、陌麥昔、職德合爲一類
月、屑薛、葉帖合爲一類
變例：陌麥職分與月屑薛等韻合押

106.韓　駒　正例：屋、燭合爲一類

107.顏伯文　正例：覺、藥鐸合爲一類

108.陳　東　正例：月、薛合爲一類

109.姚孝寧　正例：屋、沃燭合爲一類

110.胡松年　正例：陌麥昔、錫、職德合爲一類
月沒、末、屑薛合爲一類

111.宋　江　正例：陌昔、職德合爲一類

112.袁　綯　正例：覺、藥鐸合爲一類

113.李久善　正例：月、屑薛、帖合爲一類

114.寶　月　正例：藥鐸合爲一類

麥昔、錫、職德合爲一類

115. 蘇仲及　正例：屋、燭合爲一類

116. 劉均國　正例：覺、鐸合爲一類

麥、職合爲一類

屑薛合爲一類

117. 南山居士正例：藥鐸合爲一類

118. 邵叔齊　正例：覺、藥鐸合爲一類

質、麥、職德、緝合爲一類

119. 房舜卿　正例：月、末、薛合爲一類

120. 洪　皓　正例：昔、職合爲一類

121. 蔡　伸　正例：屋、燭合爲一類

覺、藥鐸合爲一類

質、陌麥昔、錫、職德合爲一類

月、末、屑薛、葉合爲一類

變例：月、屑分與陌昔等韻合押

陌麥錫職分與月屑薛合押

122. 韓世忠　變例：月屑薛與職緝合押

123.王　灼　正例：質、陌昔、錫、職德合爲一類

屑薛、葉合爲一類

124.陳襲善　正例：月、薛合爲一類

125.孫　艤　正例：屑薛合爲一類

126.潘　汾　正例：藥鐸合爲一類

127.花仲胤妻正例：藥鐸合爲一類

128.劉　濬　變例：業與月屑薛合爲一部

129.李彌遜　正例：屋、燭合爲一類

覺、鐸合爲一類

質、陌麥昔、錫、職德合爲一類

月、屑薛合爲一類

130.王以寧　正例：屋、燭合爲一類

陌麥昔、錫、職德合爲一類

月、屑合爲一類

變例：德與屋燭合押

業與屑薛合押

131.陳與義　正例：屑薛合爲一類

132. 王　昂　正例：陌、職合爲一類

133. 張元幹　正例：屋、燭合爲一類

覺、藥鐸合爲一類

質、陌麥昔、錫、職德、緝合爲一類

月、屑薛、葉帖合爲一類

變例：合與藥鐸合押

陌與月屑薛帖合押

134. 鄧　肅　正例：薛自爲一類

變例：職與薛合押

135. 呂渭老　正例：屋、沃燭合爲一類

覺、藥鐸合爲一類

質櫛、陌昔、錫、職德、緝合爲一類

月、屑薛、葉帖合爲一類

變例：德與屋燭合押

葉與藥鐸合押

黠與陌麥職合押

藥與陌麥合押

燭、沒薛與陌昔等韻合押

藥、陌麥與月帖合押

136. 王之道　正例：屋、燭合爲一類

質、陌麥昔、錫、職德合爲一類

月沒、末、屑薛、葉帖合爲一類

變例：物與陌麥等韻合押

麥昔與月屑薛帖合押

業與陌麥等韻合押

137. 馮時行　變例：月沒薛陌錫職德盍合押

138. 歐陽澈　正例：屋、燭合爲一類

139. 張表臣　正例：鐸自爲一類

140. 楊无咎　正例：屋、燭合爲一類

覺、藥鐸合爲一類

質術、陌麥昔、錫、職德合爲一類

月沒、屑薛、帖合爲一類

變例：德與屋燭合押

物與質術等韻合押

葉與合狎合押

141. 曹　勛　正例：燭自爲一類
覺、藥鐸合爲一類
質、陌麥昔、錫、職德合爲一類
月、末、屑薛合爲一類
變例：質陌等韻與月末等韻合押
葉帖與質陌月屑等韻合押
葉與盍狎合押

142. 胡　銓　正例：月、末、黠、屑薛合爲一類
143. 岳　飛　正例：鐸自爲一類
月、屑薛合爲一類

144. 孫道絢　正例：屋、燭合爲一類
藥鐸合爲一類
陌、職合爲一類

145. 陸凝之　正例：陌昔、錫、職合爲一類

146. 史　浩　正例：屋、燭合爲一類
藥鐸合爲一類

陌昔、錫、職德合爲一類

月、屑薛合爲一類

147.仲　幷　正例：屋、燭合爲一類

覺、藥鐸合爲一類

變例：德與屋燭合押

質、陌昔、錫、職合爲一類

緝自爲一類

物、月、屑薛、葉合爲一類

變例：職與月薛等韻合押

物與質術等韻合押

質與物月薛合押

148.高　登　正例：陌、職德合爲一類

月、屑薛、葉合爲一類

149.聞人武子正例：緝自爲一類

薛自爲一類

150.李　石　正例：月、屑薛、葉帖合爲一類

151.康與之　正例：屋自爲一類

藥鐸合爲一類

職德合爲一類

變例：業與月屑薛、葉帖合押

陌與月屑薛合押

152.曾　覿　正例：屋、燭合爲一類

覺、藥鐸合爲一類

櫛、陌麥昔、錫、職德、緝合爲一類

變例：業與月屑薛、帖合押

月屑薛分與陌職等韻合押

153.黃公度　正例：藥鐸合爲一類

職自爲一類

154.倪　偁　正例：屋、沃燭合爲一類

155.王之望　正例：屋、沃燭合爲一類

藥鐸合爲一類

質術、陌昔、職德、緝合爲一類

月、薛合爲一類

變例：屑與陌昔等韻合押

156.葛立方　正例：屋、燭合爲一類
陌昔、職德合爲一類
157.邵　某　正例：質、陌、錫、職合爲一類
158.王十朋　正例：屋、燭合爲一類
陌麥、錫、職合爲一類
159.朱耆壽　正例：藥鐸合爲一類
160.劉　鎭　正例：屋、燭合爲一類
161.曾　協　正例：屋、燭合爲一類
陌、錫、職德合爲一類
變例：陌職與月薛合押
162.毛　幵　正例：屋、沃燭合爲一類
覺、藥鐸合爲一類
質、陌麥昔、錫、職德、緝合爲一類
物、月沒、末、屑薛合爲一類
變例：質昔與物月等韻合押
業與葉帖合押
163.洪　适　正例：屋、燭合爲一類

鐸自爲一類
質術、陌麥昔、錫、職德合爲一類
月、屑薛、葉帖合爲一類
變例：德與燭合押
職與月屑葉合押

164.韓元吉　正例：屋、沃燭合爲一類
覺、藥鐸合爲一類
櫛、陌麥昔、錫、職德、緝合爲一類
月、屑薛、葉帖合爲一類
變例：陌職與月薛葉合押
薛與陌麥等韻合押

165.黃　宰　正例：屋、燭合爲一類
覺、藥鐸合爲一類
陌昔、職合爲一類
緝自爲一類
月、曷、屑薛合爲一類

166.朱淑眞　正例：屋、燭合爲一類

變例：業與月合押

167.張掄　正例：屋、沃燭合爲一類

覺、藥鐸合爲一類

質、陌麥昔、錫、職德、緝合爲一類

月、屑薛、葉合爲一類

變例：陌麥錫與月屑薛合押

168.侯寘　正例：屋、燭合爲一類

覺、藥鐸合爲一類

質、陌昔、錫、職德合爲一類

緝自爲一類

月、屑薛、葉帖合爲一類

變例：德與屋燭合押

葉與藥鐸合押

169.趙彥端　正例：屋、沃燭合爲一類

質術、陌麥昔、錫、職德、緝合爲一類

月、屑薛、葉帖合爲一類

變例：屋、術、月、德合押

物薛月等韻與陌麥等韻合押

170.王千秋　正例：屋、燭合爲一類

覺、藥鐸合爲一類

陌麥昔、錫、職德、緝合爲一類

變例：質與屑薛合押

狎與屑薛葉合押

171.李　呂　正例：藥鐸合爲一類

172.姚　寬　正例：陌、職合爲一類

緝自爲一類

173.劉　珙　正例：質、陌麥昔、職合爲一類

174.李流謙　正例：陌昔、錫、職德、緝合爲一類

變例：業與屑薛帖合押

175.洪　邁　正例：質術、陌昔、錫合爲一類

176.洪惠英　正例：薛自爲一類

177.袁去華　正例：屋、燭合爲一類

覺、藥鐸合爲一類

質、陌麥昔、錫、職德合爲一類

緝自爲一類

月、末、屑薛合爲一類

變例：葉帖與合狎乏合押

178. 朱　雍　正例：鐸自爲一類

陌、職合爲一類

月、黠、屑薛合爲一類

179. 黃中輔　變例：錫與物月薛合押

180. 鄭　聞　正例：昔、德合爲一類

181. 陸　淞　正例：屋、沃燭合爲一類

182. 向　滈　正例：屋、燭合爲一類

覺、藥鐸合爲一類

陌、職德合爲一類

變例：沒與屋燭合押

183. 程大昌　正例：屋、燭合爲一類

質、陌昔、緝合爲一類

月、曷、黠、葉合爲一類

變例：職與屋燭合押

質陌與月葉合押

184. 曹　冠　正例：屋、燭合爲一類

質、陌昔、錫、職德合爲一類

物、月沒、屑薛、葉帖合爲一類

變例：質與月屑薛合押

物沒與質陌等韻合押

185. 葛　郯　正例：屋、燭合爲一類

覺、藥鐸合爲一類

186. 姚述堯　正例：屋、燭合爲一類

覺、藥鐸合爲一類

陌、職合爲一類

月、屑薛合爲一類

變例：質與沒合押

陌職與月屑薛合押

187. 甄龍友　正例：陌昔、錫、德合爲一類

188. 范端臣　正例：陌昔、職合爲一類

189. 管　鑑　正例：藥鐸合爲一類

質、陌麥昔、錫、職德合爲一類

月、屑薛合爲一類

變例：合與月屑薛合押

190.吳　儆　正例：陌麥昔、職德、緝合爲一類

月、末、薛合爲一類

變例：月與陌麥等韻合押

薛與昔職等韻合押

191.陸　游　正例：屋、沃燭合爲一類

覺、藥鐸合爲一類

質櫛、陌麥昔、錫、職德、緝合爲一類

月、薛、葉合爲一類

變例：德與屋燭合押

職與月薛帖合押

月薛與陌麥等韻合押

192.唐　婉　正例：鐸自爲一類

193.姜特立　正例：屋、燭合爲一類

陌、錫合爲一類

月、屑薛合爲一類

194.周必大　正例：月、末、屑薛合爲一類

變例：合與月薛合押

195.范成大　正例：屋、燭合爲一類

覺、藥鐸合爲一類

陌麥昔、錫、職德合爲一類

緝自爲一類

月、末、屑薛合爲一類

變例：陌與薛合押

屑與陌昔等韻合押

葉帖與緝合押

葉帖與合洽業合押

196.游次公　正例：質術、陌昔、錫、職德、緝合爲一類

變例：末屑薛與陌昔等韻合押

197.趙磻老　正例：質術、陌昔、錫、職合爲一類

198.謝　懋　正例：覺、藥鐸合爲一類

質、陌、職合爲一類

月、屑薛、葉合爲一類

變例：陌與月屑薛合押

199.王　質　正例：屋、燭合爲一類

鐸自爲一類

質術、陌麥昔、錫、職德、緝合爲一類

月、屑薛、葉帖、洽狎合爲一類

變例：沒與薛葉等韻合押

陌與月屑薛合押

職與薛葉合押

昔與葉帖與洽狎等韻合押

200.沈　瀛　正例：屋、燭合爲一類

質術、陌昔、錫、職德、緝合爲一類

月、屑薛、葉合爲一類

變例：物月曷與質術陌等韻合押

屑與陌昔等韻合押

狎與月屑薛合押

201.楊萬里　正例：屋、燭合爲一類

202.李　洪　正例：屋、燭合爲一類
月、屑薛、帖合爲一類

203.李　漳　正例：屋、燭合爲一類

204.朱　熹　正例：鐸自爲一類
質、陌麥昔、職、緝合爲一類
月、屑薛、帖合爲一類
變例：陌麥與月薛帖合押

205.黄　銖　正例：陌麥合爲一類

206.晦　庵　正例：屋、燭合爲一類

207.沈端節　正例：屋、燭合爲一類
覺、藥鐸合爲一類
質、陌昔、錫、職德、緝合爲一類
月、薛、葉帖合爲一類

208.張孝祥　正例：屋、沃燭合爲一類
覺、藥鐸合爲一類
質、陌麥昔、錫、職德、緝合爲一類
月、屑薛、葉帖合爲一類

變例：德與屋沃燭合押
陌昔職與月薛葉合押
屑薛與陌昔等韻合押
業與帖合押

209.閻蒼舒 正例：屋、燭合爲一類

210.崔敦禮 正例：末、屑薛合爲一類

211.陳　造 正例：德自爲一類

212.李處全 正例：屋、燭合爲一類
鐸自爲一類
陌昔、錫合爲一類
月、屑薛、葉帖合爲一類
變例：燭、藥、陌、帖合押
陌昔與屑薛葉帖合押

213.丘　密 正例：屋、燭合爲一類
藥鐸合爲一類
質、陌麥昔、錫、職德合爲一類
緝自爲一類

月、末、屑薛合爲一類

變例：德與屋燭合押

物與麥昔等韻合押

214.呂勝己　正例：屋、燭合爲一類

覺、藥鐸合爲一類

質術、陌麥昔、錫、職德合爲一類

月、末、屑薛、葉帖合爲一類

變例：德與屋燭合押

職與屑合押

業與月末薛葉合押

215.唐致政　正例：質、緝合爲一類

216.趙長卿　正例：屋、沃燭合爲一類

覺、藥鐸合爲一類

質術、陌麥昔、錫、職德、緝合爲一類

月、末、屑薛、葉帖合爲一類

變例：德與屋燭合押

屋與藥鐸合押

物與質術合押

物與陌錫職合押

陌麥與月薛帖合押

鐸與合盍洽合押

217.張孝忠　正例：陌昔、職德合爲一類

218.方有開　正例：屋、燭合爲一類

變例：葉與陌昔職合押

219.傅大詢　變例：月屑薛與陌昔職德合押

220.劉德秀　正例：覺、藥鐸合爲一類

221.林　淳　正例：陌昔合爲一類

月、薛合爲一類

222.廖行之　正例：屋、燭合爲一類

223.京　鏜　正例：屋、燭合爲一類

質術、陌麥昔、錫、職德、緝合爲一類

月、末、屑薛合爲一類

變例：迄與質昔等韻合押

物與質術等韻合押

薛與陌昔等韻合押
覺、麥職與月屑薛合押

224.王　炎　正例：屋、燭合爲一類
質、陌昔、錫、職德合爲一類
月、屑薛合爲一類

225.楊冠卿　正例：屋、沃燭合爲一類
覺、藥鐸合爲一類
質櫛、陌、錫、職、緝合爲一類

226.辛棄疾　正例：屋、沃燭合爲一類
覺、藥鐸合爲一類
質術、陌麥昔、錫、職德、緝合爲一類
物、月沒、曷末、黠、屑薛、葉帖合爲一類
變例：德、沒分與屋燭合押
屋燭、陌與藥鐸合押
覺與燭合押
燭鐸與曷屑等韻合押
覺藥鐸、質術櫛等韻、物月沒等韻合押

盇狎業乏分與鐸、職、薛等韻合押

227.趙善扛　正例：質、陌昔、緝合爲一類

228.趙善括　正例：屋、燭合爲一類

覺、藥鐸合爲一類

質、陌麥昔、錫、職德、緝合爲一類

月、屑薛、葉帖合爲一類

變例：月屑薛葉與陌職等韻合押

德與月屑等韻合押

業與月薛等韻合押

229.程　垓　正例：屋、沃燭合爲一類

覺、藥鐸合爲一類

質、陌麥昔、錫、職德、緝合爲一類

月、黠、屑薛、葉帖合爲一類

變例：業與月薛等韻合押

230.徐安國　正例：屋、燭合爲一類

231.黄人傑　正例：屋、燭合爲一類

藥鐸合爲一類

232.何　澹　變例：陌與月屑薛合押
　　　　　　　　　陌、錫、職德合爲一類

233.陳三聘　正例：屋、燭合爲一類
　　　　　　　　　覺、藥鐸合爲一類
　　　　　　　　　陌麥昔、錫、職德合爲一類
　　　　　　　　　緝自爲一類
　　　　　　　　　月、末、屑薛合爲一類
　　　　　變例：屑與陌昔等韻合押
　　　　　　　　　薛與陌合押
　　　　　　　　　葉帖與緝合押
　　　　　　　　　葉帖與合洽業合押

234.石孝友　正例：屋、燭合爲一類
　　　　　　　　　覺、藥鐸合爲一類
　　　　　　　　　質術、陌麥昔、錫、職德、緝合爲一類
　　　　　　　　　物、月沒、末、黠、屑薛、葉帖合爲一類
　　　　　變例：月葉與陌麥職合押
　　　　　　　　　薛分與陌麥、德緝等韻合押

錫、職分與月薛等韻合押

合與月屑薛葉合押

235.韓　玉　正例：屋、燭合爲一類

藥鐸合爲一類

質、陌麥昔、職合爲一類

月、屑薛、葉帖合爲一類

變例：德與屋燭合押

狎與薛葉帖合押

236.熊上達　正例：質、昔、職德合爲一類

237.歐陽光祖變例：覺鐸、質、合盍帖洽狎業乏合押

238.羅　椿　正例：屋、燭合爲一類

239.何師心　正例：屋、燭合爲一類

240.趙　蕃　正例：月、薛合爲一類

241.馬子嚴　正例：屋、沃燭合爲一類

藥鐸合爲一類

242.趙師俠　正例：屋、燭合爲一類

覺、藥鐸合爲一類

質、陌麥昔、錫、職德、緝合爲一類
月、屑薛、葉合爲一類
德與屋燭合押押
變例：物與質緝等韻合押
葉與陌麥等韻合押
職與月薛等韻合押
陌麥與月屑等韻合押
業與陌月等韻合押

243.陳　亮　正例：屋、燭合爲一類
鐸自爲一類
陌麥昔、錫、職合爲一類
合與櫛月等韻合押
變例：質術櫛緝與物月沒曷屑薛合合押
沃、覺、質術、物沒合押
沒與陌昔等韻合押

244.楊炎正　正例：屋、沃燭合爲一類
質、陌昔、錫、職德、緝合爲一類

變例：月、屑分與陌德等韻合押

245. 李寅仲　正例：屋、沃燭合爲一類

246. 張　鎡　正例：屋、燭合爲一類

藥鐸合爲一類

質、陌昔、麥、職德、緝合爲一類

變例：月與藥鐸合押

月與質陌等韻合押

德與月屑薛合押

合與月曷末黠合押

247. 劉　過　正例：覺、藥鐸合爲一類

質、陌、錫、職德、緝合爲一類

月、薛合爲一類

變例：月與質陌等韻合押

248. 蔡幼學　正例：質、昔、錫、職合爲一類

249. 盧　炳　正例：屋、燭合爲一類

鐸自爲一類

陌麥昔、錫、職德、緝合爲一類

月、屑薛、葉合爲一類

250. 姜　夔　正例：屋、燭合爲一類

覺、藥鐸合爲一類

陌麥昔、錫、職德、緝合爲一類

月、曷末、屑薛、葉帖合爲一類

變例：德與屋燭合押

陌與覺藥鐸合押

合狎與月曷末葉合押

覺、鐸分與陌錫等韻合押

251. 汪　莘　正例：屋、燭合爲一類

藥鐸合爲一類

質術、陌麥昔、錫、職德、緝合爲一類

月、屑薛、葉帖合爲一類

變例：迄沒與質術緝合押

職與月薛葉合押

陌與薛合押

盍與月屑薛帖合押

252. 吳　琚　正例：月、末、薛、葉合為一類
253. 劉　翰　正例：陌、德合為一類
月、屑薛、葉帖合為一類
254. 劉仙倫　正例：屋、燭合為一類
陌昔、錫、職德、緝合為一類
物、月沒、屑薛合為一類
255. 杜　旃　正例：職、緝合為一類
256. 郭應祥　正例：屋、燭合為一類
覺、藥鐸合為一類
質術、陌昔、錫、職、緝合為一類
月、屑薛、葉合為一類
變例：物、沒分與質術合押
257. 李　壁　正例：覺、藥鐸合為一類
陌昔、職、緝合為一類
258. 韓　淲　正例：屋、燭合為一類
覺、藥鐸合為一類
質術、陌麥昔、錫、職德、緝合為一類

物、月沒、末、鎋、屑薛、葉合爲一類

變例：德與屋燭合押

質與物合押

陌、錫職分與屑薛等韻合押

業與月屑等韻合押

259. 李廷忠　變例：藥、陌、月薛合押

260. 胡惠齋　正例：質、陌昔、錫、職德、緝合爲一類

變例：物與陌昔等韻合押

261. 高似孫　正例。質陌昔、職德合爲一類

262. 王居安　正例：屋、燭合爲一類

263. 吳禮之　正例：藥鐸合爲一類

陌昔、錫、職、緝合爲一類

月、末、屑薛合爲一類

264. 丁黼　正例：屋、燭合爲一類

265. 兪國寶　正例：覺、藥鐸合爲一類

266. 徐沖淵　正例：昔、職合爲一類

月、薛合爲一類

267. 高惟月　變例：燭與藥鐸合押

268. 汪　晫　正例：質術、陌昔、錫、職合爲一類

　　　　　　變例：錫與物月薛合押

269. 趙希明　正例：覺、鐸合爲一類

270. 程　珌　正例：覺、藥鐸合爲一類

　　　　　　變例：質術陌麥昔錫職德與月屑薛葉可系聯合押

　　　　　　　　　盍洽業分與月屑薛葉合押

271. 鄭　域　正例：屋、燭合爲一類

　　　　　　　　　物、沒合爲一類

　　　　　　　　　月、屑薛、葉合爲一類

272. 王　澡　正例：昔、錫、職德合爲一類

273. 戴復古　正例：覺、藥鐸合爲一類

　　　　　　　　　陌麥合爲一類

　　　　　　變例：陌麥與月末薛合押

274. 李子酉　正例：藥鐸合爲一類

275. 陳　楠　正例：質術、錫合爲一類

276. 徐鹿卿　變例：質職德緝與物月沒合押

277. 葉秀發　正例：藥鐸合爲一類

278. 李　劉　正例：月、屑薛合爲一類

279. 史達祖　正例：屋、燭合爲一類

覺、藥合爲一類

質、陌麥昔、錫、職德、緝合爲一類

物、月沒、末、鎋、屑薛、葉帖合爲一類

變例：屑與陌昔等韻合押

陌與月薛等韻合押

業與葉帖合押

280. 高觀國　正例：屋、燭合爲一類

覺、藥鐸合爲一類

質、陌昔、錫、職德、緝合爲一類

月、末、屑薛、葉帖合爲一類

變例：沒與陌昔等韻合押

業與陌月屑等韻合押

281. 魏了翁　正例：屋、燭合爲一類

覺、藥鐸合爲一類

質術櫛、陌麥昔、錫、職德、緝合爲一類
月、黠、屑薛、葉合爲一類
變例：燭與陌麥等韻合押
陌職、末薛、合分與覺藥鐸合押
鐸、物月、質麥錫職合押
末與覺藥鐸合押
迄與質昔職合押
物、月分與質陌等韻合押
質術錫職與物月屑葉合押
屑與質緝合押

282. 李從周　變例：黠葉與合盍洽狎合押

283. 盧祖臯　正例：屋、沃燭合爲一類
覺、藥鐸合爲一類
陌麥昔、錫、職德合爲一類
月、薛合爲一類

284. 孫居敬　正例：陌麥昔、錫合爲一類
月沒、末、黠、屑薛合爲一類

285.留元剛　正例：屋、燭合爲一類

286.徐　照　正例：麥昔、錫、職合爲一類

287.可　旻　正例：覺、藥鐸合爲一類

陌麥昔、錫、職德合爲一類

變例：物與陌昔等韻合押

業、合乏分與月曷薛等韻合押

288.劉學箕　正例：陌昔、職德、緝合爲一類

變例：陌昔德與屑薛等韻合押

櫛、合與月曷沒屑薛等韻合押

289.林正大　正例：屋、燭合爲一類

覺、藥鐸合爲一類

陌昔、職、緝合爲一類

月、屑薛合爲一類

變例：合與藥鐸合押

290.洪咨夔　正例：屋、燭合爲一類

覺、藥鐸合爲一類

291.李致遠　正例：藥鐸合爲一類

292.劉　鎭　正例：屋、燭合爲一類

293.張　侃　正例：藥鐸合爲一類

294.曾　揆　正例：質、昔、錫、職德、緝合爲一類

295.王武子　正例：陌、錫、職德合爲一類

296.卓　田　正例：質、陌昔、錫、職德合爲一類

屑薛合爲一類

297.錦　溪　正例：屋、燭合爲一類

月、屑薛合爲一類

298.李仲光　正例：質、錫合爲一類

299.彭　止　正例：藥鐸合爲一類

300.陳　韡　變例：薛與陌錫職德合押

301.方千里　正例：屋、燭合爲一類

覺、藥鐸合爲一類

陌麥昔、錫、職德合爲一類

月、末、黠、屑薛、葉帖合爲一類

變例：德與屋燭合押

麥與月屑薛葉合押

業與黠薛葉帖合押

302.吳　泳　正例：屋、沃燭合爲一類
覺、藥鐸合爲一類
質、陌麥昔、錫、職合爲一類
月、屑薛、葉帖合爲一類

變例：曷與覺藥鐸合押
陌職分與月屑等韻合押
業、陌職與月黠屑薛合押

303.程公許　正例：屋、燭合爲一類

304.岳　甫　變例：陌與月沒末屑薛帖合押

305.岳　珂　正例：覺、藥鐸合爲一類
陌昔、職德合爲一類

306.陳以莊　正例：屋、燭合爲一類

307.許　玠　正例：月、薛合爲一類

308.王　邁　正例：屋、燭合爲一類
質術、陌麥昔、錫、職德、緝合爲一類

變例：鐸與屋燭合押

309.黄　機　正例：屋、燭合爲一類
業與月屑薛葉合押
覺、藥鐸合爲一類
質術、陌麥昔、錫、職德、緝合爲一類
月、屑薛、葉帖合爲一類
變例：德與屋燭合押
月薛與陌合押
藥、陌與月薛葉合押
狎與月屑薛帖葉合押

310.嚴　羽　正例：月、屑薛合爲一類

311.嚴　仁　正例：質櫛、陌麥昔、錫、職德、緝合爲一類
變例：物與質陌等韻合押

312.張　輯　正例：覺、藥鐸合爲一類
質、陌麥昔、錫、職德、緝合爲一類
月、末、屑薛、帖合爲一類
變例：業與月屑薛帖合押

313.葛長庚　正例：屋、燭合爲一類

覺、藥鐸合爲一類

質術櫛、陌昔、錫、職德、緝合爲一類

物、月沒、末、屑薛、帖合爲一類

合盍、狎合爲一類

變例：德與屋燭合押

葉與緝合押

質與物月沒薛合押

錫、昔職分與物屑薛等韻合押

314. 劉克莊　正例：屋、沃燭合爲一類

覺、藥鐸合爲一類

質術櫛、陌麥昔、錫、職德、緝合爲一類

月沒、末、黠、屑薛、葉帖合爲一類

合盍合爲一類

變例：德與屋沃燭合押

迄、屑、沒業分與陌職等韻合押

麥德與月薛等韻合押

洽、業乏分與月末屑薛麥德合押

315. 陽　枋　變例：屑、業合押

316. 周端臣　正例：屋、燭合爲一類

317. 趙福元　正例：質自爲一類

318. 李　億　變例：薛葉與質陌職德緝合爲一類

319. 馮取洽　正例：質、陌麥昔、職、緝合爲一類

320. 趙以夫　正例：屋、燭合爲一類

覺、藥鐸合爲一類

質、陌麥昔、錫、職德、緝合爲一類

月、黠、屑薛合爲一類

變例：物月薛與陌昔等韻合押

321. 張　榘　正例：質、陌麥昔、錫、職德、緝合爲一類

月、末、黠、屑薛、葉合爲一類

變例：覺藥鐸、陌麥、合合押

月、沒、薛分與陌昔等韻合押

322. 黃　載　正例：陌昔、錫、職德合爲一類

323. 俞文豹　變例：錫職德與物沒屑薛帖合押

324. 吳　淵　正例：質、陌昔、錫、職合爲一類

月、末、屑薛、葉合爲一類

325.杜　東　正例：質、陌昔、職德合爲一類

326.樓　采　正例：職、緝合爲一類

327.雷應春　正例：術、昔、職、緝合爲一類

328.游文仲　變例：陌與月黠屑薛合押

329.劉清夫　正例：月、屑薛合爲一類

330.周文謨　正例：覺、藥鐸合爲一類

331.李好古　正例：屋、沃燭合爲一類

陌昔、錫、職、緝合爲一類

變例：德與屋沃燭合押

月與陌昔等韻合押

332.劉子寰　正例：屋、燭合爲一類

覺、藥鐸合爲一類

變例：昔職與物月沒末薛合押

333.尹　煥　變例：昔與月沒屑薛葉帖合押

334.哀長吉　變例：業與物月沒屑薛葉合押

335.李義山　正例：藥鐸合爲一類

336.徐經孫　正例：月沒、薛合爲一類
變例：職與月合押
337.張ㄇㄇ　變例：覺藥與月曷鎋薛、乏合押
338.趙　某　正例：陌昔合爲一類
339.吳　潛　正例：屋、燭合爲一類
覺、藥鐸合爲一類
質、陌麥昔、錫、職德、緝合爲一類
物、月、曷末、屑薛、葉帖合爲一類
變例：德與屋燭合押
末與覺藥鐸合押
物、薛分與陌昔等韻合押
陌、麥、昔分與月屑等韻合押
鐸與帖、合洽狎合押
340.王　柏　變例：陌麥與月薛葉合押
341.曾原一　正例：覺、鐸合爲一類
342.陳東甫　正例：屋、燭合爲一類
343.李曾伯　正例：屋、燭合爲一類

覺、藥鐸合爲一類
質術、陌麥昔、錫、職德、緝合爲一類
月、曷末、屑薛、葉帖合爲一類
變例：德與屋燭合押
薛、月、物分與昔職等韻合押
陌麥德與月曷薛合押
洽、業分與月薛等韻合押

344. 趙崇嶓　正例：屋、燭合爲一類
覺、藥鐸合爲一類
月、末、屑薛合爲一類

345. 方　岳　正例：屋、燭合爲一類
覺、藥鐸合爲一類
質、陌麥昔、錫、職德、緝合爲一類
月沒、屑薛、葉帖合爲一類
變例：鐸、月、屑薛分與職德等韻合押
陌、麥職、德分與屑薛等韻合押

346. 徐寶之　變例：陌職與月屑薛葉帖合押

347.趙孟堅　正例：藥鐸合爲一類

348.馬光祖　正例：鐸自爲一類

349.蕭　崱　正例：質術、陌、職德、緝合爲一類

350.蕭泰來　正例：月、薛合爲一類

351.徐元杰　變例：藥鐸與陌職德合押

352.許　棐　正例：藥自爲一類

月、屑薛合爲一類

353.陳　策　正例：藥鐸合爲一類

354.李昴英　正例：屋、燭合爲一類

覺、藥鐸合爲一類

緝自爲一類

物、月沒、末、黠、屑薛合爲一類

變例：物與質陌合押

狎與月末黠屑薛合押

355.吳文英　正例：屋、燭合爲一類

覺、藥鐸合爲一類

質、陌麥昔、錫、職德、緝合爲一類

物、月沒、曷末、黠、屑薛、葉帖合爲一類

變例：德與屋燭合押

覺藥鐸、陌昔職、物屑等韻合押

合盍、洽、業分與緝葉等韻合押

356. 翁元龍　正例：緝自爲一類

月、薛合爲一類

357. 潘　牥　正例：藥鐸合爲一類

質、陌麥昔、錫、職合爲一類

358. 趙希彭　正例：質、陌、錫、職、緝合爲一類

359. 劉　瀾　正例：陌麥、錫、職合爲一類

變例：德與屋沃燭合押

360. 施　樞　正例：質、陌昔、錫、職合爲一類

361. 劉子實　變例：德與屋燭合押

362. 王　氏　正例：陌、德合爲一類

363. 章謙亨　變例：錫與物月薛等韻合押

月、屑薛、葉帖分與合狎、業合押

364. 楊伯嵒　正例：月、薛、葉帖合爲一類

365.李彭老　正例：月、屑薛合爲一類
366.李萊老　正例：陌昔、錫、職、緝合爲一類
月、屑、葉帖合爲一類
變例：德與屋燭合押
367.黃應武　變例：月屑與陌麥昔錫德緝合押
368.鄧有功　正例：覺、藥鐸合爲一類
質、昔、職、緝合爲一類
369.湯　恢　正例：質、陌麥昔、職德、緝合爲一類
變例：狎與月屑薛合押
370.李　演　正例：屋、燭合爲一類
371.衞宗武　變例：沒與屋燭合押
沒與質昔職緝合押
372.利　登　正例：陌自爲一類
373.劉　浩　正例：屋、燭合爲一類
質、陌麥昔、錫、職、緝合爲一類
374.黃　昇　正例：屋自爲一類
月、屑薛合爲一類

375.楊澤民　正例：屋、燭合爲一類
覺、藥鐸合爲一類
陌麥昔、錫、職德合爲一類
月、末、黠、屑薛、葉帖合爲一類
變例：德與屋燭合押
屋、德分與月屑等韻合押
業與黠薛葉帖合押
376.陳　郁　正例：覺、藥鐸合爲一類
377.馮偉壽　變例：陌職德與月屑薛葉帖合押
378.陳景沂　正例：昔、錫、職德合爲一類
379.松　洲　正例：質、陌昔、錫、德合爲一類
380.王　淮　正例：質、陌昔、錫、職合爲一類
381.柴　望　正例：陌昔、錫、職合爲一類
變例：燭、覺藥鐸、職德、月末薛合押
382.張　樞　變例：德與屋燭合押
業與葉帖合押
383.葉隆禮　變例：屑與陌昔錫職德合押

384. 家鉉翁　正例：質、麥昔、職德、緝合爲一類

變例：鐸與質昔等韻合押

385. 石正倫　正例：屋、沃燭合爲一類

陌、錫、職合爲一類

386. 陳　著　正例：屋、沃燭合爲一類

覺、藥鐸合爲一類

質、陌昔、錫、職德合爲一類

月、末、屑薛合爲一類

變例：德與屋燭合押

屋沃、覺、物月沒末合押

狎、藥鐸、陌德等韻合押

職與月屑等韻合押

387. 王義山　正例：屋、燭合爲一類

質、陌麥昔、錫、職德合爲一類

物、月、曷末、屑薛、帖合爲一類

變例：屋、鐸、陌分與薛帖等韻合押

物與質陌等韻合押

388.胡翼龍　正例：月、末、屑薛、葉合爲一類
變例：葉與陌昔德合押

389.劉之才　正例：陌麥昔、錫、職德、緝合爲一類
變例：緝、合與月黠薛葉帖合押

390.羅　椅　正例：覺、鐸合爲一類

391.張紹文　正例：物、月、屑薛合爲一類

392.張　矩　正例：屋、燭合爲一類
覺、藥鐸合爲一類
質、陌麥昔、錫、職德合爲一類
月、屑薛合爲一類
變例：德與屋燭合押
陌與覺藥鐸合押
合狎業與葉帖合押

393.姚　勉　正例：屋、燭合爲一類
陌麥昔、職德合爲一類
月、末、黠、薛合爲一類
變例：陌德與月薛合押

394.陳允平　正例：屋、燭合為一類
覺、藥鐸合為一類
質、陌麥昔、錫、職德、緝合為一類
月沒、末、黠、屑薛、葉帖合為一類
變例：德與屋燭合押
陌與覺藥鐸合押
陌德與月薛合押
業與黠薛葉帖合押
395.施　岳　正例：櫛、陌麥昔、錫、職德合為一類
月、屑薛、帖合為一類
396.薛夢桂　正例：覺、藥鐸合為一類
397.莫起炎　正例：月、屑薛合為一類
398.牟　巘　正例：質術、陌麥昔、錫、職德、緝合為一類
變例：月薛與職德等韻合押
屑、盍與術職等韻合押
399.吳季子　變例：物與質術合押
400.何夢桂　正例：藥鐸合為一類

質、陌麥昔、職合爲一類

月、屑薛合爲一類

變例：業與月黠屑薛葉帖合押

401.趙必𪾢　正例：櫛、陌、錫、職、緝合爲一類

402.林自然　變例：薛與陌錫職德合押

403.奚　淢　正例：覺、藥鐸合爲一類

質、陌昔、錫、職德合爲一類

變例：薛與質陌等韻合押

404.趙聞禮　正例：屋、燭合爲一類

覺、藥鐸合爲一類

陌昔、職德、緝合爲一類

變例：葉與陌昔德合押

405.曹　邃　正例：屋、燭合爲一類

月、屑薛、帖合爲一類

變例：沒與陌昔錫職緝合押

月、盍與質櫛陌麥昔錫職德合押

406.趙汝茪　變例：陌與屑薛合押

407. 譚宣子　正例：屋、燭合爲一類
陌昔、錫、德、緝合爲一類
408. 曾　楝　正例：覺、藥鐸合爲一類
409. 程　武　正例：屋、燭合爲一類
410. 蕭元之　正例：昔、錫合爲一類
411. 郭口口　正例：葉帖合爲一類
412. 王大簡　正例：陌昔合爲一類
413. 黃廷璹　正例：覺、藥鐸合爲一類
414. 陳坦之　正例：屋、燭合爲一類
415. 張　艾　變例：月薛葉帖與陌昔錫職合押
416. 施翠岩　正例：屋、燭合爲一類
417. 續雪谷　正例：覺、藥鐸合爲一類
418. 曾晞顏　正例：陌、職合爲一類
419. 朱子厚　正例：屋、燭合爲一類
420. 劉辰翁　正例：屋、燭合爲一類
覺、藥鐸合爲一類
質術櫛、陌麥昔、錫、職德、緝合爲一類

物、月沒、曷、屑薛、葉帖合爲一類

變例：德與燭合押

物月沒等韻與質櫛陌等韻合押

盍業與葉帖合押

合、櫛與月沒曷屑薛合押

421. 顏　奎　變例：物與質陌昔錫緝合押

422. 趙　淇　正例：陌昔、錫、職、緝合爲一類

423. 趙與仁　正例：屑薛合爲一類

424. 史介翁　正例：鐸自爲一類

425. 應灋孫　正例：陌、職德、緝合爲一類

月、屑薛、葉帖合爲一類

426. 周　密　正例：屋、燭合爲一類

藥鐸合爲一類

質櫛、陌麥昔、錫、職德、緝合爲一類

月、末、屑薛、葉帖合爲一類

變例：陌德與屋燭合押

合、業分與月薛等韻合押

427.王　奕　正例：屋、燭合爲一類
陌麥昔、錫、職合爲一類
變例：薛與陌麥昔錫合押

428.文天祥　正例：屋、燭合爲一類
物、月、屑薛合爲一類
變例：錫、職分與月屑等韻合押

429.鄧　剡　變例：陌錫職德與物月沒屑薛合押

430.劉　鑑　變例：月薛與陌昔職德合押

431.彭元遜　正例：屋、燭合爲一類

432.方　衡　變例：薛與麥昔職德合押

433.廖瑩中　變例：末黠薛帖與陌麥昔錫職德合押

434.翁溪園　變例：藥鐸與狎合押

435.趙　文　正例：覺、藥鐸合爲一類
月沒、屑薛、帖合爲一類

436.汪宗臣　正例：質、麥、職德、緝合爲一類

437.劉　壎　正例：屋、燭合爲一類
覺、藥鐸合爲一類

質櫛、陌麥昔、錫、職德、緝合爲一類

月、薛合爲一類

438. 汪元量　正例：覺、藥鐸合爲一類

錫、德合爲一類

月沒、屑薛合爲一類

變例：職與月屑薛合押

439. 王學文　變例：陌、業與月屑薛帖合押

440. 王清惠　變例：職與月屑薛合押

441. 吳淑眞　變例：德與月屑薛合押

442. 張瓊英　變例：職與月屑薛合押

443. 詹　玉　變例：月薛葉、業與陌麥昔職德合押

444. 王沂孫　正例：屋、燭合爲一類

月沒、末、屑薛、葉帖合爲一類

變例：德與屋燭合押

錫與藥鐸合押

陌與月屑等韻合押

物沒與術陌麥職德合押

445. 黃公紹　正例：屋、燭合爲一類

陌昔、錫、職德合爲一類

446. 柴元彪　變例：職與月屑薛合押

447. 東　岡　正例：屋、燭合爲一類

448. 梁　棟　正例：藥鐸合爲一類

449. 莫　崙　正例：月、薛合爲一類

450. 趙必瑑　正例：屋、燭合爲一類

藥鐸合爲一類

陌昔、錫、職德合爲一類

緝自爲一類

月沒、末、屑薛、合爲一類

變例：業與黠薛葉帖合押

451. 黎廷瑞　正例：屋、燭合爲一類

櫛、陌麥、錫、職合爲一類

月、屑薛合爲一類

變例：櫛陌麥與月屑薛合押

452. 陳　紀　正例：屋、燭合爲一類

陌昔、錫、職合爲一類

453. 仇　遠　正例：屋、燭合爲一類

覺、藥鐸合爲一類

質、陌麥昔、錫、職德、緝合爲一類

月、屑薛、葉帖合爲一類

變例：德與屋燭合押

覺、德與屋燭合押

454. 楊　均　正例：昔、錫、職德合爲一類

月、屑薛合爲一類

455. 李　琳　變例：陌職與月屑薛帖合押

456. 徐君寶妻正例：櫛、昔、錫、職合爲一類

457. 張淑芳　正例：屑薛、葉合爲一類

458. 王易簡　正例：屋、燭合爲一類

459. 呂同老　正例：陌麥昔、錫、職德、緝合爲一類

460. 唐　珏　正例：陌昔、錫、職德合爲一類

461. 林横舟　變例：錫與物月薛合押

462. 蔣　捷　正例：屋、燭合爲一類

覺、藥鐸合爲一類

陌昔、錫、職、緝合爲一類

月、屑薛、葉合爲一類

463.陳德武　正例：屋、燭合爲一類

藥鐸合爲一類

質、麥昔、錫、職德、緝合爲一類

月、藥鐸合爲一類

464.張　炎　正例：屋、燭合爲一類

覺、藥鐸合爲一類

質櫛、陌麥昔、錫、職德、緝合爲一類

物、月沒、末、屑薛、葉帖合爲一類

變例：葉、物分與陌昔等韻合押

緝、錫分與月薛等韻合押

合狎、業分與月葉等韻合押

465.王去疾　正例：陌、緝合爲一類

466.劉將孫　變例：屑薛與陌昔職合押

467.陳恕可　變例：德與屋燭合押

468. 劉　鉉　正例：緝自爲一類

469. 梅　坡　正例：質、陌昔、錫、職德、緝合爲一類

變例：物、薛分與質職合押

470. 胡浩然　正例：陌昔、職德合爲一類

變例：德與屋燭合押

471. 趙汝恂　正例：質、陌、錫、德合爲一類

472. 石　麟　正例：屋、燭合爲一類

473. 黃通判　正例：陌、職德合爲一類

474. 范　飛　變例：陌職與月薛葉帖合押

475. 王　紹　正例：質、錫、職、緝合爲一類

476. 吳　氏　正例：屑薛合爲一類

477. 姜个翁　正例：質術、昔、錫、職德、緝合爲一類

478. 王從叔　正例：月、薛合爲一類

479. 李太古　正例：陌、錫、職德合爲一類

480. 黃子行　正例：覺、藥鐸合爲一類

陌、錫、職德、緝合爲一類

月、屑薛合爲一類

變例：業與葉帖合押

481. 蕭允之　正例：覺、藥鐸合爲一類

職自爲一類

482. 劉天迪　正例：燭自爲一類

變例：業與月屑薛帖合押

483. 尹公遠　正例：屋、沃燭合爲一類

484. 彭泰翁　正例：質、陌昔、錫、職合爲一類

485. 曾允元　正例：陌昔、錫、職、緝合爲一類

月、屑薛、葉帖合爲一類

486. 邵桂子　變例：月屑薛與陌麥德合押

487. 彭子翔　變例：鐸、月與陌昔職德合押

488. 伍梅城　正例：質、昔合爲一類

489. 禪　峯　變例：陌與月沒屑薛合押

490. 黃誠之　變例：鐸與月末屑薛帖合押

491. 碧　虛　正例：覺、藥鐸合爲一類

492. 葉巽齋　變例：月薛與陌麥職合押

493. 鐵筆翁　變例：屑薛與陌德合押

494. 陳潛心　變例：物屑與質昔錫職錫合押

495. 三　槐　變例：業、職德與月屑薛合押

496. 張　倅　變例：葉、業與覺鐸合押

497. 梁大年　變例：屑薛與質錫職合押

498. 草夫人　正例：屋、燭合爲一類

499. 靜　山　正例：質、昔、錫、職、緝合爲一類

500. 劉　守　正例：屋、燭合爲一類

501. 劉仁父　正例：屋、燭合爲一類

502. 胡平仲　正例：月、葉合爲一類

變例：陌與葉合押

503. 白君瑞　正例：陌昔、錫、職德合爲一類

變例：鐸與陌昔等韻合押

504. 江無口　正例：質、昔、職、緝合爲一類

第三節　系聯分類之檢討

前節既分列以戈載所訂入聲五部爲系聯依據之各家用韻正、變例種類，今更就各部之使用總次數暨正、變例之百分比統計於下：三千一百五十韻例中，正例屬詞林正韻十五部者四百五十九，十六部者四百二十二，十七部者九百四十五，十八部者六百五十六，十九部者七；變例六百六十一。正例約佔百分之七九・〇二，變例約佔百分之二〇・九八。

首先就系聯分類之正例言，戈氏分部確巳能涵蓋幾達五分之四之韻例，然其中亦存有若干問題：

戈氏第十九部包含廣韻「合盍業洽狎乏」六韻之字，仲恆則歸「業」於「葉帖」等韻。依前者所分，則第十九部之正例僅七（註三），依後者分部，其正例數並未因之減少（註四），且可使編號 198 311 320 352 354 380 489 524 658 749 771 953 973 1009 1076 1186 1459 1504 1632 1714 1759 1768 1797 2041 2048 2086 2090 2122 2129 2203 2248 2279 2312 2392 2448 2543 2653 2687 2706 2766 2795 2895 2905 2921 2979 3073 3083 3116 3125 等四十九韻例由「變例」歸入「正例」之內。「業」韻字之歸部戈氏安排是否失當？此其一。

「迄」韻戈載與「物月沒曷末黠鎋屑薛葉帖」等十一韻同歸一部，該韻字於宋詞入聲韻例中僅出現五次，其韻例編號爲 1599 1604 1999 2152 2337。五韻例中包含「質」韻字十三、「緝」韻字六、

「陌」「迄」「昔」韻字各五、「職」韻字四、「錫」韻字三、「術」韻字二、「末」「薛」「陌」「麥」「沒」韻字各一，非但未與同部之「物月曷黠轄屑葉帖」八韻字合押，反多與戈載所訂第十七部「質術陌麥昔錫職緝」諸韻字互叶。「迄」韻字之歸屬問題如何解決？此其二。

漢語中古入聲字具有 -p -t -k 三種類型之塞音韻尾，依戈載之詞韻，第十七部即含有三種不同之塞音韻尾，第十八部亦含 -t -p 二種塞音韻尾之字，就韻例合押次數言，吾人不能否認中古不同塞音韻尾之入聲字宋詞中已習慣於合押，如：中古收 -t 尾之「質術櫛」三韻與收 -k 尾之「陌麥昔錫職德」六韻相押之次數高達一百五十四；與收 -p 尾之「緝」韻字相押亦有十二例；至於「陌」等六韻與「緝」韻相押者則有一百零五例；前述三種不同韻尾之十韻韻字合押者，更有九十八例。至於中古收 -t 尾之「月屑薛」三韻與收 -p 尾之「葉帖」韻字合押者，亦有一百三十三例（註五）。然而此種現象是否即可斷定中古三種塞音韻尾之分別，於宋詞中已混同為一？事實上仍需作進一步之分析。就各家作品系聯後之正例言，如張先「緝」與「陌」等六韻不混押，二類中並不雜「質術櫛」三韻之字；歐陽修「質術」韻不與「陌」等六韻混押，二類中亦不雜「緝」韻字；晏幾道「陌」等六韻亦不與「緝」「質」等韻字合押；時代較晚之李從周、方千里、楊澤民…「陌」等六韻屢屢合押，却不雜「緝」「質」韻字；柳永、張先、晏殊、歐陽修、杜安世……「月屑薛」三韻字屢屢合押，却不雜「葉帖」韻字，時代更晚之趙以夫、張矩、陳德武……亦復如此。再就總韻例數中做全盤統計，則「質術櫛」三韻獨押者有十五例，「陌麥昔錫職德」六韻獨押者五百二十六例，「緝」韻字獨押者三十四例，「月屑薛」三韻獨押者三百七十七例，「葉帖」二韻獨押者十三例，不同塞音韻尾獨押之傾向較合押者更爲明顯，則宋人之用韻標準如何？依戈氏分部所做之系聯分類，似又不能顯示不同塞音韻尾多分押之現象；其所分之韻部與宋詞音系相較，實已嫌太寬，此其三。

由於戈載分部之精確性尚有可議之處，能涵蓋百分之八十入聲韻例之五部分法，只能看出宋人押韻之大致輪廓，於考求宋詞音系入聲韻部僅具輔助作用，至於其實際之韻部數，尚待解決前述諸問題後，再做進一步之研究。

次就系聯分類之變例言，吾人對爲數五分之一之「例外押韻」當做何種解說？而「變例」中若干現象亦極具特色，如：

蘇軾、葉夢得、胡世將、黃中輔、辛棄疾、石孝友、汪晫、葛長庚、章謙亨、劉辰翁、文天祥、鄧剡、林橫舟、張炎諸人「變例」中皆有「錫與物月薛合押」現象，察其原作，往往題爲「用東坡赤壁韻」、「借赤壁韻」、「用東坡韻」、「借東坡先生大江東去詞韻」、「用東坡大江東去韻」……，可知各家此項「變例」，未必合於一己之押韻習慣，故借用他人名詞之韻脚形成「例外」押韻，當爲「變例」來源之一。以東坡「赤壁韻」爲例，後人借用者即有編號 499 657 1224 1663 1664 1711 1735 1838 2082 2330 2331 2654 2861 2872 2873 2874 2926 2927 2928 2932 3027 3089 等二十二韻例之多。

「德與屋沃燭合押」一項變例，出現於秦觀、周邦彥、王以寧、呂渭老、楊无咎、史浩、洪适、侯寘、陸游、張孝祥、丘崈、呂勝己、趙長卿、辛棄疾、韓玉、趙師俠、姜夔、韓滮、方千里、黃機、葛長庚、劉克莊、李好古、吳潛、李曾伯、吳文英、劉瀾、劉子實、李萊老、楊澤民、張樞、陳著、張矩、陳允平、劉辰翁、周密、王沂孫、仇遠、陳恕可、胡浩然等人作品之韻例中，其特點爲並非所有「德」韻字皆可與「屋沃燭」韻字押，合押者僅限於「國」「北」「墨」三字；而戈載「國」字兼收於「屋」「德」韻，「北」字兼收於「沃」「德」韻，「墨」字則僅收於「德」韻，並未說明其所以然，此種「變例」所佔韻例甚多，亦當有深入探究之必要，不可僅視爲偶見之「例外」押韻。

除前述二種大量出現之變例外，各韻互押形成之變例種類極多，甚難尋求其規律。雖然如此，同一類型變例出現次數之多寡，對擬測部與部間之關係，仍將有所助益也。

由詞家入聲韻字之系聯分類結果，吾人對宋詞押韻之方式、範圍已有概括性之瞭解，因戈載之分部並不盡合宋人之實際用韻，對「例外押韻」亦未能究其所以，故對韻例之分類仍需做進一步之探討，方可求得較正確之詞韻入聲韻部。

第四節　韻類正變例與作者里籍之關係

前節所列名姓可考之五百零四位宋詞作者，其入聲韻作品中含變例者計二百二十六人，幾佔百分之四十五；若就今存十韻例以上者統計之，則其變例更高達百分之九十三。宋代無通行共遵之詞韻韻書，作者依當時之讀書音、普通話音或各自之方音押韻，歷來鮮見討論，今依上節所訂正變例人數、韻例數與里籍可考之作者相較（註七），製表並說明詞韻是否受方音之影響。

一、屬今浙江省籍者

作者編號	正例數	變例數
2	1	0
3	2	0
4	1	0
9	27	0
26	1	0
35	19	0
54	30	3
62	21	3
63	5	1
66	2	0
75	2	2
77	0	1
81	8	2
88	12	1
100	3	0
126	1	0
135	17	6
145	1	0
146	17	3
154	1	0
156	3	0
158	2	0
160	1	0
162	13	3
166	10	1
172	3	0
176	1	0
179	0	1
181	1	0
185	8	0
186	9	3
187	1	0
189	15	1
191	14	5
193	5	0
207	8	0
215	1	0
232	0	2
243	8	8
246	6	5
248	1	0
255	1	0
259	0	1
261	1	0
262	1	0
263	3	0
272	1	0
273	3	1
277	1	0
280	13	5
283	12	0
286	1	0
289	7	1
290	7	0
309	14	4
323	0	1
324	3	0
326	1	0
333	0	1
339	53	18
340	0	1
343	27	10
347	1	0
348	1	0
352	2	0

作者編號	正例數	變例數
353	1	0
355	24	17
356	2	0
358	1	0
359	1	1
363	0	3
364	1	0
373	1	0
378	1	0
380	1	0
382	0	2
383	0	1
386	9	8
394	24	4
396	1	0
397	1	0
398	1	2
400	5	1
438	4	2
444	5	4
446	0	1
453	17	3
454	3	0
457	1	0
458	1	0
460	1	0
461	0	1
464	34	8

以上屬籍浙江之九十三位作家中，作品含變例者四十三人，約佔百分之四十六，其中總韻例七百二十，變例數一百五十二，變例作品約佔百分之二十一。

二、屬今江西省籍者

作者編號	正例數	變例數
10	9	0
14	29	1
21	2	1
24	1	0
28	17	2
36	2	0
39	14	8
42	1	0
44	1	0
57	14	0
65	5	0
67	0	1
69	4	2
72	2	0
82	1	0
87	6	1
105	17	4
120	1	0
138	1	0

1	2	161
3	24	163
16	33	169
0	1	175
1	25	177
1	1	194
0	2	201
7	50	216
1	0	219
0	1	220
5	7	223
0	3	227
8	10	228
0	1	230
0	3	231
7	20	234
0	1	238
8	16	242
2	7	244
1	5	247
5	13	250
0	4	254
2	23	256
7	23	258
0	3	256
1	0	276
0	1	278
0	2	294
0	1	295
1	9	312
0	2	322
0	1	335
1	1	336
0	1	341
0	4	344
1	0	346
0	1	349
0	1	350
1	0	351
0	2	368
0	1	372
4	15	375
0	1	376
4	3	387
1	1	388
0	1	390
1	4	393
0	1	401
0	1	410
18	36	420
1	2	427
5	2	428
3	0	429
1	0	430
0	2	431
0	2	435
0	7	437
4	4	451
1	0	466
0	1	477
0	1	478
1	4	480
1	1	482
0	1	484
0	2	485

以上屬籍江西之八十四位作家中，作品含變例者四十二人，佔百分之五十；其中總韻例五百七十，變例數四十五，變例作品約佔百分之八。

三、屬今福建省籍者

作者編號	正例數	變例數
8	24	2
18	1	0
20	1	0
38	5	1
93	7	0
121	22	5
134	1	1
148	5	0
153	2	0
159	1	0
171	1	0
173	1	0
196	1	2
200	7	6
205	1	0
214	25	3
221	3	0
237	0	1
241	3	0
267	0	1
271	4	0
285	1	0
288	2	5
296	2	0
298	1	0
299	1	0
300	0	1
301	16	3
306	1	0
308	3	2
310	1	0
311	2	1
313	17	6
314	47	8
319	1	0
320	15	1
325	1	0
329	1	0
332	3	1
334	0	1
357	2	0
399	0	1
433	0	1
445	2	0
447	1	0
463	8	0

以上屬籍福建之四十六位作家中，作品含變例者二十一人，約佔百分之四十六；其中總韻例二百九十五，變例數五十三，變例作品約佔百分之十八。

四、屬今江蘇省籍者

作者編號	正例數	變例數
5	1	0
13	0	1
29	2	0
41	2	1
43	2	0
46	23	6
48	4	2
53	9	1
98	4	1
102	0	1
108	1	0
110	2	0
142	4	0
147	12	3
149	2	0
157	1	0
195	38	4
202	3	0
207	8	0
210	1	0
211	1	0
212	7	2
213	9	2
233	24	4
260	1	1
266	2	0
293	1	0
316	1	0
321	10	4
360	1	0
371	0	2
391	1	0
395	3	0
448	1	0
449	1	0
462	19	0
465	1	0

以上屬籍江蘇之三十七位作家中，作品含變例者十五人，約佔百分之四十一；其中總韻例二百三十七，變例數三十五，變例作品約佔百分之十五。

五、屬今河南省籍者

作者編號	正例數	變例數
12	2	0
17	0	1
25	1	0
31	3	1
50	24	5
55	2	1
60	2	0
61	0	1
68	2	1
83	3	0
89	43	7
100	3	0
106	1	0
116	4	0
123	4	0
131	1	0
141	11	6
143	2	0
151	4	2

作者編號	正例數	變例數
152	15	5
156	3	0
164	16	5
167	10	2
180	1	0
198	3	1
240	1	0
252	1	0
279	15	3
304	0	1
305	3	0
307	1	0
467	0	1

以上屬籍河南之三十二位作家中，作品含變例者十六人，佔百分之五十；其中總韻例二百二十四，變例數四十三，約佔百分之十九。

六、屬今四川省籍者

作者編號	正例數	變例數
32	32	9
34	1	0
37	2	0
113	1	0
131	1	0
137	0	1
150	1	0
174	3	1
209	1	0
229	33	2
239	1	0
245	1	0
257	2	0
281	23	14
282	0	1
302	8	4
303	1	0
315	0	1
369	2	1
384	1	1
398	1	2
439	0	1

以上屬籍四川之二十二位作家中，作品含變例者十二人，約佔百分之五十五；其中總韻

例一百五十三，變例數三十七，約佔百分之二十四。

七、屬今安徽省籍者

作者編號	正例數	變例數
6	1	0
90	20	1
94	1	0
132	1	0
136	15	3
183	9	2
190	3	2
204	5	1
208	41	7
217	1	0
218	1	1
224	5	0
251	11	4
264	1	0
268	1	1
270	2	7
345	10	7
421	0	1
436	1	0

以上屬籍安徽之十九位作家中，作品含變例者十二人，約佔百分之六十三；其中總韻例一百六十六，變例數三十七，約佔百分之二十二。

八、屬今山東省籍者

作者編號	正例數	變例數
11	1	0
19	2	0
52	17	3
56	2	0
99	5	0
104	1	1
107	1	0
111	1	0
139	1	0
168	28	2
170	11	2
184	8	2
197	3	0
199	14	4
226	71	56
404	3	1
426	23	6
459	1	0

以上屬籍山東之十八位作家中，作品含變例者九人，佔百分之五十；其中總韻例二百七十，變例數七十七，約佔百分之二十九。

九、屬今河北省籍者

作者編號	正例數	變例數
3	2	0
33	7	1
49	2	1
64	0	1
71	2	0
76	1	3
78	1	0
686	0	1
92	2	0
210	1	0
269	1	0
406	0	1
423	1	0

以上屬籍河北之十三位作家中，作品含變例者六人，約佔百分之四十六；其中總韻二十八，變例數八，約佔百分之二十九。

十、屬今湖北省籍者

作者編號	正例數	變例數
22	2	0
30	3	0
51	8	0
58	1	0
70	9	0
140	27	2
155	10	1
188	1	0
225	9	0
443	0	2

以上屬籍湖北之十位作家中，作品含變例者三人，佔百分之三十；其中總韻例七十五，變例數五，約佔百分之七。

十一、屬今廣東省籍者

作者編號	正例數	變例數
129	15	0
133	27	2
275	1	0
292	1	0
354	5	2
450	9	1
452	2	0

以上屬籍廣東之七位作家中，作品含變例者三人，約佔百分之四十三；其中總韻例六十五，變例數五，約佔百分之八。

十二、屬今湖南省籍者

作者編號	正例數	變例數
130	4	4
168	28	2
222	2	0
253	3	0
327	1	0
455	0	1
456	1	0

以上屬籍湖南之七位作家中，作品含變例者三人，約佔百分之四十三；其中總韻例四十六，變例數七，約佔百分之十五。

十三、屬今山西省籍者

作者編號	正例數	變例數
47	1	0
73	4	2
103	4	7
128	0	1
421	0	1

以上屬籍山西之五位作家中，作品含變例者四人，佔百分之八十；其中總韻例二十，變例十一，佔百分之五十五。

十四、屬今陝西省籍者

作者編號	正例數	變例數
1	1	0
16	6	0
122	0	1
246	6	5
382	0	2

以上屬籍陝西之五位作家中，作品含變例者三人，佔百分之六十；其中總韻例二十一，變例八，約佔百分之三十八。

十五、屬今甘肅省籍者

屬籍甘肅者一人，作品四首，爲正例。

作者編號	正例數	變例數
445	4	0

十六、屬今吉林省籍者

屬籍吉林者一人，作品一首，爲正例。

作者編號	正例數	變例數
101	1	0

宋人塡詞，若皆憑一己之方音押韻，則前表各家變例次數中，形成變例之種類，應有大量按里籍區分之現象。今就相同類型出現變例次數較多者作一分析比較：「德」韻與「屋燭」韻字合押者五十九次（註八），皆爲「德」韻「國北墨」三字與「屋燭」韻字合押，依時代先後，有蘇人秦觀、浙人周邦彥、湘人王以寧、浙人呂渭老、鄂人楊无咎、浙人史浩、贛人洪适、魯或湘人侯寘、浙人陸游、皖人張孝祥、蘇人丘崈、閩人呂

勝己、贛人趙長卿、魯人辛棄疾、贛人石孝友趙師俠姜夔韓淲、閩人方千里、浙人黃機、閩人葛長庚劉克莊、湘人雷應春、浙人吳潛李曾伯吳文英劉瀾、贛人楊澤民、浙或陝人張樞、浙人陳著陳允平、贛人劉辰翁、魯人周密、浙人王沂孫仇遠、豫人陳恕可諸人皆曾如此通押，因里籍分佈極廣，且各家「國北墨」三字仍以與「陌麥」等韻字合押爲常，故此種變例並非作者據一己之方音用韻。

「術物沒」韻字與「屋沃燭」韻字合押者七次，晉人王安中趙鼎，魯人李邴王質辛棄疾、蘇人衞宗武皆屬之，此種押韻合於代表宋末西北方音之古今韻會擧要及北曲韻書中原音韻之分部，作者里籍又以北方及西北方人爲主，故可視爲以方音押韻。

「陌麥昔錫職德」諸韻與「覺藥鐸」韻字合押者十九次，里籍可考者有浙人呂渭老、魯人辛棄疾、贛人姜夔、川人魏了翁、贛人徐元杰、浙人吳文英陳著陳允平王沂孫等，因里籍分佈甚廣，故此種變例並非作者據一己之方音用韻。

變例之中，以詞林正韻第十七與十八部合押者爲最多，但却未受里籍之影響：如川人蘇軾「錫」韻字與「月薛」等韻字押，浙人葉夢得、蘇人胡世將，豫人韓元吉、浙人黃中輔、魯人辛棄疾、贛人趙善括……等亦皆曾通押；贛人趙彥端「緝」韻字與「月」韻字押，贛人曾紆、川人魏了翁、皖人方岳、浙人吳文英、川或浙人牟巘、浙人張炎……等亦皆曾通押；閩人柳永「陌」韻字與「月」韻字押，蘇人吳感陳師道、浙人毛滂劉燾、豫人朱敦儒、贛人向子諲、閩人蔡伸、豫人曹勛康與之張掄、贛人趙彥端、皖人吳儆……等亦皆曾通押。

「業」韻與詞林正韻第十八部合押者亦多，如冀人李之儀、豫人賀鑄、晉人王安中、浙人劉一止、湘人王以寧、川人李流謙、皖人張孝祥……皆曾通押。

由以上詞韻「變例」與作者里籍之對照，除「術物沒」與「屋沃燭」韻字合押受方音影響外，其他變例之產生實與作者里籍無關，換言之，詞人並未習於以個人之方音押韻，故下文爲宋詞入聲字分部之考證及對部與部間合韻之解釋，概不從方音角度考慮之。

【註釋】

註一 正例之中，凡詩韻非屬「同用」之韻目，皆以「、」號分開。

註二 變例之中，凡詞林正韻非屬同部者，皆以「。」號分開。

註三 韻例編號爲 99 100 272 878 891 2332 2375

註四 因「業」韻字從未與「合盍洽狎乏」五韻之字獨押。

註五 以上諸統計數字之韻例編號，見於本文第四、五二章。

註六 同註五。

註七 作者里籍有異說者則兩屬之。

註八 韻例編號見於本文第四章「方音入韻之探討」一節。

第四章　宋詞入聲字之分部

第一節　宋詞音系入聲字具三種塞音韻尾說

隋唐切韻音系之入聲字，其韻母有-p -t -k三種不同之塞音韻尾，元代北曲用韻「入派三聲」，學者或以爲中古塞音韻尾之逐漸合併與消失，當於南、北宋之時（註一），宋詞音系入聲字韻尾之存在類型，於詞韻分部深具影響，故本章首先對此問題加以討論。

本人以爲詞韻音系中，入聲字仍保存隋唐-p -t -k三種不同之韻尾，茲試分五項理由說明之：

一、由換韻證明入聲字具有三種塞音韻尾

傳統切韻系韻書本爲作詩寫賦用韻之參考，從唐宋至清代除增添幾處「同用」，或將「同用」之韻目加以合併外，韻目之分合一直未見變更，而宋詞却擴大詩韻「同用」之範圍。如「屋」與「沃燭」本非同用，宋詞中則以合押爲常；「覺」與「藥鐸」韻序相差極遠，詩韻亦不同用，而宋詞屢屢合押；「陌麥昔錫職德」詩韻分爲三，宋詞却合爲一。此種不受官韻拘束之押韻法，正顯示詞韻音系自具特點。沈謙詞韻略、李漁笠翁詞韻、吳烺程名世學宋齋詞韻、仲恒詞韻、戈載詞林正韻以至吳梅詞學通論所分之韻部，皆顯示「質術櫛陌麥昔錫職德緝」諸韻同用，亦即中古-p-t-k三種韻尾之字，詞韻已合爲一部，而今由詞人之換韻觀察比較，可知其間尚有分別。

依萬樹詞律，「減字木蘭花」當四易其韻。謝逸「疏疏密密」一闋，其四段韻字分別爲「密出」「梅回」「刻碧」「妍天」；「密出」分屬「質」「術」二韻，「刻碧」分屬「德」「陌」二韻，雖同屬詞林正韻十七部字，然此二類謝逸讀之必然有別，故於詞中視爲換韻，而二類字之隋唐音，韻尾正有-t-k之異；且今所存謝氏之詞，凡韻屬詞林正韻十七部，中古音韻尾有-p-t-k之別者，則絕不混押，可知北宋末年（謝逸卒於徽宗政和三年）入聲字韻尾尚有-p-t-k之分。

詞牌「菩薩蠻」，依萬樹詞律，其格律爲「兩句一韻，共易四韻」。姚寬用此詞牌塡詞二闋，其中一闋，「碧色」「旌輕」「立急」「來開」四組韻字互押，依詞林正韻分部，則一、三兩組隔韻相押，同屬第十七部字，並未換韻；廣韻「碧色」屬「陌」「職」二韻之字，「立急」屬「緝」韻字，其韻尾中古有-k-p之別，可知姚氏用韻當有語音依據。張孝祥用此詞牌塡詞十七闋，其中十六闋四易其韻甚爲明顯，唯「吳波細卷東風急」一闋，「急溼」「歌何」「客白」「璃歸」分押，依戈氏詞林正韻，「急溼」與「客白」同部，顯然不合詞律；今考「急溼」屬「緝」韻，中古音韻尾爲-p，而「客白」則屬「陌」韻，中古音韻尾爲-k，吾人從而得知張氏讀此二類有別，故視爲換韻；因作者其他作品合於詞林正韻所分第十七部之韻字，-p-t-k韻尾亦見混押，三類主要元音不當有別，故此闋二類之分應爲韻尾-k-p之異，張氏生於南宋初葉，可證當時-k-p韻尾尚能分辨。

詞中主要元音相同而韻尾有-p-t-k分別之入聲字，因歌詞配合音樂，尾音所佔時間甚短，或僅具收勢，對於聽者音感並無不協，是以作者多通押；唯其字音實有區分，故仍可視爲韻部不同而分用。由前引換韻例，知兩宋詞-p-t、-p-k韻尾實未相混淆也。

二、由作家用韻特徵證明入聲字具有三種塞音韻尾

宋代入聲字韻尾如皆已變同喉塞音ʔ，或消失而僅存一短調，則主要元音相同之中古三種入聲韻尾字，詞人必混押至無跡可尋，然事實並非如此。

北宋初寇準、潘閬、林逋、聶冠卿、李遵勗、柳永、張先、晏殊、歐陽修、沈唐、杜安世等人作品韻字，凡屬詞林正韻十七、十八部，中古音韻尾有-p-t-k之別者絕不混押。以歐陽修論，韻字合詞林正韻十七部字者十一闋，十闋僅用中古收-k尾「陌麥昔錫職德」六韻中之字，另一闋則十韻字皆屬收-t尾「質術」韻中之字，且十一闋中絕不雜收-p尾之「緝」韻字，此種現象斷不可視爲偶然，唯一解釋，只能說作者語言中仍保存三種入聲字收尾，又採主要元音暨韻尾皆求相同之「嚴式押韻」，所以不混押。叶十八部者有八闋，全屬中古收-t尾之入聲字，並不雜-p尾之「葉帖」韻字，亦足以說明當時入聲字仍存有不同之塞音韻尾。

宋代本無詞韻之專書，作者亦以小道視之，其時唱和風盛，偶有不依正規用韻者，他人

並不計較。以蘇軾論，其用韻本已甚寬，然尚有規律可尋，唯其「次董毅夫韻」「憂喜相尋」一闋，則「屋櫛沒薛鐸陌昔職」諸韻之字合押；「和元素韻」「無情流水多情客」一闋，則「月屑薛藥陌職德洽」諸韻之字合押，皆超出自己用韻之常軌。或有名詞傳世，後人更喜沿用其韻，以蘇軾「念奴嬌」「大江東去」一闋爲例，後世和韻留傳至今者達二十二首，該闋「壁」屬「錫」韻，與「物雪傑發滅髮月」等「物月薛」韻字合押，於詞韻中並非常見，然當時並不以爲非，可知詞韻本甚寬鬆；唯宋代作家亦偶有用韻頗嚴者，吾人當視爲分部之典範。以下擇取詞林正韻所分第十七部字，宋人作品-p -t -k明顯分押之例於後，以證兩宋詞韻入聲當依韻尾之別而分部。

謝逸「醉落魄」「霜砧聲急」一闋，八「緝」韻字合押；呂渭老「好事近」「年少萬函書」一闋，四「緝」韻字合押；仲并「念奴嬌」「練江風靜」一闋，八「緝」韻字合押；朱淑眞「清平樂」「風光緊急」一闋，前半闋四「緝」韻字合押；姚寬「踏莎行」「蘋葉烟深」一闋，六「緝」韻字合押；袁去華「謁金門」「歸鳥急」一闋，八「緝」韻字合押；范成大「秦樓月」「浮雲集」一闋，八「緝」韻字合押；王質「清平樂」「江沙帶溼」一闋，前半闋四「緝」韻字合押；丘崈「滿江紅」「和梁次張韻」一闋，九「緝」韻字合押；陳三聘「秦樓月」「春膏集」一闋，八「緝」韻字合押；劉克莊「滿江紅」「金甲琱戈」一闋，九「緝」韻字合押；又「鵲橋仙」「女孫犇珥」一闋，四「緝」韻字合押；吳潛「生查子」兩闋，同用四「緝」韻字合押；李昴英「賀新郎」「元日除書溼」「過雨璇空溼」兩闋，皆同用十二「緝」韻字合押。以上詞人作品大量獨用中古收-p音之「緝」韻字，因各韻例中絕不羼雜其他-t-k類韻尾，故知兩宋尚保有中古-p尾之入聲字。

歐陽修「漁家傲」「二月春耕昌杏密」一闋，十「質術」韻字合押；石孝友「念奴嬌」「麥秋天氣」一闋，八「質術」韻字合押；郭應祥「秦樓月」「三月一」一闋，八「質」韻字合押。以上諸人大量使用中古收-t尾之韻字，並未間雜中古收-p-k尾而與詞林正韻同屬一部之其他韻字，故知兩宋保有-t尾之入聲字。

一闋詞之韻字中古皆收-k尾，屬「陌麥昔錫職德」六韻，且其中未羼雜「質術櫛緝」等其他韻尾字者至多，如宋初聶冠卿「多麗」「想人生」一闋之十一韻字，柳永今存十三闋、晏殊今存五闋、舒亶今存十闋、周邦彥今存十一闋入詞林正韻十七部者皆屬之；年代較晚者如盧祖皋今存三闋入詞林正韻十七部之三十三韻字屬之，可旻今存三闋獨用詞林正韻十七部字之三十韻字、方千里今存五闋獨用詞林正韻十七部字之六十二韻字及楊澤民今存五闋獨用詞林正韻十七部字之六十一韻字亦皆屬之……，凡此均顯示宋代尚保存中古入聲字之-k尾。

由於詞韻受音樂影響，並不講求入聲韻尾之合同，今觀宋人作品，仍有因不同韻尾而分押之跡象，故可知宋詞所代表之語音內，入聲字實保存中古-p-t-k三種不同韻尾之讀法。

三、由兩宋韻書證明入聲字當具三種塞音韻尾

北宋著名之官修韻書，如大宋重修廣韻、集韻、禮部韻略等，皆以隋、唐韻書爲藍本，唯「同用」「獨用」之標準或與唐代有異。王應麟玉海卷四十五云：

韻略五卷，景德四年，龍圖待制戚綸等承詔詳定考試聲韻。綸等以殿中丞邱雍所定切韻同用、獨用例，及新定條例參定。

今觀其合併「同用」後之入聲韻目，-p -t -k 收音並未因之混淆，可知北宋人仍能區別此三種塞音韻尾。詞韻雖異於詩韻，蓋僅限擴大「同用」之範圍，與後代北音韻書離散廣韻韻目屬字，以重做組合不同；前二項所舉之詞韻實例，皆足以說明兩宋詞人具有承襲當代韻書三種不同塞音韻尾而分押之情形。

南宋末黃公紹所編之古今韻會，則一改傳統切韻系韻書音系，今由熊忠「舉要」之注語，吾人可別其入聲韻母爲二十八類，如其中「訖」類，含除莊系以外之職韻開口字，除莊系之緝韻字，除三等幫系四等見影系之質韻字，迄韻字，昔韻開口幫精知章系字，陌韻三等開口字及錫韻開口幫端精系字，中古 -p -t -k 三種不同收尾於此大混（註二）；又「匊」類兼收燭韻字，除非莊系之屋韻三等字，術韻之知照系及來母字，物韻之見影系字；「怛」類則兼收曷合盍三韻端精系字，黠鎋二韻開口知莊系字，月乏二韻非系字，洽狎二韻知莊系字，凡此皆與詞韻系統不合。

今更考全宋詞所錄黃公紹之二首入聲韻作品，其「踏莎行」「蟾苑蕭疏」一闋，全用屋燭韻字，宋人詞韻可通用，而分屬古今韻會之「匊」「穀」二類；另「滿江紅」「客子光陰」一闋，九韻字分屬「陌昔錫職德」五韻，宋詞亦可通用，然較之古今韻會，則分屬「額」「克」「訖」三類，三類之韻母並不相同，可知黃公紹所填之詞合於一般宋人詞韻，而異於自己所編之韻書。究其因，蓋古今韻會屬北方音系，而宋人詞韻則異於此，北方音系至南宋末-p-t-k收尾已混，而詞韻所使用之系統則依然完整保留，黃氏作品本身入聲字收-k尾者獨押，即爲詞韻音系-k尾與-p-t尾字仍有區別之明證。

四、由洪武正韻音系證明入聲字當具三種塞音韻尾

明洪武正韻宋濂序云：

皇上稽古右文，萬機之暇，親閱韻書，見其比類失倫，聲音乖舛，召詞臣諭之曰：韻學起於江左，殊失正音，有獨用當併爲通用者，如東冬、淸靑之屬，亦有一韻當析爲二韻者，如虞模、麻遮之屬，若斯之類，不可枚擧，卿等當廣詢通音韻者，重刊定之。於是翰林侍講學士臣樂韶鳳、臣宋濂、待制臣王僎，脩撰臣李叔允、編脩臣朱右、臣趙壎、臣朱廉、典簿臣瞿莊、臣鄒孟達、典籍臣孫蕡、臣答祿與權欽遵明詔，研精覃思，壹以中原雅音爲定，復恐拘於方言，無以達於上下，質正於左御史大夫臣汪廣洋，右御史大夫臣陳寧，御史中丞臣劉基，湖廣行省參知政事臣陶凱，凡六謄稿，始克成編。

參與編纂之人除答祿與權爲蒙古籍外，其餘皆爲南方人，而其音系却「一以中原雅音爲定」，據今人之考證，洪武正韻入聲可分十部，仍保存-p-t-k三種韻尾，吳淑美「洪武正韻的聲類與韻類」一文云：

入聲字的完整保存，及聲母部份有中古全濁母的存在，這種情形不但較元朝的中原音

韻，甚至於較宋末黃公紹古今韻會（書中僅保存收-t-k尾入聲）更古老，所以正韻雖自稱「一以中原雅音爲定」，歷來學者却以南方音視之。南方音既至明代尚保有-p-t-k之收尾，宋詞作家又以南方人居多，南宋建都杭州，北宋亦都於黃河以南之汴梁，正韻入聲音系更極近於詞韻，此宋詞音系入聲具三種塞音韻尾之又一證也。

五、由今人研究宋代語音證明入聲字尚保留三種塞音韻尾

許世瑛先生「從詩集傳叶韻考朱子口中鼻音韻尾以及塞音韻尾已各有相混情形」一文，發現朱熹舌尖與舌根塞音韻尾有相混之迹象，然於「從詩集傳叶韻中考廣韻陽聲及入聲各韻之併合情形」一文中，則確定朱子口語入聲字仍可分辨中古-p-t-k三種不同收尾。周祖謨「宋代汴洛語音考」一文，擬測宋代汴洛語之入聲韻多已失去塞音韻尾，而讀爲促音，唯中古-p尾仍於口語中保留。葉詠琍先生研究周邦彥詞韻分部，判斷淸眞詞韻與汴梁音當甚近，而擬測入聲韻仍具-t-k兩種不同收尾，與周氏說頗有不同。綜觀以上三家之說，皆未排除宋代入聲塞音韻尾之存在，而當時詞人用韻，不同之塞音韻尾亦有分押之現象，故由今人之研究成果，實對宋詞入聲保存中古三種不同之收音，已提出有力之佐證。

由以上五項明證，吾人當確信詞韻音系中之入聲字，仍保存中古切韻音系-p-t-k三種韻尾，而本章即從審音角度爲詞韻音系入聲字分部，凡韻尾有異者，雖主要元音相合，亦視爲不同之二部。

第二節　詞人用韻寬嚴與詞韻分部

詞人用韻之寬嚴足以影響韻部之歸納，戈載詞林正韻發凡嘗就此批評學宋齋詞韻云：「其書以學宋爲名，宜其是矣，乃所學者皆宋人誤處，眞諄臻文欣魂痕庚耕淸靑蒸登侵皆同用，元寒桓刪山先仙覃談鹽沾嚴咸銜凡又皆併部，入聲則物迄入質陌韻，合盍業洽狎乏入月屑韻，濫通取便，駢駁不堪，試取宋人名作讀之，果盡若是之寬者乎！」就「眞諄臻文欣魂痕庚耕淸靑蒸登侵」同用言之，諸韻主要元音當具相同之音質，韻尾則有-n、-ŋ、-m之別；韻尾不同不可視爲同部，故宋詞中用韻較寬之作品，皆爲精確分部之阻礙。

宋詞「寬式押韻」常見者大致可別爲四類。其一乃主要元音相同而韻尾有異：以舒聲爲例，歐陽修「漁家傲」「九月霜秋秋已盡」一闋，收-n尾之「盡粉近嫩信」與收-ŋ尾之「映盛定勁凝」押韻屬之；以入聲爲例，賀鑄「謁金門」「溪聲急」一闋，收-p之「急」與收-t之「出蜜日失必一筆」押韻屬之。韻尾不同而可互押之因，毛先舒於「古曲無慢聲辯」中云：「今詩韻之緝合葉洽四部，閉口入聲韻也。閉口之韻，法無旁通。而余觀宋人塡詞，其通韻之濫，雖不專於閉口；卽閉口而與他韻合用者亦不一而足。至元周德淸著中原音韻，竟廢入聲而取此四部不隸於侵尋、監咸、廉纖三閉口部而反隸於支思、齊微、歌戈、家麻、車遮諸部者，是閉口無入聲也。其所以無入聲者：凡唱曲作腔多須曼聲；

若入聲閉口，則其音詘然而止，豈復能爲曼聲而作腔乎。此所以宋人塡詞已溷閉口入聲於他韻，而挺齋全舉而廢之也。

入聲字爲配合音樂，主要元音延長，韻尾於最後僅作一象徵性之收勢，收音雖異，對聽者之音感並無不協，此爲入聲「寬式押韻」最常見之一種。

中古收 -n -ŋ -m 諸陽聲韻字，宋詞偶見互押，王力於漢語詩律學中解釋云：

直到現在，北方官話還能保存 -n -ŋ 的分別。不過，詞人既可純任天籟，就不免爲方音所影響。當時有些方音確已分不清楚 -n -ng -m 的系統了，所以它們不能不混用了。

吾以爲此說尚有可商之處。因 -n -ng -m 系統混亂者，於作品中僅佔少數，仍以分押爲常見，且混押者並無明顯地域之別，浙江人張先「近」字可與「靜定逈竟影永」合押（註三），江西人歐陽修「盡粉近嫩信」亦與「映盛定勁凝」合押（註四），福建人黃裳「信盡」與「境徑景定醒影」互押（註五），北方山東人晁補之「聘」字亦可與「俊仞韻信隱鬢近」叶韻（註六），故將 -n -ng -m 相押視爲方言影響，或不盡可信。清初詞曲鑑賞家李漁著「閒情偶寄」，書中提及幾段唱曲法，似更能說明 -n -ng -m 少數例外押韻之成因：

世間有一字，即有一字之頭，所謂出口者是也；有一字，即有一字之尾，所謂收音者是也；尾後又有餘音，收煞此字，方能了局。譬如吹簫姓簫諸簫字，本音爲簫，其出口之字頭，與收音之字尾，並不是簫。若出口作簫，收音作簫，其中間一段正音，並不是簫，而反爲別一字之音矣。且出口作簫，其音一洩而盡，曲之緩者，如何接得下板？故必有一字爲之頭，以備出口之用，有一字爲之尾，以備收音之用，又有一字爲餘音，以備煞板之用。字頭爲何？西字是也；字尾爲何？夭字是也；尾後餘音爲何？烏字是也。字字皆然，不能枚紀。……字頭字尾及餘音，皆爲慢曲而設，一字一板，或一字數板者，皆不可無，其快板曲，止有正音，不及頭尾。……字頭字尾及餘音，皆須隱而不現，使聽者聞之，但有其音，并無其字，始稱善用頭尾者，一有字迹，則沾泥帶水，有不如無矣。

陽聲韻之-n -ŋ -m皆屬「餘音」，快板曲中所佔地位極微，故有時只須主要元音相同，即已具音質重複出現之押韻感，此當爲異部陽聲韻字偶現互押之原因。

二字之尾音相同，於宋詞中亦偶見押韻，此爲「寬式押韻」之第二種。以平聲論之，晏幾道「鷓鴣天」「鬥鴨池南夜不歸」一闋，「回」與「歸詩衣西知」等詞林正韻第三部之字相押，「浣溪沙」「臥鴨池頭小苑開」一闋，「回」又與「開梅才來」等詞林正韻第五部之字相押。王力漢語詩律學中以爲此一現象緣於韻尾皆爲i，是尾音相同即可押韻也。就入聲論，吳文英「暗香」「縣花誰葺」一闋，「葺闔溼疊靨急葉帖接入蠟市」十二字相押，詞林正韻分屬十七、十八、十九三部，唯各韻字有韻尾同收-p之特點，亦可與前平聲字例歸爲一類。

宋詞上去聲韻例中，有廣韻「語麌御遇」與「紙旨止尾薺寘至志未霽祭」諸韻字相押者，王力以為乃主要元音 i y 二音相近，詞人從寬通叶之故；詞林正韻十七、十八二部字於宋詞中互押之例甚多，幾佔入聲「例外押韻」之半數，而此二部之主要元音亦相近（說見本文第五章），故入聲字僅主要元音相近，亦偶可互叶，此為第三種之「寬式押韻」。

中古入聲字之別於其他三聲者，即在音較短促，宋詞某些曲牌必用入聲韻，可知此種特性仍保留於詞中，當代某些豪放派詞人如蘇軾、辛棄疾等，竟有僅取入調短促之特性，而不顧主要元音同否即隨意取叶之現象，如辛棄疾「品令」「更休說」一闋，「說薩八燭鶴撇」相押，韻字分屬詞林正韻十五、十六、十八三部；「千年調」「左手把青霓」一闋，「月闔一石席璧壑惚」相押，韻字分屬詞林正韻十六、十七、十八、十九四部，凡此皆可視為極寬之押韻，甚至當可稱為「押調」（註七）。

宋詞用韻之標準既受音樂之影響，「寬式押韻」更普遍存於入聲韻中，如純以前章客觀系聯宋詞入聲韻字所得之韻類，即視為宋詞音系中之「韻部」，其間差距必然甚大；故先瞭解宋詞中幾種較寬之押韻方式，實為分部前當有之認識。

第三節　方音入韻之探討

宋代各地方音資料，今所得知者甚少，因「方音入韻」影響以普通話押韻之宋詞歸部，故本節先將幾種涉及方音問題之韻例提出討論，以便於詞韻分部時，不致與正規押韻混雜而引起困擾。

陽曲人王安中所作「菩薩蠻」「玉纖傳酒浮香菊」一闋，「蔌出」二字相押，分屬「屋、術」二韻；解州趙鼎「虞美人令」「魂消目斷關山路」一闋，「曲沒」二字相押，分屬「燭、沒」二韻；濟州人李邴「調笑令」「雙綠」一闋，「綠拂玉觸玉足屋」七字相押，分屬「屋、燭、物」三韻；向滈「清平樂」「次豐城人王武子韻」「離愁萬斛」一闋，「斛束骨綠」四字相押，分屬「屋、燭、沒」三韻；鄆州人王質「滿江紅」「紙帳梅花」一闋，「竹谷馥曲叔惚玉續足」九字相押，分屬「屋、燭、沒」三韻；歷城人辛棄疾「滿江紅」「老子平生一闋，「屋兀鵠菊穀玉速竹軸」九字相押，分屬「屋、沃、燭、沒」四韻；華亭人衞宗武「金縷曲」「強半秋澄穆」一闋，「穆煜斛續玉祝綠馥笏復足鹿」十二字相押，分屬「屋、燭、沒」三韻。今考「出」字於編號 862 939 1403 1551 1842 等韻例出現，「沒」字於編號 165 525 1003 1247 1264 等韻例出現，「拂」字於編號 504 1740 1906 2067 2429 等韻例出現，「骨」字於編號 55 229 504 847 1119 等韻例出現，「惚」字不再見於其他韻例，然與其同音之「忽」字則於編號 1010 1906 1999 2316 2444 等韻例出現，「兀」字於編號 165 1719 1911 2107 等韻例出現，「笏」字於編號 2007 2125 2391 2450 2569 等韻例出現，皆不與「屋沃燭」三韻相押，而上述諸字於古今韻會舉要正與「屋沃燭」三韻同屬「穀匊」二類之字，古今韻會爲南宋之北方音，而前七人中，五人皆爲北方山東或山西人，故此等不尋常之押韻方式，當屬方音入韻。

廣韻「陌麥昔錫職德」六韻之字於詞中合押，唯「德」韻「北國墨」三字又與「屋沃燭」韻字兼叶，此種例外押韻之韻例數多達五十九，今分錄其編號於下：

國—— 292 384 908 1657 1865 2252 2481 2523 2555 2613 2649 2651 2691 2769 2893 3099 3104

北—— 768 769 770 814 857 909 912 1023 1098 1303 1435 1438 1505 1531 1865 1871 1880 1897 1977 2040 2065 2282 2329 2343 2371 2439 2484 2486 2488 2490 2613 2658 2707 2716 2745 2759 2844 2893 2917 2968 3007 3008

墨—— 1022 1494 1715 2613

戈載詞林正韻發凡云：

> 唯有借音之數字，宋人多習用之，如……周邦彥「大酺」「況蕭索青蕪國」，國字叶古六切，……姜夔「疎影」「但暗憶江南江北」，北字叶逋沃切，韓玉「曲江秋」亦用國、北叶屋沃韻，……相沿至今，既有音切，便可遵用。

「借音」之緣起，戈載並未深究，其後失名所著之詞通，亦承戈氏之說，以爲「俗音叶韻」。今考周祖謨「宋代方音」一文云：

> 趙彥衞雲麓漫鈔卷十四：「且四方之音不同，國墨北惑字，北人呼作穀木卜斛，南方則小轉爲唇音。北人近於俗，南人近於雅。」……廣韻國墨北惑爲德韻字，穀木卜斛爲屋韻字。……羅常培先生唐五代西北方音所錄四種藏漢對音材料中「國惑默北」等

字與屋韻字韻母相同，與趙彥衞所言宋代北音情況相似。今山西晉城太原等地「國」與「轂」音亦同也。

趙彥衞爲南宋開封人，旣言「國北墨」三字之韻，北人讀與屋韻字同，則無疑爲方音入韻。然宋代詞人有此種方音入韻者，並不如周氏所舉，僅限於西北方音或遠至山西太原一帶，今以可考知之作家里籍言，「國」字與屋燭韻押者，浙江九人，山東二人，河南、江西、江蘇各一人；「北」字則浙江十五人，江西八人，福建四人，湖南、山東各三人，安徽二人，陝西、湖北各一人；「墨」字則江西、江蘇、浙江、山東各一人，南方作家實多於北方作家。且察考各家之押韻，其中固有三字獨與屋燭韻相押者，但亦不乏與陌麥等韻合押之例，如周邦彥「國」曾三次與「陌麥」等韻字相押，僅一次與「屋燭」韻字合韻；張孝祥「北」曾三次與「陌麥」等韻字相押，僅二次與「屋燭」韻字合韻；辛棄疾「國」曾一次與「屋燭」韻字合押，却六次與「陌麥」等韻字合韻，……一字並不專主一音，可知當時二音皆爲人所習用。就今日漢語方言之調查觀之，「屋國北墨」四字押韻而不與「德」押者唯揚州一地，周祖謨所提之太原，則「屋墨國德」四字押韻而不與「北」押；吾以爲，若以今律古，所謂「北人」或不必遠至太原一帶，宋詞作者旣多南方人，又習用其音，則此乃江北某地區之方音入韻歟！

戈載詞林正韻發凡云：

宋人詞有以方音爲叶者，如黃魯直「惜餘歡」「閣合」同押。

王力漢語詩律學於仲氏詞韻第十六部與第十九部通叶下引晏幾道「六么令」後亦云：

詞律於黃庭堅「惜餘歡」註云：「以閤、合、峽、蠟同叶，是江西音也。」晏幾道恰又是江西人，也是以閤、蠟同押，大約是方音的緣故。

按晏詞此闋覺韻「閣學覺角」與合韻「匝答蠟」、洽韻「掐押霎」相押，依王力說，則凡此二部字於詞韻中互押，當爲方音入韻；今考韻例編號 133 242 254 786 1576 1677 2213 2940 皆爲詞林正韻十六與十九部互押，其中晏幾道、黃山谷、趙長卿三人屬籍江西，另張元幹、辛棄疾、林正大皆非江西人，且絕大多數江西作者二部並未通押，吾以爲此一現象爲二類之主要元音相同，僅韻尾有異，故偶見互押，似可不必以方音入韻解之。

第四節　宋詞入聲字分九部說

從審音角度言，凡二韻之主要元音或韻尾不同，即當視爲異部；前文已對詞韻塞音韻尾種類、詞人用韻寬嚴及方音入韻有所說明，今以此爲基礎，更進而由入聲韻例之互押型態，爲宋詞入聲字分部如下：

一、屋沃燭三韻同部說

詩韻「屋」韻獨用，「沃燭」韻同用；有宋一代詞韻自始即相互合押；詩韻二類字於詞中合押之韻例多達三百八十九，屋韻與沃燭韻分押之韻例則僅十九與五十一次，三韻同部至爲明顯，今分列其韻例之編號於後。

1. 屋韻字獨押之韻例編號：

425 469 950 1047 1145 1146 1338 1340 1406 1688 1727 1825 1827 1930 2016 2019 2028 2379 2675

2. 沃燭韻字獨押之韻例編號：

35 49 128 131 150 194 207 214 220 301 305 313 388 463 485 492 513 515 516 616 636 679 754 894 928 1046 1143 1144 1164 1270 1339 1347 1408 1455 1550 1787 1794 1795 1801 1826 1834 1914 1931 1954 1965 2187 2256 2385 2695 2772 3124

3. 屋與沃燭韻合押之韻例編號：

2 6 23 48 50 62 71 72 77 86 93 98 108 117 127 135 146 155 166 168 170 204 213 228 232 234 241 249 256 258 275 277 281 290 318 323 343 350 368 374 378 381 383 391 392 393 418 420 431 433 456 473 475 482 487 493 502 510 518 540 541 546 568 609 627 633 655 661 669 692 695 703 713 717 720 731 736 737 761 777 806 818 834 840 848 852 853 856 860 867 868 872 902 926 932 937 938 968 972 978 986 987 991 995 997 999 1004 1012 1015 1027 1031 1050 1058 1065 1066 1069 1078 1081 1082 1091 1097 1121 1123 1125 1126 1133 1141 1147 1148 1154 1155 1157 1161 1163 1165 1166 1172 1175 1180 1202 1206 1210 1211 1213 1226 1227 1231 1232 1234 1235 1237 1238 1246 1249 1252 1253 1254 1255 1256 1257 1263 1295 1307 1310 1319

1322 1350 1353 1356 1362 1363 1376 1385 1390 1397 1398 1400 1405 1407 1410 1418 1420 1425 1436 1445 1460 1471 1474 1475 1478
1498 1499 1503 1508 1515 1520 1534 1546 1552 1574 1579 1582 1586 1592 1593 1594 1606 1612 1613 1619 1631 1644 1645 1656 1676
1684 1699 1716 1718 1721 1728 1750 1760 1767 1780 1788 1791 1803 1804 1809 1837 1849 1855 1858 1864 1874 1875 1877 1879 1886
1887 1888 1900 1905 1910 1919 1920 1928 1929 1934 1938 1948 1953 1957 1958 1968 1986 1987 2007 2031 2032 2038 2039 2047 2052
2070 2074 2093 2096 2117 2125 2130 2146 2162 2163 2164 2175 2179 2182 2184 2189 2195 2451 2216 2223 2225 2227 2235 2242 2246
2249 2251 2264 2266 2270 2275 2280 2284 2288 2318 2338 2373 2377 2378 2393 2402 2403 2441 2445 2456 2458 2465 2469 2475 2478
2482 2495 2501 2511 2527 2532 2534 2567 2577 2596 2602 2609 2623 2667 2671 2681 2685 2688 2690 2712 2717 2727 2733 2747 2754
2756 2764 2771 2777 2778 2780 2784 2811 2816 2818 2821 2827 2829 2832 2837 2841 2863 2881 2898 2910 2924 2925 2936 2937 2944
2947 2948 2971 2973 2975 2981 2982 2983 2989 2992 2996 3013 3015 3024 3029 3042 3048 3070 3085 3107 3126 3142 3144 3145

屋韻獨押之十九韻例中，十六韻例之作者屋與沃燭韻皆曾合押，韻例編號425 469 950之三位作者，因作品極少，未見使用沃燭韻字，且各韻例均不超過三韻字，故不足以證明屋韻字可獨押，而自成一部也。

沃燭韻同押之五十一韻例中，四十一韻例之作者沃燭與屋韻皆曾合押，韻例編號 150 301 463 485 513 515 516 679 894 314 之八位作者，亦因作品少，不見使用屋韻字，且各韻例均不超過四韻字，自成一部之條件並不明顯，故不宜獨立成部。至於沃燭韻獨押較屋韻獨押數爲多，乃因燭韻字較常用作韻字之故。

屋沃燭三韻之字以合押爲常，中古韻尾皆收-k音，故詞韻當屬同部。

二、覺藥鐸三韻同部說

詩韻「覺」韻獨用，「藥鐸」韻同用；宋代詞韻並未分押，覺與藥鐸合押之韻例數爲二百一十五，藥鐸韻不與覺韻合押之韻例數爲二百零七，覺韻字則從未獨押，今分列二種韻例之編號於後。

1. 藥鐸韻字獨押之韻例編號：

3 26 51 60 63 89 103 106 107 123 124 142 143 172 174

176 179 193 224 247 248 251 271 274 308 316 321 325 329 333 338 347 357 360 361 365 366 390 414 439

441 446 447 486 509 522 530 574 612 613 618 620 640 652 683 701 708 718 747 748 775 776 782 789 797

825 849 863 864 865 901 905 919 922 951 954 965 977 983 996 1005 1018 1025 1030 1067 1070 1075 1101 1107 1113

1118 1181 1207 1215 1221 1285 1289 1301 1306 1309 1313 1314 1336 1346 1360 1379 1415 1431 1446 1472 1485 1492 1495 1518 1519
1522 1528 1543 1556 1563 1564 1581 1616 1617 1628 1639 1642 1652 1674 1722 1725 1733 1755 1756 1793 1799 1805 1823 1833 1845
1847 1852 1868 1878 1881 1883 1917 1933 1941 1956 1985 2010 2053 2060 2063 2073 2077 2102 2105 2178 2186 2211 2224 2226 2228
2237 2272 2320 2368 2369 2370 2372 2376 2383 2390 2397 2446 2449 2464 2476 2502 2587 2588 2593 2594 2645 2781 2798 2799 2805
2856 2871 2879 2890 2900 2903 2956 2976 2985 3038 3039 3051 3053 3059 3069 3088 3123

2. 覺與藥鐸合押之韻例編號：

9 30 34 44 58 73 90 95 119 138 211 221 276 309 322
372 373 375 395 417 472 527 532 538 548 583 585 611 632 642 650 693 699 707 710 732 755 784 785 790
799 800 822 828 850 851 854 855 859 861 869 881 940 960 1014 1016 1045 1062 1072 1077 1088 1090 1117 1177 1178
1179 1193 1195 1197 1209 1228 1258 1259 1269 1298 1324 1326 1330 1359 1373 1421 1469 1511 1513 1521 1530 1536 1565 1567 1577
1578 1588 1614 1618 1689 1720 1741 1757 1769 1772 1774 1811 1813 1817 1859 1863 1896 1943 1982 2024 2026 2029 2034 2037 2050
2056 2075 2076 2083 2087 2098 2100 2114 2134 2181 2183 2185 2198 2217 2219 2220 2221 2222 2240 2241 2243 2260 2273 2283 2290

2306 2334 2389 2401 2405 2406 2438 2443 2454 2462 2470 2471 2474 2496 2497 2498 2499 2516 2517 2518 2519 2520 2524 2526 2538
2539 2540 2541 2566 2574 2575 2578 2595 2620 2626 2641 2662 2679 2680 2682 2697 2714 2729 2741 2746 2775 2776 2782 2789 2806
2809 2820 2825 2826 2830 2834 2836 2850 2862 2880 2885 2941 2946 2951 3006 3012 3028 3030 3031 3037 3062 3063 3118 3121 3135

藥鐸韻合押之二百零七韻例中，一百一十六例之作者曾與覺韻同押，因覺韻字從不單獨使用，且適於作韻脚字者較少，故藥鐸韻雖常見獨押，亦不得逕言當獨成一部。覺藥鐸三韻之字以合押爲常，中古韻尾又同收-k音，故詞韻當屬同部。

三、陌麥昔錫職德六韻同部說

詩韻「陌麥昔」韻同用，「錫」韻獨用，「職德」韻同用；宋詞則三類多混押無別，韻例中兼含三類韻字者達二百一十四例，二類合押者計二百二十五例，三類分押者僅八十七例，今分列其韻例之編號於後：

1. 陌麥昔韻字獨押之韻例編號：

17 43 52 92 111 132 180 181 205 208 215 216 219 245 246
302 459 526 610 647 676 685 757 846 903 985 1102 1168 1212 1214 1265 1284 1291 1335 1404 1417 1448 1451 1453 1454
1468 1473 1482 1512 1523 1525 1529 1590 1591 1749 1822 2009 2099 2166 2200 2202 2269 2453 2642 2670 2677 2722 2824

2. 錫韻字獨押之韻例編號：

122 1744 2292 3036

3. 職德韻字獨押之韻例編號：

37 121 206 551 742 833 952 976 1345 1444 1477 1784 1832 2012 2018 2045 2051 2854 3016 3122

4. 陌麥昔與錫韻字合押之韻例編號：

1304 1315 1483 1484 1915 2020 2194 2309 2616 2822

5. 錫與職德韻字合押之韻例編號：

218 222 743 2297 2472 2952 3117

6. 陌麥昔與職德韻字合押之韻例編號：

10 11 33 38 57 64 68 75 88 102 126 144 154
182 185 186 195 210 212 244 252 263 265 269 317 326 349 359 369 379 400 404 409 410 416 421 461 488
490 491 501 512 528 529 543 547 552 561 563 565 576 586 593 598 625 629 635 648 656 660 673 698 705
712 719 722 730 758 760 765 774 787 788 793 795 803 836 837 838 858 871 877 886 904 917 942 963 966
971 982 990 992 1026 1028 1029 1035 1036 1043 1064 1071 1074 1079 1108 1110 1120 1130 1135 1162 1173 1174 1182 1222 1225
1229 1273 1274 1275 1278 1280 1332 1334 1354 1355 1358 1423 1424 1439 1440 1441 1463 1467 1509 1545 1548 1559 1560 1568 1583
1584 1633 1643 1690 1723 1726 1742 1776 1789 1802 1819 1821 1854 1861 1893 1894 1913 1955 1969 1990 1997 2003 2027 2043 2046
2058 2079 2120 2121 2124 2126 2139 2191 2199 2209 2247 2267 2274 2303 2305 2325 2382 2384 2399 2421 2466 2473 2545 2612 2617
2618 2640 2652 2686 2749 2757 2785 2803 2831 2853 2866 2911 2980 2998 2999 3011 3020 3049 3105 3108

7. 陌麥昔、錫與職德韻字合押之韻例編號：

7 13 15 16 18 19 20 22 27 29 47 65
66 69 78 79 91 96 97 101 105 109 134 139 152 160 191 235 266 295 297 298 339 341 346 355 371
377 385 386 394 398 401 402 403 413 452 464 465 474 519 535 550 569 577 578 579 581 599 601 607 608
615 630 641 643 696 702 733 750 751 762 766 767 778 809 823 884 906 910 913 914 916 923 924 957 959
964 994 1000 1002 1006 1007 1051 1059 1092 1094 1095 1099 1112 1192 1194 1196 1198 1217 1244 1251 1272 1286 1287 1300 1329
1331 1352 1357 1369 1422 1433 1470 1500 1502 1514 1537 1541 1554 1555 1566 1580 1605 1608 1626 1806 1816 1818 1884 1895 1924
1926 1971 1978 2005 2049 2097 2108 2118 2135 2190 2192 2196 2231 2239 2245 2253 2254 2296 2321 2327 2339 2342 2345 2362 2363
2364 2365 2410 2411 2426 2427 2428 2463 2477 2528 2529 2530 2603 2604 2610 2611 2648 2678 2684 2692 2693 2699 2702 2705 2711
2736 2744 2762 2765 2767 2768 2770 2774 2786 2804 2877 2878 2897 2902 2923 2972 2978 2991 2997 3004 3009 3019 3026 3041 3887
3115 3149

宋詞陌麥昔三韻相押之韻例計六十三，其中僅編號：1417 1590 1591 2099 2453 2670 2824之六位作者因作品較少，各韻例韻字又均未超過三字，故未見與錫職德韻字合押；其餘五十六韻例之作者皆曾與錫、職類韻字混押，則少數作家獨押現象僅可視為偶合，「陌麥昔」三韻實不能獨成一韻部。

錫韻字獨押僅四見，除編號122之作者因存詞甚少，未見使用其他入聲韻字外，其餘三人皆於其他作品中與陌、職類字合押，故錫韻字於詞中不能獨立成部。

職德韻字合押之韻例計二十，亦僅編號 121 976 1477 3122之作者於其他韻例中不與陌錫類字合押，因四韻例韻字皆不超過四字，且作者存詞亦少，故此二韻於詞中亦不可獨立成部。

陌麥昔與職德二類韻字用於詞韻中較錫韻字爲多，三類獨押之韻例自然錫韻最少；至於二類合押之韻例，陌錫類合押十次，錫職類合押七次，陌職類合押則多達二百零八次，實亦由於錫韻字少之故。

總之，陌麥昔與錫、職德韻字以合押爲常，三類皆無獨立成部之跡象，中古韻尾又同收-k音，故此五韻之字於宋詞入聲韻中當屬同部。

四、質術櫛三韻同部說

詩韻「質術櫛」三韻同用，宋詞中則多與「陌麥昔錫職德緝」諸韻相押，故戈載詞林正韻將此十韻歸爲一部，然「質」類字亦有獨用者。今分列此三韻之字獨押及與他韻字合押之韻例編號於後，並說明其當單獨視爲一部之理由。

1.質術櫛一類韻字獨押之韻例編號：

87 169 334 415 495 634 671 1105 1842 2021 2030 2033 2394 2855 2857

2.質術櫛一類與緝韻字合押之韻例編號：

145　332　423　645　1240　1456　1526　2015　2294　2492　2493　3005

3.質術櫛一類與陌麥昔錫職德一類韻字合押之韻例編號：

157　171　226　230　268　270　405　438　517　520　521　549　689　738　741　764　783　811　819　839　841　888　931　935　970　980　981　993　1017　1039　1040　1041　1042　1048　1089　1103　1137　1149　1167　1185　1190　1201　1203　1204　1205　1208　1233　1277　1282　1302　1305　1308　1311　1367　1368　1370　1413　1432　1434　1461　1490　1497　1507　1517　1532　1569　1597　1607　1611　1629　1650　1658　1671　1672　1673　1686　1743　1748　1771　1783　1866　1872　1916　1921　1922　1942　1947　1993　1996　2011　2069　2081　2103　2111　2145　2147　2153　2161　2173　2233　2236　2258　2277　2285　2313　2315　2317　2324　2326　2348　2349　2350　2351　2352　2359　2367　2374　2380　2400　2407　2431　2432　2433　2455　2479　2480　2503　2536　2579　2646　2650　2664　2700　2701　2724　2734　2751　2752　2787　2796　2808　2859　2901　2909　2950　3022　3075　3086　3090　3091　3106　3110　3127　3132

4.質、陌、緝三類韻字合押之韻例編號：

231　370　428　440　442　451　455　566　571　595　606　619　639　709　792　808　989　1127　1128　1129　1159　1365　1377　1378　1386　1391　1419　1615　1669　1764　1765　1790　1846　1856　1976　2036　2057　2061　2068　2110　2127　2131　2138　2144　2156　2159　2167　2169　2174　2229　2278　2289　2307　2314　2353　2354　2355　2356　2357　2358　2396　2414

2435 2533 2547 2548 2557 2558 2559 2560 2561 2562 2563 2564 2583 2589 2647 2663 2672 2673 2709 2760 2791 2801 2839 2840 2896

2899 2943 2949 3050 3076 3079 3082 3103 3113 3143 3150

以上質術櫛一類韻字合押之韻例計十五，其與緝韻字合押之韻例計十二，與陌麥等一類韻字合押之韻例計一百五十四，「質」「陌」「緝」三類合押之韻例數計九十八；由質術櫛三韻獨押之比例少於與他韻合押之現象觀之，似不可獨成一部，然「質術櫛」三韻，中古之韻尾收音爲-t，「陌麥昔錫職德」五韻，中古之韻尾收音爲-k，「緝」韻字中古之韻尾收音爲-p，本章第一節曾證明詞韻音系中，仍保存中古入聲字之三種收音，「質」「陌」「緝」三類字韻尾既有區別，自不能合成一部；至於何以三類經常通押？本章第二節曾說宋詞受音樂影響，本來短促之入聲字爲配合歌譜之節拍，必須將主要元音延長，而其塞音韻尾或僅存收勢，對聽者感覺音質之重複出現不形成阻礙，故只需主要元音相同，不必計較韻尾之塞音種類即可得到押韻之效果，三類字之主要元音相同，故自然可於「寬式押韻」下互用。質術櫛三韻合押之十五韻例中，編號87 1842 2033之韻字多達八或十字，亦絕非出於偶然，故「質術櫛」三韻於詞韻音系中當自成一部。

五、物迄沒三韻與質術櫛同部說

詩韻「物」「迄」二韻獨用，「月沒」二韻同用，戈載詞林正韻將此四韻與「曷末黠鎋屑薛葉帖」同歸入一部，實則「物迄沒」當與「質術櫛」同部。今先論「迄」韻之歸部問題。

迄韻字於宋詞韻例中只出現五次，其編號爲1599 1604 1999 2152 2337，各韻例內之其他韻字分屬廣韻韻目如下：

1599 韻例：質、末、薛、陌、麥五韻各一字，昔韻二字。

1604 韻例：質、錫二韻各一字，昔、職、緝三韻各二字。

1999 韻例：術、沒二韻各一字，緝韻四字，質韻七字。

2152 韻例：質、昔、職各一字。

2337 韻例：術、職二韻各一字，錫韻二字，質韻三字。

因迄韻字從未獨押，故不可單成一部；再從詞林正韻所分之韻部觀察，迄韻字只與十七部字押之韻例有三，却無單獨與十八部字押者；合押之韻字屬十七部者三十五，屬十八部者僅三字，若依下文之考訂，將「沒」韻字亦歸入「質」類，則與十七部字相押之韻例又增加一次，故單從韻例中即可證知「迄」韻字不得與「曷末黠鎋屑薛葉帖」同部；而「迄」韻字既與「質」類合押，中古又同收-t韻尾，故詞韻音系「迄」韻字當與「質術櫛」同部。

物韻字於詞韻出現之次數較多，今歸納與其他韻字相押之類型及韻例編號如下：

1. 與詞林正韻十七部字合押之韻例編號：

267 312 830 862 1402 1403 1487 1551 1573 1600 1624 1627 1708 1709 1745 1901 1904 2022 2064 2091 2154 2155 2157 2165 2171 2201 2301 2461 2553 2554 2556 2600 2731 2794 2842 2845 2858 2887 3078 3102

2. 物韻與沒韻或更與詞林正韻十七部字合押之韻例編號：

504 1247 1707 1906 1911 2094 2963

3. 同於蘇軾「大江東去」一詞韻脚之韻例編號：

161 499 657 1224 1663 1664 1711 1735 1838 2082 2330 2331 2654 2861 2872 2873 2874 2926 2927 2928 2932 3027 3089

4. 與詞林正韻十八部字合押之韻例編號（不含第二項中僅物沒二韻合押之韻例）：

53 1003 1250 1740 2007 2094 2109 2115 2319 2457 2597

5. 兼與詞林正韻十七、十八部字合押之韻例編號（合於第三項者除外）：

250 504 525 929 1011 1247 1392 1683 1695 1696 1701 1707 1711 1719 1906 1911 2104 2149 2158 2316 2408 2429 2444 2633 2654 2735 2742 2861

2875 2882 2884 2963 3089

6.屬方音入韻之韻例編號：118 670。

7.與詞林正韻其他各部字混押之韻例編號：939 1710 1918 2041 2448 2713

物韻字從未獨押，故不可單成一部；依下文之考訂，「沒」韻字於宋詞音系與「質」類同部，則第一、二項顯示物韻字與詞林正韻第十七部相押之韻例有四十七，與第十八部相押之韻例僅十一，二者相較，物韻顯然近於「質陌緝」類字，而遠於「曷月葉」等韻之字，至於其同時與十七、八部字合押之現象並不足怪，因第三章系聯出之「變例」，大部分皆屬此二部之「例外押韻」，況於五十六韻例中，有二十餘乃借用韻向來寬鬆之蘇軾詞之韻脚。物韻字既常與詞林正韻第十七部字合押，其中古音韻尾收-t，與「質術櫛」收音相同，故詞韻中當屬同部。

詩韻「沒月」二韻同用，而宋詞韻例中並不盡然，今亦歸納「沒」韻與其他韻字互押之類型及編號於下：

1.與物、迄及詞林正韻十七部字合押之韻例編號：118 229 467 504 1119 1247 1264 1707 1906 1908 1911 1999 2025 2085 2094 2140 2141 2668 2813 2963

2.與詞林正韻十八部字（不含物迄二韻）合押之韻例編號：55 165 1003 1010 1248 1840 1841

2007　2109　2119　2193　2323　2335　2450　2597　2761　2942　2955　2964　2986

3.兼與詞林正韻十七、十八部字合押之韻例編號：

525　1719　2088　2271　2316　2420　2429　2444　2447　2569　2619　2864　2934　3133

4.與詞林正韻十五部字合押之韻例編號：

1388　1717　2669

5.與詞林正韻其他各部字混押之韻例編號：

156　237　238　239　240　307　810　847　1907　1909　1912　1918　2048　2391　2448　2713　2886　3081

沒韻字無獨押之韻例，故不得自成一部；就合押之韻例言，第一、二類型數目相同，因沒韻與第一類型「質術櫛物迄」五韻及第二類型「月屑薛」三韻之中古音同收-t尾，沒韻字於詞韻音系當與何者同部誠難判斷；吾以爲月沒二韻詩韻中本同用，及至詞韻，月屑薛三韻字合押之韻例多達三百餘（見下節），與沒韻相押者却僅十五，沒韻字反與本不同用之質陌類韻字亦有十五次之合押，充分表示沒與月韻之同用關係至宋代已不明顯，反倒有與質類字同用之現象，故今由宋詞韻例內之韻目分合變化，認爲「沒」韻字於宋詞音系中當與「質術櫛物迄」五韻同部。

前文已從韻例證明「物迄沒」與「質術櫛」同部，今更有三項輔證：其一爲葉詠琍先生

「清眞詞韻考」一書，由四聲相承之韻目推斷「物迄沒」三韻於清眞詞中當與「質術櫛」同部；其二爲明初官修之洪武正韻，月沒二韻不同類，且物迄沒與質術櫛合成一類，月與屑薛合成一類，從音變軌迹言，二者前後正相應合；其三爲宋代韻圖四聲等子、元代韻圖經史正音切韻指南，「質術櫛物迄沒」六韻同攝，而與詞韻韻例現象相合，故今確認「質術櫛物迄沒」六韻之字於詞韻音系中同屬一部。

六、月屑薛三韻同部說

詩韻「屑薛」韻同用，宋詞則又多與月韻字合押，今分列二類字合用、分用之韻例編號於後：

1.月與屑薛韻字合押之韻例編號：

1　5　8　12　25　39　40　42　61　67　70　76　81　82
94　110　113　116　120　125　129　130　137　140　141　147　148　149　173　187　189　190　192　196　197　199　201　202　209
223　225　227　233　236　257　260　261　283　294　304　306　314　330　331　335　336　340　345　351　353　356　358　389　407
411　422　424　434　435　437　445　450　462　476　477　479　484　498　506　508　511　514　533　536　539　554　556　575　588
589　590　594　622　623　626　631　653　654　674　675　680　687　694　714　721　725　727　728　729　735　745　752　753　756
759　763　772　781　794　802　817　824　826　827　835　866　870　873　887　892　895　897　899　900　907　911　915　920　925
927　930　933　934　946　956　961　984　1013　1019　1020　1021　1060　1061　1083　1085　1096　1111　1114　1150　1218　1242　1260　1268　1271

1276 1279 1281 1283 1293 1316 1317 1318 1343 1344 1348 1351 1361 1394 1412 1416 1447 1457 1462 1466 1486 1493 1496 1524 1535

1542 1561 1562 1570 1571 1589 1595 1596 1598 1609 1610 1635 1638 1666 1668 1679 1694 1712 1724 1731 1782 1830 1831 1835 1870

1876 1944 1949 1960 1961 1962 1966 2013 2014 2042 2044 2078 2106 2112 2113 2142 2177 2188 2215 2218 2234 2257 2276 2300 2322

2336 2340 2361 2386 2398 2409 2437 2494 2505 2506 2507 2508 2512 2513 2514 2515 2550 2551 2552 2565 2584 2590 2592 2635 2643

2657 2674 2676 2696 2720 2721 2750 2763 2773 2790 2797 2800 2835 2846 2847 2848 2849 2860 2906 2907 2931 2945 2969 2977 2984

3001 3002 3018 3032 3043 3044 3045 3046 3047 3052 3053 3114 3119

2. 月韻字獨押之韻例編號：

54 56 59 114 426 436 460 478 480 481

3. 屑薛韻字獨押之韻例編號：

36 203 217 362 412 453 457 483 531 596 637 646 649 681 704

706 746 773 805 842 896 918 921 947 1033 1034 1104 1191 1220 1223 1266 1267 1337 1380 1437 1458 1491 1533 1539 1547

1557 1798 1800 1824 1867 1892 1981 1983 1992 2132 2232 2268 2415 2416 2572 2833 2870 2889 3035 3040 3084 3095 3112

月屑薛韻字合押之韻例計三百零二，月韻字獨押者僅十二例，屑薛字獨押者亦僅六十三例；月或屑薛韻字獨押之作者，如張先、李之儀、舒亶、陳師道、謝逸、毛滂、劉濤、吳則禮、朱敦儒……等人其他作品之韻例中，二類韻字皆曾合押，唯編號 114 426 531 704 706 746 773 805 947 1191 2232 2889 3112 之作者李師中、蘇庠、曹組、劉國均、孫巘、陳與義、鄧肅、聞人武子、洪惠英、卓田、趙與仁、吳氏諸人因所存之詞較少，且「月」或「屑薛」之韻例用字皆不超過四字，故其雖有獨押現象，皆應視爲偶合。

月屑薛三韻之字以合押爲常，中古韻尾皆收 -t 音，故詞韻當屬同部。

七、緝韻獨成一部說

詩韻「緝」韻字獨用，詞韻則多與「質術櫛物迄沒」、「陌麥昔錫職德」二部字合押，然獨押之韻例亦有三十四，其編號爲 4 41 115 315 419 816 941 948 1068 1100 1106 1183 1184 1199 1328 1374 1450 1452 1488 1540 1680 1815 1963 2017 2059 2341 2381 2521 2522 2598 2599 2644 2987 3100，諸位作者中，袁去華、陳三聘曾八緝韻字獨押，丘崈及劉克莊亦曾九緝韻字獨押，李昴英作品更有十二緝韻字獨押者，可見該韻字應具某種特點，否則不致有如此明顯之獨押現象。今考中古緝韻字韻尾收 -p，經常與之合押者，「質」等六韻收 -t，「陌」等六韻收 -k，三者韻尾不同，「質」「陌」二類既已各別成部，則詞韻音系中「緝」韻字亦當獨立自成一部。

八、葉帖業三韻同部說

詩韻「葉帖」同用，「業乏」同用，宋人詞韻則此二類多與月屑薛韻字合押，今將「葉帖」與「業」韻字之押韻類型及其韻例編號分列於後：

1. 葉帖二韻字獨押之韻例編號：

200 253 310 337 691 843 1037 1049 1109 1558 2828 2843 2869

2. 葉帖與月屑薛韻字合押之韻例編號：

153 164 175 177 280 282 285 286 287 291 293 367 387
408 429 444 497 523 557 559 560 564 567 570 573 580 582 624 628 677 678 682 686 700 744 779 791 796
807 820 845 943 944 945 949 975 1032 1038 1053 1063 1084 1115 1116 1152 1371 1395 1409 1426 1428 1429 1430 1464 1480
1501 1553 1575 1682 1702 1703 1734 1737 1770 1773 1775 1778 1785 1786 1796 1857 1890 1959 1973 1980 1984 1988 2001 2002 2023
2092 2095 2263 2295 2298 2299 2387 2417 2418 2419 2504 2576 2656 2659 2788 2815 2851 2867 2891 2894 2904 2912 2914 2915 2916
2965 2967 2988 3000 3010 3023 3034 3055 3057 3058 3066 3068 3074 3077 3080 3092 3093 3094 3129 3147

3. 業韻與葉帖韻字合押之韻例編號：

198 320 1009 1459 2122 2706 3116

4. 業韻與葉帖月屑薛韻字合押之韻例編號：

311 489 524 658 749 771 953 973 1076 1186 1632 1714
1759 1768 1797 2090 2129 2203 2279 2312 2392 2543 2653 2905 2921 3073 3083 3125

「業」韻字從未獨押，故不得自成一部；因其多與「葉帖」及「月屑薛」韻合押，而「葉帖業」三韻中古音韻尾皆收 -p，故詞韻音系中當屬同部；「月屑薛」三韻收 -t 尾，雖多與其合押，然不可視爲同部。

詞林正韻將「業」韻與「合盍洽狎乏」五韻字合爲一部，因宋詞韻例中絕不見此六韻獨押者，而業韻確與葉帖二韻相近，故今不從戈氏之說。

九、合盍洽狎乏五韻同部說

詩韻「合盍」韻同用，「洽狎」韻同用，詞韻中二類字不乏獨押之韻例，且中古音韻尾皆收-p，故此四韻當屬同部。今將其獨用及與他韻合押之類型及編號分列於後：

1. 合盍洽狎四韻獨押之韻例編號：

99 100 272 878 891 2332 2375

2. 合盍洽狎與覺藥鐸合押之韻例編號：

133 242 254 786 1576 1677 2213 2940

3. 合盍洽狎與「屑」「葉」部字合押之韻例編號：

151 324 396 427 505 604 617 1169 1288 1320
1325 1393 1812 1839 1869 1991 2084 2286 2655 2665 2748 2865 2918

4. 合盍洽狎韻例中含曷末黠鎋四韻字之韻例編號：

178 184 466 1636 1637 1659 1660 1661 1907 1909
1912 1932 1972 2168 2180 2197 2204 2205 2206 2344 2360 2452 2549 2601 2740 2886 3081

前輩編著詞韻，或將「合盍洽狎」視與「屑」「葉」同部，今觀前列第三項，確實不乏合押之例，然亦有三種現象可證其當獨成一部。四韻合押之七韻例中，五韻例之韻字皆含四字以上，更有高達七八字者，不可視爲偶然，此其一；四韻獨與「覺藥鐸」一部字合押者計八次，較「葉帖業」之三次（韻例編號 821 1093 3140）爲多，又其與「屑」部字合押者僅八次（韻例編號 151 505 617 1288 1320 1393 2665 2918），卻遠不及「葉」「月」二部字合押之一百六十餘次，因「葉」「合」二類之合韻方向有異，故不可視爲同部，此其二；合盍洽狎亦多與曷末黠鎋相押，而「曷」等四韻又常與「覺藥鐸」一部字合押，三類之中古音韻尾既有-p -t -k之異，則其主要元音必有相同處，「覺藥鐸」三韻前已證明同部，則「合盍洽狎」亦自具獨立成部之條件，此其三。

詩韻「業乏」同用，乏韻字於宋詞韻例中只出現五次，其韻例編號爲 1216 1687 2197 2344 2452，各韻例內之其他韻字分屬廣韻韻目如下：

1216 韻例：合、帖、狎三韻各一字，葉韻二字。

1687 韻例：葉韻一字。

2197 韻例：末、黠二韻各一字，月、合二韻各二字，曷韻三字。

2344 韻例：月、末、屑、麥、德、業六韻各一字，薛韻二字。

2452 韻例：覺、鎋、藥三韻各一字，月、曷、薛三韻各二字。

乏韻字從未獨押，故不得自成一部；因其與前節「葉」部字獨押者僅一次，且該韻例只有二字，又未曾與詩韻同用之「業」韻字獨押，如將其歸「葉」部，證據似嫌不足。今由此五韻例，綜合「乏」韻字之特點有五：1216 1687 韻例之屬字，中古音皆收-p尾，乏韻字亦當仍保有雙唇塞音韻尾，此其一；1216 2197 2344 韻例含「合盍洽狎」部之字，此其二；2197 2344 2452 韻例含「曷末點鎋」四韻之字，此其三；2452 韻例含「覺藥」部之字，此其四；五韻例中皆含「葉」或「月」部之字，此其五。由第二、三、四特點，乏韻與前所云「覺」「曷」「合」三類字關係密切其韻尾又與「合」等四韻相同，故今將此五韻於詞韻音系中編屬為同部。至於第五特點，則因「月屑薛葉帖」諸韻字之出現，較「合盍洽狎」及「曷末點鎋」次數為多，異部合押之機會亦大，此處可逕視為「例外押韻」。

十、曷末點鎋四韻同部說

詩韻「曷末」同用，「點鎋」同用。宋詞中含此四字之總韻例不及二百，今將其獨押，或為數較多之合押韻例類型及編號分列於下：

1. 曷末點鎋獨押之韻例編號：

319 553 832 1851

2. 曷末點鎋與「月」部字合押之韻例編號：

14 21 28 31 45 46 80 83 84 85 163 262

278 299 327 328 344 363 397 399 468 534 542 614 638 697 711 715 880 883 898 1073 1200 1219 1236 1245 1292

1321 1327 1342 1349 1476 1489 1506 1510 1538 1601 1623 1705 1814 1829 1836 2062 2071 2347 2388 2412 2425 2568 2605 2614 2627

2630　2638　2725　2753　3061

3\. 曷末黠鎋與「月」「葉」二部字合押之韻例編號：

183　348　352　354　376　380　382　448　603　716　780　874　875　876　1504　1549　1641　1697　1730　1736　1777　1781　1843　1974　2000　2086　2148　2244　2248　2250　2311　2422　2430　2687　2689　2737　2766　2779　2783　2795　2895　2979　3060　3065

4\. 曷末黠鎋與「覺」部字合押之韻例編號：

288　289　2151　2265　2460

5\. 曷末黠鎋與「月」「陌」「葉」三部字合押之韻例編號：

664　1427　2133　2262　2333　2459　2683　2939

6\. 曷末黠鎋與「月」「合」二部字合押之韻例編號：

178　466　1932　2197　2360　2549　2601

7\. 曷末黠鎋與「月」「陌」二部字合押之韻例編號：

284　2054　2101　2210　2436　2542　2719

8\. 曷末黠鎋與「質」「月」「合」三部字合押之韻例編號：

1659　1660　1661　1907　1909　1912　2204　2205　2206　2886　3081

曷末黠鎋四韻中古音收-t尾，就前列韻例觀之，其多與「月」「葉」二部字合押，則似當合併歸屬「月」部，然其韻例亦有五特點：四韻偶見獨押，此其一；四韻出現韻例數不及

「月」部字之五分之一，然二者與「覺」部字合押之次數却相同，此其二；出現黠鎋韻字之韻例僅五十四次，而韻例中兼含曷末韻字者多達二十五次，此其三；四韻不乏與「合」部字通押者，此其四；四韻又多與「質」「陌」部字合押，且韻例時代偏後，此其五。由第一、三項特點，曷末黠鎋似具獨立成部之條件；第二、四項特點，此四韻似又與「覺」「合」部字相近；第五項則顯示此四韻於宋代有音變現象，由多與「月」部相押，轉至與「質」「陌」部字押。

今考元代劉鑑所編之韻圖經史正音切韻指南，其「山攝」字承襲早期韻圖，內含入聲「月曷末黠鎋屑薛」諸韻，「曷末黠鎋」居一、二等，「月屑薛」居三、四等，至其「蟹」攝，則一反宋代韻圖四聲等子之相配，使「質術櫛」三韻字居於三、四等，替代「月屑薛」之地位，而仍與「曷末黠鎋」配成四等。吾以爲此種現象正可說明「曷末黠鎋」四韻本近於「月」部字，故與「月」部字同攝，其後又漸與「質」部字音近，遂兼配「月」「質」二部字；因明代之洪武正韻「曷末」「黠鎋」二類並未與「月」部或「質」部字合而爲一，故今將此四韻獨立成一部，其主要元音與「覺」「合」二部相同，唯韻尾有別，是以多通押，其主要元音又近於「月」「葉」、「質」「陌」四部之字，因而多見「例外押韻」。

第五節　宋詞入聲九部與廣韻入聲韻目之比較

依據上文分析宋詞入聲字之韻尾種類暨各韻例用韻之特點，擬將宋詞音系中之入聲韻字分為九部，今訂各部部名，並與廣韻韻目比較如下：

一、宋詞「屋」部——廣韻「屋、沃、燭」三韻之字屬之。
二、宋詞「覺」部——廣韻「覺、藥、鐸」三韻之字屬之。
三、宋詞「質」部——廣韻「質、術、櫛、物、迄、沒」六韻之字屬之。
四、宋詞「月」部——廣韻「月、屑、薛」三韻之字屬之。
五、宋詞「曷」部——廣韻「曷、末、黠、鎋」四韻之字屬之。
六、宋詞「陌」部——廣韻「陌、麥、昔、錫、職、德」六韻之字屬之。
七、宋詞「緝」部——廣韻「緝」韻之字屬之。
八、宋詞「合」部——廣韻「合、盍、洽、狎、乏」五韻之字屬之。
九、宋詞「葉」部——廣韻「葉、帖、業」三韻之字屬之。

【註　釋】

註一　唐鉞「入聲演化和詞曲發達的關係」一文主此說。

註二　董同龢先生漢語音韻學頁二〇七云：「（古今韻會）入聲韻尾有全混的傾向。只有以下三點可能解釋為韻尾有別：a、江宕兩攝字仍與山咸兩攝字分。b、櫛韻字沒有和職韻莊系字混。c、梗二等字獨立，沒有混入曾攝的系統。」

註三　見全宋詞頁七十八。

註四　見全宋詞頁一三七。

註五　見全宋詞頁三七六。

註六　見全宋詞頁五七〇。

註七　「押調」，謂僅取調類之一致，而不求韻母之相同也。

第五章 結 論

第一節 詞韻入聲九部韻值之擬測

本節對宋詞入聲九部韻值之擬測，乃參考董同龢、許世瑛、應裕康、葉詠琍、周祖謨諸位先生對廣韻韻母、朱子、周淸眞入聲韻部、宋代汴洛語音、以及洪武正韻韻值之硏究，並參酌宋詞實際押韻之狀況而訂定，因「嚴式押韻」只須主要元音與韻尾相同，故本節不涉及介音種類問題。

一、詞韻「屋」部之韻值——-uk

說明：廣韻「屋沃燭」三韻之字，各家擬測其主要元音皆屬舌面後之圓唇元音，舌位偏高。詞中三韻無別，「朱子入聲韻部」「淸眞詞韻考」「洪武正韻韻母音值之擬訂」對此三韻以 -uk 擬之。「宋代汴洛語音考」則擬爲 -u -y，吾以爲元音舌位前後相異而互押，較不自然，且無塞音韻尾，與宋詞音系不合，故今不取其說。又黃裳「桂枝香」「重陽」一闋，「語」韻之「緒」字與「屋」部「熟菊簇逐足辱綠瀑玉」相押；曾覿「生查子」「溫柔鄉內人」一闋，「屋」部之「玉」字與「語麌」韻之「女主雨」相押；羅椿「酹江月」「賀楊誠齋」一闋，「虞」韻之「萸」字與「屋」部「鶩簶續曲獨綠足」相押。「虞語麌」等陰聲韻字，各家多擬爲 -u ，主要元音正與「屋」部字相同，而「屋」部字保有中古之 -k 尾，故今訂「屋」部之韻值爲 -uk 。

二、詞韻「覺」部之韻值—— -ak

說明：董同龢先生擬測中古「覺」韻之韻值爲 -ɔk ，「藥鐸」韻之韻值爲 -ɑk ；宋詞中三韻不分押，故各家多認爲宋代已變同 -ak ，唯周祖謨擬爲 -ɔ ；因「覺」與「曷」「合」部字亦互押，周氏對此二部之音擬爲 -a -ap，顯與詞韻有所出入，故今不取其說；且趙長卿「念奴嬌」「小飲江亭有作」一闋，「果」韻「火」字與「覺」部「幕閣角寞惡樂著」相押，「果」韻字各家所擬測之廣韻音，以至周氏所訂之宋代汴洛音皆爲舌面低元音 ɑ 或 a，故「覺」部字之韻值仍以 -ak 爲宜，/a/屬一變異範圍較寬之音，舌位容有前後之異。

三、詞韻「質」部之韻值—— -ət

說明：董同龢先生擬測中古「質術櫛」三韻之韻值爲 -et -ĕt ，「物迄沒」三韻之韻值爲 -ət ；宋詞則六韻合押，宋代汴洛語音、淸眞詞韻考及洪武正韻韻母音值之擬訂三文，此六韻之主要元音皆以 -ə- 爲主，韻尾或爲 -t ，或僅爲促音，並無大異，唯許世瑛先生朱子入聲韻部一文將「質術櫛物迄」五韻韻值擬爲 -ət ，而「沒」韻則訂爲 -ɐt 。因「沒」韻字於宋詞音系中毫無獨押成部之跡象，今不採其說，而依多數學者所訂，將「質」部字之韻值

擬爲 -ət。

四、詞韻「月」部字之韻值—— -et

說明：董同龢先生擬測切韻時代宋詞「月」部所屬三韻之韻值爲 -ɐt -ɛt -æt，音位十分相近，從宋詞押韻實況推斷，宋詞音系中已合而爲一。許世瑛先生認爲朱子「月」部三韻字韻值爲 -et（月韻唇音及無聲母除外），應裕康先生擬測之洪武正韻亦同；葉詠琍先生清眞詞韻考及周祖謨宋代汴洛語音則訂主要元音爲 -a，葉先生所擬「覺」「月」「曷」「合」「葉」、周祖謨所擬「曷」「月」「合」「葉」諸部之主要元音皆爲 a，而詞韻中「月」除與「葉」部混押次數較多外，與「覺」「曷」「合」三部互押現象並不明顯，故今不從此二說，依許、應二位先生之研究結論，將宋詞「月」部之韻值擬訂爲 -et。

五、詞韻「曷」部字之韻值—— -at

說明：董同龢先生擬測中古「曷末黠鎋」四韻之韻值爲 -ɑt -æt -at，宋詞則四韻多合押，前引許、應、葉、周諸先生之論文，皆一致擬此四韻之主要元音爲 -a-，宋詞韻例中，「覺」部字多與「曷」部字互押，「覺」部既擬爲 -ak，則「曷」部自以 -at 音爲宜，二部乃因主要元音相同而合押也。

六、詞韻「陌」部字之韻值—— -ək

說明：董同龢先生擬測宋詞「陌」部之中古韻值爲 -ɐk -æk -ɛk -ək，周祖謨研究宋代汴洛語音，「陌麥昔錫職」五韻之主要元音以 ə 爲主，唯「德」韻則擬爲 -ei，此種現象與詞中「德」韻字不獨押有異，故今不取其說；許世瑛先生研究朱子入聲韻部，陌三等字、昔、錫、職、德五韻之韻值擬爲 -ək，陌二等字及麥則爲 -ɐk，亦與宋詞六韻合押之現象不同。清眞詞韻考及洪武正韻韻値之擬音，則六韻同爲 -ək，與詞韻通押現象相合，且「陌」「質」二部字多通押，今訂其主要元音爲 ə，唯韻尾有別，則此通押現象亦甚自然，故今取葉、應二位先生之說。

七、詞韻「緝」部字之韻值——-əp

說明：董同龢先生擬測中古「緝」韻之韻值爲 -ep，宋代汴洛語音及清眞詞韻考，則分別擬以 -ip -iup、-iet，宋詞中緝韻字除獨押外，大多數與「質」「陌」部合押，而周、葉二先生於此二部之主要元音皆擬以 -ə，似難解釋宋詞之合押現象；故今從許、應二位擬測朱子入聲韻部及洪武正韻韻値之說，訂宋詞「緝」部之韻值爲 -əp，既可對其獨押之韻例提出理由，又可以主要元音相同、僅韻尾有異，而於「緝」「質」「陌」三韻通押現象有一較合理之說明。

八、詞韻「合」部字之韻值——-ap

說明：「合」部五韻，董同龢先生擬測其中古音之韻值爲 -Ap -ɑp -ɐp -ap。今考前引各家之論文，亦皆以 -ɑ 或 -a 擬此五韻之主要元音，因「合」部除獨押外，又與「覺」「曷」二部字通押，「覺」「曷」二部既已擬爲 -ak -at，則「合」部自以 -ap 音爲宜，唯/a/屬一變異範圍較寬之音，舌位容有前後之異。

九、詞韻「葉」部字之韻值——-ep

說明：董同龢先生擬測宋詞「葉」部三韻之中古韻值為 -æp -ɛp -ɐp，舌位較「合」部略高，許世瑛先生擬測朱子入聲韻部及應裕康先生研究洪武正韻之韻母，「葉」部三韻之音均為 -ep，而與他韻之字有別，此皆合於宋人詞韻之押韻特點。且「葉」「月」二部字合押之例甚多，今擬其主要元音相同，則能解釋此種合押現象。周祖謨認為宋代汴洛語音「葉」「合」二部之字韻同為 -ap，然今開封音「葉」部三韻與「合」部五韻顯然有別，且詞韻「覺」「合」部多通押，「覺」「葉」部則少有此種現象，二部之分別較大，故今不取其說。葉詠琍先生所擬主要元音同於周氏，唯認清眞詞「合」「業」部之韻尾為 -t，本文第三章曾證詞韻仍具有中古 -p -t -k 三種韻尾，而中古「緝」「合」「葉」三部之韻尾皆為 -p，故「葉」部韻值今擬成 -ep。

宋詞音系入聲九部之韻值既定，今列表與董同龢先生之中古音韻值、周祖謨之宋代汴洛語入聲字韻值、葉詠琍先生所擬之周邦彥入聲韻部韻值、許世瑛先生所擬朱子入聲韻值及應裕康先生擬洪武正韻入聲韻部之韻值比較於後：

本文所訂宋詞九部	廣韻韻目	董先生擬音	周祖謨擬音	葉先生擬音	許先生擬音	應先生擬音	本文之擬音
屋部	屋	uk	u y（促音，下同）	uk	uk	uk	uk
	沃	ok	u	uk	uk	uk	uk
	燭	ok	u y	uk	uk	uk	uk
覺部	覺	ɔk	ɔ	ak	ak	ak	ak
	藥	ɑk	ɔ	ak	ak	ak	ak
	鐸	ɑk	ɔ	ak	ak	ak	ak
質部	質	et	ə ɿ ʅ	ət	ət	ət	ət
	術	et	ə ɿ ʅ	ət	ət	ət	ət
	櫛	et	ʅ	ət	ət	ət	ət
	物	ət	ə	ət	ət at（註一）	ət	ət
	迄	ət	ə	ət	ət	ət	ət
	沒	ət	ə	ət	ɐt	ət	ət
月部	月	ɐt	a	at	at et（註二）	et	et
	屑	ɛt	a	at	et	et	et
	薛	æt	a	at	et	et	et

合部					緝部	陌部						曷部			
乏	狎	洽	盍	合	緝	德	職	錫	昔	麥	陌	鎋	黠	末	曷
ɐp	ap	ɐp	ɑp	Ap	ep	ək	ək	ɛk	ɛk	æk	ɐk	at	æt	ɑt	ɑt
ap	ap	ap	ap	ap	ip iup	ei	ə ɿ	ə ɿ	ə ɿ	ə ɿ	ə ɿ	a	a	a	a
at	at	at	at	ɑt	et	ək	ək	ək	ək	ək	ək	at	at	at	at
ap at (?)	ap	ap	ap	ap	əp	ək	ək	ək	ək	ək	ək	at	at	at	at
ap	ap	ap	ap	ap	əp	ək	ək	ək	ək	ək	ək	at	at	ot	ot
ap	ap	ap	ap	ap	əp	ək	ək	ək	ək	ək	ək	at	at	at	at

葉	帖	業
æp	ɛp	ɐp
ap	ap	ap
at	at	at
ep	ep	ep
ep	ep	ep
ep	ep	ep

周祖謨擬測宋代汴洛語入聲字之主要元音類型有u y ɔ ɿ ʅ ə a e i九種，葉詠琍先生擬測清眞詞韻入聲字之主要元音有u a ə e ɑ五種，許世瑛先生擬測朱子口語入聲字主要元音有u a ə ɐ e五種，應裕康先生擬測洪武正韻入聲字之主要元音亦有u a ə e o五種不同，皆與宋代朱敦儒所擬應制詞韻入聲四部有別，而本文所分宋代詞韻入聲韻部之主要元音a u e ə四種，正與朱氏所訂類數相合，因宋詞於歌唱中入聲韻尾所佔時間甚短，或僅有收勢，故不必求同，則本文從考據與審音角度所訂宋詞入聲九部，當較能契合於宋人之詞韻音系。

第二節　同部與異部押韻韻例彙錄

一、屬同部押韻者

1.「屋」部字獨押之韻例編號：

2
6
23
35
48
49
50
62
71
72
77
86
93
98
108
117
127
128
131
135
146
150
155
166
168
170
194
204
207
213
214
220
228
232
234
241
249
256
258
275

1546	1398	1253	1157	1047	868	661	463	277
1550	1400	1254	1161	1050	872	669	469	281
1552	1405	1255	1163	1058	894	679	473	290
1574	1406	1256	1164	1065	902	692	475	301
1579	1407	1257	1165	1066	926	695	482	305
1582	1408	1263	1166	1069	928	703	485	313
1586	1410	1270	1172	1078	932	713	487	318
1592	1418	1295	1175	1081	937	717	492	323
1593	1420	1307	1180	1082	938	720	493	343
1594	1425	1310	1202	1091	950	731	502	350
1606	1436	1319	1206	1097	968	736	510	368
1612	1445	1322	1210	1121	972	737	513	374
1613	1455	1338	1211	1123	978	754	515	378
1619	1460	1339	1213	1125	986	761	516	381
1631	1471	1340	1226	1126	987	777	518	383
1644	1474	1347	1227	1133	991	806	540	388
1645	1475	1350	1231	1141	995	818	541	391
1656	1478	1353	1232	1143	997	834	546	392
1676	1498	1356	1234	1144	999	840	568	393
1684	1499	1362	1235	1145	1004	848	609	418
1688	1503	1363	1237	1146	1012	852	616	420
1699	1508	1376	1238	1147	1015	853	627	425
1716	1515	1385	1246	1148	1027	856	633	431
1718	1520	1390	1249	1154	1031	860	636	433
1721	1534	1397	1252	1155	1046	867	655	456

1727 1728 1750 1760 1767 1780 1787 1788 1791 1794 1795 1801 1803 1804 1809 1825 1826 1827 1834 1837 1849 1855 1858 1864 1874
1875 1877 1879 1886 1887 1888 1900 1905 1910 1914 1919 1920 1928 1929 1930 1931 1934 1938 1948 1953 1954 1957 1958 1965 1968
1986 1987 2006 2016 2019 2028 2031 2032 2038 2039 2047 2052 2070 2074 2093 2096 2117 2125 2130 2146 2162 2163 2164 2175 2179
2182 2184 2187 2189 2195 2214 2216 2223 2225 2227 2235 2242 2246 2249 2251 2256 2264 2266 2270 2275 2280 2284 2288 2318 2338
2373 2377 2378 2379 2385 2393 2402 2403 2441 2445 2456 2458 2465 2469 2475 2478 2482 2495 2501 2511 2527 2532 2534 2567 2577
2596 2602 2609 2623 2667 2671 2675 2681 2685 2688 2690 2695 2712 2717 2727 2733 2747 2754 2756 2764 2771 2772 2777 2778 2780
2784 2811 2816 2818 2821 2827 2829 2832 2837 2841 2863 2881 2898 2910 2924 2925 2936 2937 2944 2947 2948 2971 2973 2975 2981
2982 2983 2989 2992 2996 3013 3015 3024 3029 3042 3048 3070 3085 3107 3124 3126 3142 3144 3145 ——計459例。

2.「覺」部字獨押之韻例編號：

3 9 26 30 34 44 51 58 60 63 73 89 90 95 103

106	321	509	708	859	1045	1228	1469	1616
107	322	522	710	861	1062	1258	1472	1617
119	325	527	718	863	1067	1259	1485	1618
123	329	530	732	864	1070	1269	1492	1628
124	333	532	747	865	1072	1285	1495	1639
138	338	538	748	869	1075	1289	1511	1642
142	347	548	755	881	1077	1298	1513	1652
143	357	574	775	901	1088	1301	1518	1674
172	360	583	776	905	1090	1306	1519	1689
174	361	585	782	919	1101	1309	1521	1720
176	365	611	784	922	1107	1313	1522	1722
179	366	612	785	940	1113	1314	1528	1725
193	372	613	789	951	1117	1324	1530	1733
211	373	618	790	954	1118	1326	1536	1741
221	375	620	797	960	1177	1330	1543	1755
224	390	632	799	965	1178	1336	1556	1756
247	395	640	800	977	1179	1346	1563	1757
248	414	642	822	983	1181	1359	1564	1769
251	417	650	825	996	1193	1360	1565	1772
271	439	652	828	1005	1195	1373	1567	1774
274	441	683	849	1014	1197	1379	1577	1793
276	446	693	850	1016	1207	1415	1578	1799
308	447	699	851	1018	1209	1421	1581	1805
309	472	701	854	1025	1215	1431	1588	1811
316	486	707	855	1030	1221	1446	1614	1813

1817 1823 1833 1845 1847 1852 1859 1863 1868 1878 1881 1883 1896 1917 1933 1941 1943 1956 1982 1985 2010 2024 2026 2029 2034 2037 2050 2053 2056 2060 2063 2073 2075 2076 2077 2083 2087 2098 2100 2102 2105 2114 2134 2178 2181 2183 2185 2186 2198 2211 2217 2219 2220 2221 2222 2224 2226 2228 2237 2240 2241 2243 2260 2272 2273 2283 2290 2306 2320 2334 2368 2369 2370 2372 2376 2383 2389 2390 2397 2401 2405 2406 2438 2443 2446 2449 2454 2462 2464 2470 2471 2474 2476 2496 2497 2498 2499 2502 2516 2517 2518 2519 2520 2524 2526 2538 2539 2540 2541 2566 2574 2575 2578 2587 2588 2593 2594 2595 2620 2626 2641 2645 2662 2679 2680 2682 2697 2714 2729 2741 2746 2775 2776 2781 2782 2789 2798 2799 2805 2806 2809 2820 2825 2826 2830 2834 2836 2850 2856 2862 2871 2879 2880 2885 2890 2900 2903 2941 2946 2951 2956 2976 2985 3006 3012 3028 3030 3031 3037 3038 3039 3051 3054 3059 3062 3063 3069 3088 3118 3121 3123 3135 ——計422例。

3.「質」部字獨押之韻例編號：

87 118 169 312 334 415 495 634 671 1105 1264 1551 1842 1906 1911

2021 2022 2025 2030 2033 2064 2094 2394 2794 2855 2857 ——計26例。

4.「月」部字獨押之韻例編號：

1 5 8 12 25 36 39 40 42 54 56 59 61 67 70

76 81 82 94 110 113 114 116 120 125 129 130 137 140 141 147 148 149 173 187 189 190 192 196 197

199 201 202 203 209 217 223 225 227 233 236 257 260 261 283 294 304 306 314 330 331 335 336 340 345

351 353 356 358 362 389 407 411 412 422 424 426 434 435 436 437 445 450 453 457 460 462 476 477 478

479 480 481 483 484 498 506 508 511 514 531 533 536 539 554 556 575 588 589 590 594 596 622 623 626

631 637 646 649 653 654 674 675 680 681 687 694 704 706 714 721 725 727 728 729 735 745 746 752 753

756 759 763 772 773 781 794 802 805 817 824 826 827 829 835 842 866 870 873 887 892 895 896 897 899

900 907 911 915 918 920 921 925 927 930 933 934 946 947 956 961 984 1013 1019 1020 1021 1033 1034 1060 1061

1083 1085 1096 1104 1111 1114 1150 1191 1218 1220 1223 1242 1260 1266 1267 1268 1271 1276 1279 1281 1283 1293 1316 1317 1318

1337 1343 1344 1348 1351 1361 1380 1394 1412 1416 1437 1447 1457 1458 1462 1466 1486 1491 1493 1496 1524 1533 1535 1539 1542 1547 1557 1561 1562 1570 1571 1589 1595 1596 1598 1609 1610 1635 1638 1666 1668 1679 1694 1712 1724 1731 1782 1798 1800 1824 1830 1831 1835 1867 1870 1876 1892 1944 1949 1960 1961 1962 1966 1981 1983 1992 2013 2014 2042 2044 2078 2106 2112 2113 2132 2142 2177 2188 2215 2218 2232 2234 2257 2268 2276 2300 2322 2336 2340 2361 2386 2398 2409 2415 2416 2437 2494 2505 2506 2507 2508 2512 2513 2514 2515 2550 2551 2552 2565 2572 2584 2590 2592 2635 2643 2657 2674 2676 2696 2720 2721 2750 2763 2773 2790 2797 2800 2833 2835 2846 2847 2848 2849 2860 2870 2889 2906 2907 2931 2945 2969 2977 2984 3001 3002 3017 3018 3032 3035 3040 3043 3044 3045 3046 3047 3052 3053 3084 3095 3112 3114 3119 ——計377例。

5.「曷」部字獨押之韻例編號：

319 553 832 1851 ——計4例。

6.「陌」部字獨押之韻例編號：

7 10 11 13 15 16 17 18 19 20 22 27 29 33 37

1108	985	858	742	608	519	385	235	126	38
1110	990	871	743	610	526	386	244	132	43
1112	992	877	750	615	528	394	245	134	47
1120	994	884	751	625	529	398	246	139	52
1130	1000	886	757	629	535	400	252	144	57
1135	1002	903	758	630	543	401	263	152	64
1162	1006	904	760	635	547	402	265	154	65
1168	1007	906	762	641	550	403	266	160	66
1173	1026	910	765	643	551	404	269	180	68
1174	1028	913	766	647	552	409	295	181	69
1182	1029	914	767	648	561	410	297	182	75
1192	1035	916	774	656	563	413	298	185	78
1194	1036	917	778	660	565	416	302	186	79
1196	1043	923	787	673	569	421	317	191	88
1198	1051	924	788	676	576	452	326	195	91
1212	1059	942	793	685	577	459	339	205	92
1214	1064	952	795	696	578	461	341	206	96
1217	1071	957	803	698	579	464	346	208	97
1222	1074	959	809	702	581	465	349	210	101
1225	1079	963	823	705	586	474	355	212	102
1229	1092	964	833	712	593	488	359	215	105
1244	1094	966	836	719	598	490	369	216	109
1251	1095	971	837	722	599	491	371	218	111
1265	1099	976	838	730	601	501	377	219	121
1272	1102	982	846	733	607	512	379	222	122

1273 1274 1275 1278 1280 1284 1286 1287 1291 1300 1304 1315 1329 1331 1332 1334 1335 1345 1352 1354 1355 1357 1358 1369 1404

1417 1422 1423 1424 1433 1439 1440 1441 1444 1448 1451 1453 1454 1463 1467 1468 1470 1473 1477 1482 1483 1484 1500 1502 1509

1512 1514 1523 1525 1529 1537 1541 1545 1548 1554 1555 1559 1560 1566 1568 1580 1583 1584 1590 1591 1605 1608 1626 1633 1643

1690 1723 1726 1742 1744 1749 1776 1784 1789 1802 1806 1816 1818 1819 1821 1822 1832 1854 1861 1884 1893 1894 1895 1913 1915

1924 1926 1955 1969 1971 1978 1990 1997 2003 2005 2009 2012 2018 2020 2027 2043 2045 2046 2049 2051 2058 2079 2097 2099 2108

2118 2120 2121 2124 2126 2135 2139 2166 2190 2191 2192 2194 2196 2199 2200 2202 2209 2231 2239 2245 2247 2253 2254 2267 2269

2274 2292 2296 2297 2303 2305 2309 2321 2325 2327 2339 2342 2345 2362 2363 2364 2365 2382 2384 2399 2410 2411 2421 2426 2427

2428 2453 2463 2466 2472 2473 2477 2528 2529 2530 2545 2603 2604 2610 2611 2612 2616 2617 2618 2640 2642 2648 2652 2670 2677

2678 2684 2686 2692 2693 2699 2702 2705 2711 2722 2736 2744 2749 2757 2762 2765 2767 2768 2770 2774 2785 2786 2803 2804 2822

2824 2831 2853 2854 2866 2877 2878 2897 2902 2911 2923 2952 2972 2978 2980 2991 2997 2998 2999 3004 3009 3011 3016 3019 3020 3026 3036 3041 3049 3087 3105 3108 3115 3117 3122 3149

——計526例。

7.「緝」部字獨押之韻例編號：

4 41 115 315 419 816 941 948 1068 1100 1106 1183 1184 1199 1328 1374 1450 1452 1488 1540 1680 1815 1963 2017 2059 2341 2381 2521 2522 2598 2599 2644 2987 3100

——計34例。

8.「合」部字獨押之韻例編號：

99 100 272 878 891 2332 2375

——計7例。

9.「葉」部字獨押之韻例編號：

198 200 253 310 320 337 691 843 1009 1037 1049 1109 1459 1558 2122 2706 2823 2843 2869 3116

——計20例。

二、屬異部押韻而主要元音相同僅韻尾互異者

1.「覺」「曷」二部字合押之韻例編號：

288 289 2151 2265 2460

——計5例。

2.「覺」「合」二部字合押之韻例編號：

133 242 254 786 1576 1677 2213 2940

——計8例。

3.「質」「陌」二部字合押之韻例編號：

157 171 226 229 230 267 268 270 405 438 467 504

517 520 521 549 689 738 741 764 783 811 819 830 839 841 862 888 931 935 970 980 981 993 1017 1039 1040

1041 1042 1048 1089 1103 1119 1137 1149 1167 1185 1190 1201 1203 1204 1205 1208 1233 1247 1277 1282 1302 1305 1308 1311 1367

1368 1370 1403 1413 1432 1434 1461 1487 1490 1497 1507 1517 1532 1569 1573 1597 1607 1611 1629 1650 1658 1671 1672 1673 1686

1707 1708 1709 1743 1745 1748 1771 1783 1866 1872 1908 1916 1921 1922 1942 1947 1993 1996 2011 2067 2069 2081 2085 2091 2103

2111 2141 2145 2147 2152 2153 2161 2165 2173 2201 2233 2236 2258 2277 2285 2301 2313 2315 2317 2324 2326 2337 2348 2349 2350

2351 2352 2359 2367 2374 2380 2400 2407 2431 2432 2433 2455 2461 2479 2480 2503 2536 2554 2579 2600 2646 2650 2664 2700 2701

2724 2731 2734 2751 2752 2787 2796 2808 2842 2852 2858 2859 2901 2909 2950 2963 3022 3075 3078 3086 3090 3091 3106 3110 3127

3132

——計188例。

4.「質」「緝」二部字合押之韻例編號：

145 332 423 645 1240 1456 1526 1904 1999 2015 2294 2492 2493 3005

——計14例。

5.「質」「陌」「緝」三部字合押之韻例編號：

231 370 428 440 442 451 455 566 571 595 606 619 639 709 792 808 989 1127 1128 1129 1159 1365 1377 1378 1386 1391 1402 1419 1600 1604 1615 1624 1627 1669 1764 1765 1790 1846 1856 1889 1901 1976 2036 2057 2061 2068 2110 2127 2131 2138 2140 2144 2154 2155 2156 2157 2159 2167 2169 2171 2174 2229 2278 2289 2307 2314 2353 2354 2355 2356 2357 2358 2396 2414 2435 2533 2547 2548 2553 2556 2557 2558 2559 2560 2561 2562 2563 2564 2583 2589 2647 2663 2668 2672 2673 2709 2760 2791 2801 2813 2839 2840 2845 2887 2896 2899 2943 2949 3050 3076 3079 3082 3102 3103 3113 3143 3150

——計117例。

6.「月」「葉」二部字合押之韻例編號：

153 164 175 177 280 282 285 286 287 291 293 311

367 387 408 429 444 489 497 523 524 557 559 560 564 567 570 573 580 582 624 628 658 677 678 682 686
700 744 749 771 779 791 796 807 820 845 939 943 944 945 949 953 973 975 1032 1038 1053 1063 1076 1084 1115
1116 1152 1186 1371 1395 1409 1426 1428 1429 1430 1464 1480 1501 1553 1575 1632 1682 1702 1703 1714 1734 1737 1759 1768 1770
1773 1775 1778 1785 1786 1796 1797 1857 1890 1959 1973 1980 1984 1988 2001 2002 2023 2090 2092 2095 2129 2203 2263 2279 2295
2298 2299 2312 2387 2392 2417 2418 2419 2504 2543 2576 2653 2656 2659 2788 2815 2851 2867 2891 2894 2904 2905 2912 2914 2915
2916 2921 2965 2967 2988 3000 3010 3023 3034 3055 3057 3058 3066 3068 3073 3074 3077 3080 3083 3092 3093 3094 3125 3129 3147

—計162例。

7.「陌」「緝」二部字合押之韻例編號：

255 264 443 545 572 587 591 597 600 621 651 662
663 798 974 979 1001 1044 1080 1170 1176 1187 1188 1189 1375 1381 1383 1387 1401 1411 1465 1625 1648 1649 1654 1675 1700

1729 1747 1752 1754 1779 1792 1844 1891 1898 1903 1927 1940 1946 1950 1951 1952 1964 1970 1989 1998 2004 2008 2035 2072 2116
2136 2137 2143 2170 2208 2212 2230 2293 2302 2304 2308 2310 2404 2434 2442 2467 2531 2546 2571 2631 2632 2660 2666 2739 2810
2819 2868 2888 2892 2908 2913 2919 2920 3003 3025 3033 3056 3064 3067 3097 3111 3120 3128 ——計105例。

三、屬異部押韻而其中主要元音有相異者

1.「屋」「覺」二部字合押之韻例編號：
1544 1732 1746 2080 2281

2.「屋」「質」二部字合押之韻例編號：
494 659 670 1230 1388 1717 2669

3.「屋」「月」二部字合押之韻例編號：
555

4.「屋」「陌」二部字合押之韻例編號：
292 342 384 768 769 770 814 857 908 909 912 1022
1023 1098 1241 1303 1435 1438 1494 1505 1531 1657 1715 1865 1871 1880 1897 1977 2040 2065 2252 2282 2329 2343 2371 2439 2481
2484 2486 2488 2490 2523 2555 2613 2649 2651 2658 2691 2707 2716 2745 2759 2769 2844 2893 2917 2968 3007 3008 3099 3104

5.「屋」「覺」「質」三部字合押之韻例編號：1918

6.「屋」「覺」「陌」三部字合押之韻例編號：3014

7.「屋」「質」「陌」三部字合押之韻例編號：273

8.「屋」「月」「葉」三部字合押之韻例編號：2694

9.「屋」「陌」「緝」三部字合押之韻例編號：2176

10.「屋」「覺」「質」「陌」四部字合押之韻例編號：237 238 239 240

11.「屋」「覺」「月」「曷」四部字合押之韻例編號：1685

12.「屋」「覺」「月」「陌」四部字合押之韻例編號：2704

13.「屋」「覺」「陌」「葉」四部字合押之韻例編號：1481

14.「屋」「質」「月」「陌」四部字合押之韻例編號：
810
1131

15.「屋」「月」「曷」「葉」四部字合押之韻例編號：
2732

16.「屋」「覺」「質」「月」「曷」五部字合押之韻例編號：
2713

17.「屋」「覺」「質」「月」「陌」五部字合押之韻例編號：
156

18.「屋」「覺」「月」「曷」「陌」五部字合押之韻例編號：
2703

19.「覺」「質」二部字合押之韻例編號：
307

20.「覺」「月」二部字合押之韻例編號：
1678
1691
1692
1693
1939

21.「覺」「陌」二部字合押之韻例編號：
496
813
1634
1967
1975
1979
2150
2591
2606
2624
2634
2639

2715
2723
2726
2743
2758
2970
3148

22.「覺」「葉」二部字合押之韻例編號：
821
1093
3140

23.「覺」「質」「陌」三部字合押之韻例編號：
2625

24.「覺」「月」「曷」三部字合押之韻例編號：
1706

25.「覺」「月」「陌」三部字合押之韻例編號：
1603
2066
2581
3131

26.「覺」「陌」「合」三部字合押之韻例編號：
2423
2718

27.「覺」「合」「葉」三部字合押之韻例編號：
2491

28.「覺」「質」「月」「陌」四部字合押之韻例編號：
2582

29.「覺」「質」「陌」「緝」四部字合押之韻例編號：
2710

30.「覺」「質」「合」「葉」四部字合押之韻例編號：1873

31.「覺」「月」「曷」「合」四部字合押之韻例編號：2168 2452

32.「覺」「月」「曷」「葉」四部字合押之韻例編號：3134

33.「覺」「月」「陌」「合」四部字合押之韻例編號：162 2728

34.「覺」「月」「陌」「葉」四部字合押之韻例編號：812 2287

35.「覺」「質」「月」「陌」「合」五部字合押之韻例編號：1704

36.「覺」「月」「曷」「合」「葉」五部字合押之韻例編號：1636 1637

37.「覺」「月」「曷」「陌」「葉」五部字合押之韻例編號：2730

38.「覺」「質」「月」「陌」「緝」「葉」六部字合押之韻例編號：1710

39.「質」「月」二部字合押之韻例編號：

53 165 279 300 544 929 1010 1171 1243 1740 1840 2007 2109 2316 2319 2323 2450 2597 2742 2761 2884 2955

40.「質」「月」「曷」三部字合押之韻例編號：

55 1003 1008 1841 2115 2119 2193 2335 2457 2619 2622 2636 2986

41.「質」「月」「陌」三部字合押之韻例編號：

161 406 499 525 657 958 1011 1055 1224 1296 1622 1655 1663 1664 1683 1711 1735 1751 1838 1923 1935 1937 1945 2082 2088 2149 2330 2331 2346 2366 2408 2420 2483 2485 2487 2489 2537 2544 2654 2735 2807 2861 2872 2873 2874 2926 2927 2928 2932 2934 2990 3027 3089 3101 3133 3141

42.「質」「月」「緝」三部字合押之韻例編號：

2172

43.「質」「月」「葉」三部字合押之韻例編號：

1248 1250 2041 2048 2448 2942

44.「質」「曷」「陌」三部字合押之韻例編號：

1701

45.「質」「陌」「葉」三部字合押之韻例編號：

112　831　3072

46.「質」「月」「曷」「陌」四部字合押之韻例編號：

250　1392　1599　2089　2444　2876

47.「質」「月」「曷」「合」四部字合押之韻例編號：

1659　1660　1661　1907　1909　1912　2204　2205　2206　2886　3081

48.「質」「月」「曷」「葉」四部字合押之韻例編號：

1662　2964

49.「質」「月」「陌」「緝」四部字合押之韻例編號：

1124　1719　2104　2160　2570　2633　2793　2864　3138

50.「質」「月」「陌」「合」四部字合押之韻例編號：

847　2792　2814

51.「質」「月」「陌」「葉」四部字合押之韻例編號：

158　159　882　1239　1695　1696　2158　2391　2429

2447 2569 2875 2882

52.「質」「月」「合」「葉」四部字合押之韻例編號：

167 1621

53.「質」「曷」「陌」「緝」四部字合押之韻例編號：

1620

54.「質」「陌」「緝」「葉」四部字合押之韻例編號：

1766

55.「質」「月」「曷」「陌」「葉」五部字合押之韻例編號：

2271

56.「質」「月」「陌」「緝」「葉」五部字合押之韻例編號：

2395

57.「月」「曷」二部字合押之韻例編號：

14 21 28 31 45 46 80 83 84 85 163 262

278 299 327 328 344 363 397 399 468 534 542 614 638 697 711 715 880 883 898 1073 1200 1219 1236 1245 1292

1321 1327 1342 1349 1476 1489 1506 1510 1538 1601 1623 1705 1814 1829 1836 2062 2071 2347 2388 2412 2425 2568 2605 2614 2627

2630 2638 2725 2753 3061

58.「月」「陌」二部字合押之韻例編號：

24 32 74 104 136 259 296 303 364 430 449 454 458 500 503 602 605 644 665 666 667 668 672 684 690 723 724 726 734 739 804 879 885 890 955 962 967 969 998 1052 1086 1087 1132 1134 1136 1138 1139 1140 1151 1153 1156 1158 1261 1262 1290 1333 1341 1372 1382 1396 1442 1443 1449 1516 1572 1587 1630 1640 1646 1647 1651 1665 1667 1698 1738 1739 1753 1807 1808 1820 1828 1850 1862 1885 1902 1925 1936 1994 2107 2207 2238 2259 2291 2413 2424 2451 2500 2509 2510 2573 2607 2708 2755 2802 2817 2838 2883 2922 2929 2930 2933 2935 2938 2953 2954 2958 2959 2960 2962 2974 2993 2994 2995 3098 3130 3136 3137

59.「月」「緝」二部字合押之韻例編號：

470 3096

60.「月」「合」二部字合押之韻例編號：

151 505 617 1288 1320 1393 2665 2918

61.「月」「曷」「陌」三部字合押之韻例編號：

284　2054　2101　2210　2436　2542　2719

62.「月」「曷」「合」三部字合押之韻例編號：

178　466　1932　2197　2360　2549　2601

63.「月」「曷」「葉」三部字合押之韻例編號：

183　348　352　354　376　380　382　448　603　716　780　874　875　876　1504　1549　1641　1697　1730　1736　1777　1781　1843　1974　2000　2086　2148　2244　2248　2250　2311　2422　2430　2687　2689　2737　2766　2779　2795　2895　2979　3783　3060　3065

64.「月」「陌」「緝」三部字合押之韻例編號：

592　740　988　1054　1294　1312　1366　1399　1602　1681　1761　1762　1763　1853　2440　2535　2661

65.「月」「陌」「合」三部字合押之韻例編號：

537

66.「月」「陌」「葉」三部字合押之韻例編號：

243　432　507　558　562　584　688　801　844　936

1024 1056 1057 1142 1160 1297 1299 1384 1414 1479 1527 1653 1670 1713 1758 1848 1860 1882 1995 2055 2123 2128 2255 2261 2468
2525 2580 2585 2586 2698 2828 2957 2961 2966 3021 3109 3139

67.「月」「緝」「葉」三部字合押之韻例編號：
3071

68.「月」「合」「葉」三部字合押之韻例編號：
396 604 1169 1839 1869 1991 2084 2286 2655

69.「月」「曷」「陌」「緝」四部字合押之韻例編號：
1364

70.「月」「曷」「陌」「合」四部字合押之韻例編號：
184

71.「月」「曷」「陌」「葉」四部字合押之韻例編號：
664 1427 2133 2262 2333 2459 2683 2939

72.「月」「曷」「合」「葉」四部字合押之韻例編號：
1972

73.「月」「陌」「緝」「葉」四部字合押之韻例編號：
1122

74.「月」「陌」「合」「葉」四部字合押之韻例編號：
1389

75.「月」「緝」「合」「葉」四部字合押之韻例編號：
2629

76.「月」「曷」「陌」「合」「葉」五部字合押之韻例編號：
2344

77.「月」「曷」「緝」「合」「葉」五部字合押之韻例編號：
2740

78.「曷」「陌」二部字合押之韻例編號：
188
815

79.「曷」「合」「葉」三部字合押之韻例編號：
2180

80.「陌」「葉」二部字合押之韻例編號：
471
889
893
1585
1899
2738
2812
3146

81.「緝」「葉」二部字合押之韻例編號：
1323
1810
2328
2608
2637

82.「緝」「合」「葉」三部字合押之韻例編號：
2621
2628

83.「合」「葉」二部字合押之韻例編號：
324
427
1216
1325
1687
1812
2748
2865

第三節　對宋詞入聲字異部通押現象之解釋

以本文所訂宋詞入聲九部之韻值爲準，凡主要元音或韻尾不同者皆視作異部通押之「例外押韻」，於三千一百五十韻例中，爲數一千二百七十二，其百分比高達四十餘，今將各類「例外押韻」韻例出現六次以上者（含六次），一一按其數量多寡臚列於下，並解說其產生之原因。

1.「質」「陌」二部合押一百八十八次：ət ək 主要元音相同，唯韻尾有異，故多通押。
2.「月」「葉」二部合押一百六十二次：et ep 主要元音相同，唯韻尾有異，故多通押。
3.「月」「陌」二部合押一百二十六次：et ək 主要元音相近，韻尾雖異，亦多通押。
4.「質」「陌」「緝」三部合押一百一十七次：ət ək əp 主要元音相同，唯韻尾有異，故多通押。
5.「陌」「緝」二部合押一百零五次：ək əp 主要元音相同，唯韻尾有異，故多通押。
6.「月」「曷」二部合押六十七次：et at 主要元音相近，韻尾相同，故多通押。
7.「屋」「陌」二部合押六十一次：uk ək 合押，其中五十九韻例爲「國」「北」「墨」

三字與「屋」部字相押，前章已說明其爲方音入韻，蓋二部之主要元音 u e 發音部位距離較遠，一般用韻習慣當不致於相混合押次數如此之頻繁。

8.「質」「月」「陌」三部合押五十六次：ət et ək 合押，因三部主要元音或近或同，故多通押，其中二十三闋之韻脚字相同，蓋和蘇軾「大江東去」一首之韻，此亦爲三部多通押之一因。

9.「月」「陌」「葉」三部合押四十七次：et ək ep 主要元音相同或相近，故見通押。

10.「月」「曷」「葉」三部合押四十四次：et at ep 主要元音相同或相近，相近者韻尾又同，故見通押。

11.「質」「月」二部合押二十二次：ət et 主要元音相近，韻尾又同，故見通押。

12.「覺」「陌」二部合押十九次：ak ək 主要元音相近，韻尾又同，故見通押。

13.「月」「陌」「緝」三部合押十七次：et ək əp 主要元音或近或同，故見通押。

14.「質」「緝」二部合押十四次：ət əp 主要元音相同，故可通押。

15.「質」「月」「陌」「葉」四部合押十三次：ət et ək ep 主要元音與韻尾或近或同，故可通押。

16.「質」「月」「曷」三部合押十三次：ət et at 主要元音相近，而韻尾全同，故可通押。

17.「質」「月」「曷」「葉」四部合押十一次：ət et at ep 主要元音與韻尾或近或同，故可通押。

故可通押。

18.「月」「曷」「陌」「葉」四部合押九次：et at ək ep 主要元音與韻尾或近或同，故偶見通押。

19.「月」「合」「葉」三部合押九次：et ap ep 主要元音與韻尾相同或相近，故偶見通押。

20.「質」「月」「陌」「緝」四部合押九次：ət et ək əp 主要元音與韻尾相同或相近，故偶見通押。

21.「月」「合」二部合押八次：et ap 主要元音相近，故偶見通押。

22.「合」「葉」二部合押八次：ap ep 主要元音相近，韻尾相同，因二部之字較少出現，故偶見通押。

23.「覺」「合」二部合押八次：ak ap 主要元音相同，唯韻尾有異，故可通押。

24.「陌」「葉」二部合押八次：ək ep 主要元音相近，故偶見通押。

25.「屋」「質」二部合押七次：uk ət 主要元音稍遠，然不如u e、u a遠，故亦偶見通押。

26.「月」「曷」「陌」三部合押七次：et at ək 主要元音相近，韻尾或同，故偶見通押。

27.「月」「曷」「合」三部合押七次：et at ap 主要元音與韻尾相近或相同，故偶見通押。

押。

28.「質」「月」「葉」三部合押六次：ət et ep 主要元音與韻尾相近或相同，故偶見通押。

29.「質」「月」「曷」「陌」四部合押六次：ət et at ək 主要元音與韻尾或近或同，故偶見通押。

以上二十九類常見之「例外押韻」總韻例數爲一千一百七十一，佔所有例外押韻數十分之九以上，其中主要元音相同僅韻尾有異者爲數最多，主要元音相近而韻尾又異者其次，主要元音相近而韻尾相同者又其次，主要元音相近而韻尾不同者更次，若主要元音相遠而韻尾又異，則互押之例極少矣。由此可知，宋詞用韻雖寬，亦有常軌可循，音韻之和諧感於促聲韻中仍以主要元音爲重，韻尾之重要性似不及元音，故主要元音相同、相近而韻尾不同可通押，即使韻尾相同而主要元音稍遠，互押之例亦不常見；凡此又可證明前引李漁、毛先舒對詞曲押韻受音樂影響諸端理論之不可移易也。

第四節　宋詞入聲字音系之基礎

宋詞入聲音系不同於以切韻系韻書爲基礎之詩韻，然大抵仍由切韻音系合併而成，其音變之脈絡分明。至於與宋代其他音系比較，則差異頗大，今以「宋代汴洛語音」、「從詩集傳叶韻中考廣韻陽聲及入聲各韻之併合情形」及「古今韻會舉要」三種資料與宋詞入聲韻部比較說明於後：

周祖謨宋代汴洛語音考，乃依據邵雍皇極經世書中言律呂聲音及汴洛文士詩詞分韻諸項資料從事研究，唯詞家僅取史達祖一人而已。周氏所擬宋代汴洛入聲音系與今所分宋詞入聲九部音系於前文已列表比較，即以史達祖詞與周氏所分之汴洛音系言，其間亦未能盡合。如廣韻「德」韻字，周氏擬測於宋代汴洛語音自成一部，韻值爲 -ei （促音），而於史達祖詞中，「陽春曲」「杏花煙」一闋，「德」韻之「北」，與「陌昔錫職屑」等韻之字合押；「釵頭鳳」「春愁遠」一闋，「德」韻之「得」，與「質陌錫職」等韻之字合押；「蘭陵王」「漢江側」一闋，「德」韻之「得」，與「陌麥昔錫職緝」等韻之字合押，「秋霽」「江水蒼蒼」一闋，「德」韻之「國得」二字，與「陌昔錫職」等韻之字合押；「滿江紅」「好領青衫」一闋，「德」韻之「得德肋」三字，與「陌麥昔職」等韻之字合押；「緩轡西風」一闋，則「德」韻之「國德」二字，與「陌麥職」等韻之字合押；「醉公子」「神仙無膏澤」一闋，「德」字亦與「陌麥職」韻字合押。凡此皆可證明史達祖詞「德」韻當與「陌麥昔錫職」五韻同部，不當如周氏所擬宋代汴洛語之韻值有 -ei 與 -ə -ɛ -ɪ 之別。「醉落魄」「江痕妥帖」一闋，「帖葉接檝切別客闋」八字相押，依周氏所擬之汴洛語音，則其韻值有 -ə -a -ap 之異；「金盞子」「奬綠催紅」一闋，「色密覓息白溼碧力壁」九字相押，依周氏說，其韻值亦有 -ə -ip 之別。凡此皆可說明史達祖塡詞用韻不必合於當時汴洛語或詩韻，亦即宋詞用韻自有其系統，其與周氏所考之宋代汴洛語音韻並不相同。

許世瑛先生「從詩集傳叶韻中考廣韻陽聲及入聲各韻之併合情形」一文，認爲朱熹口語入聲韻可分十一部，其與今分宋詞九部之比較已見上文。唯今存朱子押入聲韻之六闋詞中，用韻並不全合於詩集傳之入聲韻部。如「菩薩蠻」「暮江寒碧縈長路」一闋，「集客」二字相押，依許先生該文中之擬音，則其韻值有 -iəp 、-ək 之異；「滿江紅」「秀野詩翁」二闋，「質」韻之「姪」與「陌三等、昔、職」等韻之「碧席迹昔色職」、「陌二等、麥」韻之「陌隔」合押，依許先生擬測之朱子音，其韻值有 -ət 、-ək 、-ɐk 之異；「念奴嬌」「臨風一笑」一闋，「月、薛」韻之「月歇雪折」與「陌二等、麥」韻之「白客隔」、「帖」韻之「蝶」合押，依許先生擬音，其韻值有 -et 、-ɐk 、-iep 之異；「憶秦娥」「梅花發」一闋，「月（非唇音）、屑、薛」三韻之「月節咽絕折」與「月」韻唇音字「發」合押，其韻值依許先生之擬測，有 -et 與 -at 之別。以上諸「例外押韻」如衡之於前文所擬詞韻九部，則分歧不致如此之大，由此可知朱熹詞韻不同於其口語音，易言之，詞韻音系非以朱子方音爲基礎。

宋末元初黃公紹有古今韻會之作，今由熊忠舉要略可考其韻類之大概，黃熊二人皆籍昭武（今甘肅張掖），其音系可代表宋元間之西北方音，依董同龢先生之整理，其入聲韻類與廣韻韻目之分合有極大之不同。如宋詞「屋」部包括「屋沃燭」三韻之字，而古今韻會舉要於「穀」「匊」二類中又加入術、物、沒三韻之字；韻會舉要「怛」字韻，更包括廣韻「月曷黠鎋合盇洽狎乏」九韻之字，皆與宋詞音系不類；且今存黃公紹之二闋押入聲韻之詞，皆合於詞韻音系中之「嚴式押韻」，若與其所訂之韻書相較，則一闋使用「額克訖」三類字，一闋使用「穀匊」二類字，可知詞韻音系基礎並非當時之西北方音。

經以上之探討，宋詞音系入聲韻部之源頭可上推至隋唐切韻系韻書，却與宋代西北方音、汴洛方音或南方之朱子口語音不合，詞韻究竟代表當時何種音系？今已無法於宋代語音資料中獲得解答。唯明代初年所編洪武正韻之入聲韻系統，與前所考之九部幾乎合若符節，則宋詞入聲音系似於明代韻書中見其遺跡矣！

洪武正韻之入聲音系，除「曷末」與「黠鎋」分部外，其餘內容與前所分之詞韻韻部全同。應裕康先生擬測「黠鎋」之韻值為 at，「曷末」之韻值為 ot，「覺藥鐸」之韻值為 at，「合盍洽狎乏」之韻值為 ap；宋詞「曷末」與「黠鎋」韻字經常合押，其間或出現「覺」「合」二部字，四韻並無分別之跡象，且宋詞中「曷末」韻字與「覺」部字通押之韻例，較與「黠鎋」韻字通押者為多，此種現象與應先生之擬音或洪武正韻之分部並不全合。雖然二者稍有差異，但洪武正韻對瞭解詞韻之音系基礎却有助益。

據應裕康先生之研究，編纂洪武正韻者計十一人，又有四人參與質正，十五位中籍貫可考者十一人，除答祿與權屬籍蒙古外，其餘浙江五人，江蘇、安徽、江西、湖南、廣東各一人。宋濂於書序中曾云：「研精覃思，壹以中原雅音為定」，且多次易稿始成，可知編纂之慎重。依應先生之看法，洪武正韻並非當時吳語之實錄，而確與現代吳語有特殊密切之關係，其成書或又受傳統韻書之影響。

今觀全宋詞押入聲韻之作品，其里籍可考者，亦以浙江人為多，江西、福建、江蘇、河南（凡宋代皇族皆暫屬之）、四川、安徽次之，與洪武正韻之編纂質正者相近，詞又盛行於南方，故詞韻當屬南方音系。周德清中原音韻「正語作詞起例」有云：

閉口「緝」以「侵」，至「乏」以「凡」九韻，逐一字調平上去入，必須極力念之，悉如今之搬演南宋戲文唱念聲腔。考自漢魏無製韻者，按南北朝史，南朝吳晉宋齊梁陳建都金陵，齊史沈約字休文，吳興人，將平上去入製韻，仕齊，爲太子中令，梁武時爲尚書僕射。詳約韻之意，寧忍弱其本朝，而以敵國中原之音爲正耶？不取所都之內通言，却以所生吳興之音；蓋其地鄰東南海角，閩浙之音無疑，故有前病。且六朝所都，江淮之間，緝至乏俱無閉口，獨浙有也。以此論之，止可施於約之鄉里矣。……南宋都杭，吳興與切鄰，故其戲文如樂昌分鏡等類唱念呼吸皆如約韻，昔陳之後庭花曲，未必無此聲也總亡國之音，奚足爲明世法！

又云：

余嘗於天下都會之所，聞人間通濟之言，世之泥古非今，不達時變者衆，呼吸之間，動引廣韻爲證，寧甘受鴃舌之誚而不悔。

周氏論韻雖未必盡是，然宋、元、浙江仍保有 -p 尾入聲字則絕無可疑；且廣韻爲官訂韻書，因受科舉影響，自於讀書音中佔極重要之地位；宋詞作者以南方人爲多，南宋又建都於浙江之杭州，故今言宋詞入聲音系屬當時南方江浙一帶之讀書音，庶幾與事實相距不遠矣！

第五節　宋詞音系入聲九部之考訂於漢語音韻史中之價值

漢語各時代之普通話，常與首都所在地相關，元代以後六百年，中國大多定都於今日之北平，故北方「官話」盛行，自宋末元初之古今韻會編成後，周德清中原音韻、卓從之中州樂府音韻類編……等以北方音爲基礎之韻書蠭出，切韻系韻書雖繼續作爲科考時詩韻之標準，然對北方人言，已成爲一種「死語」，偶有如洪武正韻依南方音編著之韻書，因與通行之普通話相差甚多，亦不爲當時人採用，後代更有譏以「妄改」或「鹵莽」者（註三）；數百年來「南音」既未受重視，其音系之演變脈絡，亦闇而不彰矣。

宋詞本按譜塡字，可供人歌唱，用韻必有一實際音系爲其基礎，本文考得宋詞入聲韻當分九部，上而推之，既可與切韻系韻書入聲之分部對照，而知其音變之規律，其下又可與洪武正韻之音系相應合，則漢語史中兩宋爲文人所習用之南方讀書音入聲系統由是得顯。此種從審音與考據兩種角度考得之宋詞音系，除證實宋詞、元曲分屬二種不同之音韻系統，亦可改訂明淸以來詞韻分部之失（註四），其或又對今人好塡詞者選韻調音不無小補云。

【註釋】

註一　脣音字讀 at，其他皆讀 et。

註二　脣音及零聲母字讀 at，其他皆讀 et。

註三　見四庫全書提要。

註四　本文之分部與鄉前輩海寧許昂霄詞韻考略相同，唯其立古今通、轉、借叶之說或未必恰當。

參考及引用書目

書名	編著者	出版處
廣韻	陳彭年等	藝文印書館
集韻	丁度等	商務印書館
古今韻會舉要	熊忠	大化書局
中原音韻	周德清	藝文印書館
中州樂府音韻類編	卓從之	中華書局
詞林紀事	張宗橚	木鐸出版社
詞林正韻	戈載	世界書局
詞學全書	查培繼	廣文書局
詞律	萬樹	世界書局
國故新探	唐鉞	鳴宇出版社
詞學通論	吳梅	盤庚出版社

詞曲史　王易　廣文書局
全宋詞　唐圭璋　明倫出版社
詞學季刊　龍沐勛　學生書局
中國文學家大辭典　譚正璧　河洛出版社
漢語史稿　王力　泰順書局
漢語詩律學　王力　宏業書局
漢語音韻學　董同龢　文史哲出版社
洪武正韻反切之研究　應裕康　政大學報第五期
玉田詞用韻考　林冷　自印本
周邦彥詞韻考　林振瑩　自印本
夢窗詞韻考　余光暉　自印本
姜白石詞韻考　吳淑美　自印本
清眞詞韻考　葉詠琍　文史哲出版社
許世瑛先生論文集　許世瑛　弘道文化事業公司
洪武正韻的聲類與韻類　吳淑美　文津出版社
中國古代韻書　趙誠　中華書局